찾기의 즐거움

AI 고교학점제 시대, 심선생의 진로교육

※이 책은 저작권법에 의하여 보호를 받는 저작물이므로 무단전재 및 복제를 금합니다.

찾기의 즐거움

AI 고교학점제 시대, 심선생의 진로교육

| 서문 |

함께 나아가는 길에 선다

　요즘처럼 사람들이 진로에 관심이 큰 시절을 이전에 겪지 못했습니다. 제가 진로교사로 일하기 때문에 느끼는 지극히 개인적인 느낌일 수 있지만 주위를 둘러보면 그 느낌의 근거들이 정말 많이 보입니다. 새로운 교육 제도에 관한 관심이 그렇고, 인공지능이나 로봇과 같은 신기술의 등장에 따른 걱정이 그렇습니다. 게다가 하루가 다르게 심해지는 우리 사회의 고용 불안과 경쟁 풍토가 진로에 대한 관심으로 옮겨와서 그렇습니다. 중학교 아이들을 가르치며 그런 시류의 한복판에 있습니다. 이제 더이상 어린이가 아닌 어엿한 청소년이며 가장 꿈 많은 시기의 아이들과 함께 말입니다. 안타깝게도 아이들의 진로에 관한 다양한 관심은 즐겁고 행복한 것이 아닌 걱정과 우려가 섞인 경우가 많습니다. 그러다 보니 진로 상담 시간에는 '무엇을 해야 행복한가?'라는 질문보다 '무엇을 해야 유리한가?'라는 질문이 많이 등장합니다. 어린 영혼에 드리운 먹구름과 생채기가 안타까운 날들입니다.

　삶이 겪어온 과정엔 지극히 개인적인 이야기와 국면이 있지만, 그것들이 사회와 역사의 흐름을 피해서 온전히 따로 진행되지는 않는 것 같습니다. 제가 살아온 50여 년의 기간이 짧다면 짧은 시기이지만 그 안에도 두 세기로 이어지는 세계사적 사건들과 우리나라의 큼직한 역사적 격변들이 있었습니다. 그 시기마다 사람들을 힘들게 한 가장 큰 주제는 '무엇을 어떻게 해서 먹고 사느냐'였습니다. 그래서 진로와 직업은 일면 생존의 문제라고 봅니다. 이전 세대에게는 핀잔을 받겠지만 제가 살아온 1970년대부터의 한국인의 삶 역시 만만치 않은 역사였습니다. 그런데 그 시절보다 분명히 풍요로운 시대를 살면서 지금의 걱정과 불안이 더 크게 느껴지는 건 설명하기 힘든 또 다른 문제입니다.

그저 공부하고, 그저 일하고, 그저 꿈꾸었으면 좋겠습니다. 무언가를 배우는 데 있어 수없이 들어오는 참견들이 아이들을 힘들게 합니다. 그들이 그리는 일들에 덧붙이는 숱한 전망과 예상이 공부의 즐거움을 빼앗습니다. 꿈꾸는 자체로 힘을 얻을 수 있는 그런 순간은 얼마나 간절한가요? 아이들이 마냥 꿈만 꾸어도 되는 세상이었으면 좋겠습니다. 그러나 사회는 빠르게 발전하고 복잡해집니다. 아이들과 학부모들은 그 변화를 따라가려 오늘도 허덕입니다. 만일 그들에게 아주 작은 위로와 희망을 줄 단서가 있다면 그것을 찾고 키워내는 노력을 누군가는 해야 한다고 봅니다. 모호하지만 소중한 그 노력이 진로교사로서의 오늘을 사는 저의 사명이라고 믿습니다. 함께 '나아가는 길(進路)'입니다.

'중앙교육신문'의 지면을 빌려 2023년 5월 마지막 주부터 진로에 관한 이야기를 썼습니다. 처음엔 진로교사로서 아이들과 겪는 소소한 사연을 실으려고 했는데 매주 쓰다 보니 우리 주변의 진로와 직업에 관한 정보들과 저 자신의 성장 경험 그리고 진학 정보와 여러 교육 제도들까지 두루 건들며 글의 범위가 넓어졌습니다. 훌륭한 글을 남긴다기보다 고민하고 생각하는 생활을 유지하고 싶어 썼습니다. 100회를 끝으로 잠시 생각을 쉬는 날들에 그동안의 글로 책을 낼 수 있는 기회를 얻어 너무나 감사하고 고마운 마음뿐입니다.

생각을 놓지 않게 삶을 이끌어주신 전종호 주필님과 중앙교육신문 이정철 대표님께, 매주 제 글을 읽어준 대학 동문들과 교사 동료, 친구들께 감사의 말을 전합니다. 아내와 가족의 도움이 없으면 삶 자체가 존재할 수 없기에 그것은 당연한 고마움입니다. 신문에서 가끔 만난 분들을 다시 책으로 뵌다면 더없이 감사하겠습니다.

2025년 8월
심재영

| 추천사 |

공교육 진로교사의 모델

심재영 선생님은 모두가 꺼려하는 고3 담임과 고3 진학부장 그리고 진로·진학상담부장의 진로·진학 한 길만을 20년 넘게 오롯이 걷고 계십니다.

요즘 입시가 복잡해 내로라하는 입시전문가도 끊임없이 공부를 해야 하고 다른 사람의 강의도 들어야 합니다. 그렇지만 스스로 입시전문가라고 말하는 분들의 강의와 저작물이 의외로 실망스러울 때가 많습니다. 그때 전문가인 제가 주저하지 않고 참고하는 것이 심선생님의 글과 촌철살인의 조언입니다.

심선생님은 공교육 관점에서 대입을 바라보는 몇 안 되는 분입니다. 풍부한 사례와 정확한 정보를 바탕으로 진로·진학에 대한 본질에 가장 접근하고 있는 분이죠. 거기에 그만의 풍부한 인문학적 소양과 따뜻한 유머는 덤으로 얻어 가실 수 있습니다. 이 책은 진로·진학에 대한 오해를 씻어 내고 새길을 열어 줄 것으로 확신합니다.

책의 체계는 '1부 모든 교육은 진로교육이다.', '2부 5천만의 목줄, '진학' 이야기', '3부 아직 오지 않은 세계 '미래'와 진로교육'으로 챕터마다 알차게 채워져 있는 옥고(玉稿)입니다. 이 위계대로 읽으셔도 되지만 순서가 무슨 대수겠습니까.

『찾기의 즐거움』을 통해 "진로 없는 진학은 맹목이고, 진학 없는 진로는 공허하다."는 화두를 함께 고민해 보시길 바랍니다.

모쪼록 이 책 한 권을 들고 진로·진학 둘레길을 산책할 수 있기를 희망합니다.

최승후(대화고 교사)

차례

함께 나아가는 길에 선다 · 4
공교육 진로교사의 모델 · 7

제1부 모든 교육은 진로교육이다

진로, 인생, 그리고 야구 ·15

그냥 하다 보니 그게 내 일이라 ·19

좋아하는 일과 잘하는 일 ·24

찾기의 즐거움 ·28

돈이 문제다 ·33

가왕(歌王)을 기리며 ·39

그럴 수 있어! ·42

진로 멘토 가상 인터뷰 ·46

노력주의 신화 ·51

나는 먹는다. 고로 존재한다 ·58

초콜릿 상자 같은 인생의 희망 ·63

나를 따르라 ·68

반전이 있어야 가치가 있는 삶 ·75

도움으로서의 직업 ·80

현명한 투자자 ·85

세상의 모든 층위 ·92

차례

제2부 5천만의 목줄, '진학' 이야기

아름다운 규칙 ·101

내 친구 운찬이 ·107

달이 차면 기울듯이 ·114

뚜렷한 사계절이 있기에 ·118

나는 몇 등? ·124

정보공시와 학교알리미 ·130

학벌과 진로의 문(門) ·135

두 마리 토끼를 잡는 설명회 ·140

다중 직업 시대 찬가 ·145

노골적인, 너무나 노골적인 지표 ·150

보수 대 진보 교육 정책 열전 ·156

중하위권의 쇄빙선 ·163

성적이 실례가 되지 않길 ·172

고등학교 열전 ·178

한 제도에 대한 아주 개인적인 생각 ·184

제3부 아직 오지 않은 세계 '미래'와 진로교육

일상으로의 초대 ·191

기계와의 동행 ·196

허니 제너레이션(Honey Generation) ·201

Wake Up ·206

Easy does it, AI. ·212

미용실 단상 ·219

알고리즘, 그까이 꺼! ·226

Working President ·231

오래 살고 볼 일 ·236

올림픽과 어린 영혼 ·242

Future Sick ·248

노인을 위한 나라는 있다 ·254

Good morning, Mr. Holland. ·259

꿈이 필요한 이유 ·267

21세기 가정환경 조사서 ·272

모든
교육은
진로교육이다

진로, 인생, 그리고 야구

"야구를 어떻게 사랑하지 않을 수가 있겠어?(How can you not be romantic about baseball?)", "끝날 때까지 끝난 게 아니다(It ain't over till it's over)." 첫 번째 대사는 영화 '머니볼'에서 주인공인 빌리 빈 단장이, 두 번째는 뉴욕 양키스의 전설적 포수 요기 베라가 한 말이다. 야구 경기의 극적인 매력을 표현하면서 인생에 빗댈 때 많이 쓰인다. 그것은 포기하지 말아야 할 충분한 근거인 경기 내용에서 비롯된다. 무려 4점. 1대 0으로 끝나는 경기가 즐비한, 그래서 어떨 땐 한 점 내기가 그토록 어려운 경기에서 저 정도의 리드로 앞서가는 팀일지라도 마지막 회의 한 타자만 막아내면 경기가 끝나는 순간까지 방심할 수 없다. 만루에서 홈런 한 방에 저 점수가 날 수 있기 때문이다. 오늘은 야구 얘기이다. 우리 학교에는 야구부가 있다. 중학교 야구 선수들이 흘리는 땀방울은 아름답고 기특하다. 지금은 프로야구 시즌이 한창이다. 그런데 애정하는 팀이 선두이다. 그래서 야구를 떠올린다. 진로와 함께.

야구는 진루를 해야 점수를 얻는 경기이다. 인생은 진로를 전개하며 성취해 나가는 과정이다. '진루(進壘)'와 '진로(進路)'. 루(壘)는

'진', 또는 '성채'이다. 로(路)는 '길'이다. 상대의 진지와 성을 점유해 나가는 것은 삶의 길을 헤치고 나아가는 모습을 떠올리게 한다. 급하다고 바늘허리에 실을 맬 수는 없다. 첫술에 배부를 수도 없다. 모든 건 단계가 있고, 절차가 있다. 아무리 급해도 3루부터 밟을 수는 없다. 때론 진루 시 중간 루를 밟지 않고 주루하는 주자에게 가혹할 정도로 큰 비난이 가해진다. 인생에서도 그러다 탈 난다.

포수는 흔히 안방마님으로 불린다. 모든 수비수를 바라보는 반대 방향에 앉아 있기에 그들을 지휘하며 투수를 리드한다. 어차피 시작은 투수가 공을 던져야 한다면 수비의 종착점은 포수가 공을 받는 데 있다. 그게 투수든, 야수든. 그래서 수용력이 있는 사람이 안방의 마님이어야 한다. 그 사람이 나머지 팀원을 통솔해야 한다. 공을 뿌리는 투수에게는 크게 요구되지 않는 덕목이 포수에게 필요하다. 삶에서도 그렇다. 공동체를 이끌고 가려면 받아줄 줄 알아야 한다. 수용력이 필요하다.

야구는 한 팀에 9명, 모두 합해 18명이 치르는 경기이다. 그 옛날 야구 규칙을 만들 때 사교 클럽 '니커보커스'의 신사들이 오랜 논쟁 끝에 내린 결론이다. 야구 중계를 볼 때면 '6-4-3의 병살타' 등의 말을 들을 때가 있다. 수비수들의 포지션을 숫자로 만든 것이다. 모든 것의 시작인 투수가 1번, 포수는 2번, 그다음 내야는 시계 반대 방향의 순으로 숫자를 부여받는다. 1루수 3번, 2루수 4번, 3루수 5번, 특별한 유격수는 6번이다. 그다음 외야는 시계 방향 순이다. 좌익수 7번,

중견수 8번, 그리고 우익수 9번이다. 번호로 수비수를 정한 건 경기 기록을 작성하기 위함이다. 야구는 기록의 경기이다. 그 기록을 토대로 한 확률의 경기이기도 하다. 감독은 기록을 쌓은 통계로 그럴듯한 작전을 세운다. 아이들의 진로에는 무수한 기록이 남는다. 신체 치수, 성적, 각종 검사, 일기, 학생부, 사진 등. 우린 지나온 날들의 자취로만 불확실하게나마 미래를 예견한다.

포지션이 다양한 대표적 경기이기에 불의의 사고나 좌절을 극복한 사례들이 유독 많은 게 야구이다. 축구 선수가 다리에 치명적인 부상을 입는다면 그다음은 암울할 뿐이지만, 투수는 팔 인대의 기형을 진단받은 후에도 최고의 투수로 변신한 사례가 있다. 바로 사이영 상까지 수상한 전설의 너클볼러 R. A. 디키와 같은 선수들이다. 달리기가 느리면 지명 타자를 전문으로 할 수 있고 장타력이 부족하면 빠른 발을 이용해 단타와 도루 중심의 타자가 될 수 있다. 투수를 하다가 타자가 되거나 그 반대의 경우도 얼마든지 있다. 포지션의 변신이 자유로운 점에서 재기와 극복이 유독 많이 나타나는, 그래서 진로와 인생에 많은 감흥을 줄 수 있는 경기가 또한 야구이다.

포지션의 변신만큼이나 선수들의 특징별 대응도 변수가 많은 종목이 야구이다. 왜 왼손 타자는 우완투수에 유리한가? 일단 왼쪽 타석에서 좌완 투수의 투구는 심하면 등 뒤에서 날아오는 궤적으로 느껴질 수 있는 반면, 우완 투수의 공은 훨씬 열린 시야에서 들어오는 공이기에 때리기 유리한 측면이 있고, 오른손 타석보다 한 발짝 정도 1

루에 가깝기 때문에 유리한 면이 있다. 상대적으로 숫자가 많은 우완 투수의 익숙한 공이 치기 쉽다는 견해도 있다. 그럼, 좌완 투수가 나오면 타자는 오른손 타자로 바꿔야 할까? 그렇게 바꾸는 전략을 '플래툰 시스템(Platoon System)'이라고 한다. 통계적으로 유의미한 결과를 보이는 선수들이 많이 있다. 진로와 삶에서도 우린 얼마나 자주 '맞춤식' 주문을 원하는가! 나에게 맞는 직업, 맞는 일, 맞는 계획은 그러나 때에 따라 수시로 변할 수 있다. 어떤 선수는 왼손 타자인데 수비할 땐 오른손으로 공을 던진다. 원래 오른손잡이였는데 타석에선 연습으로 바꾼 것이다(반대로 원래 왼손잡이인데 수비할 땐 오른손잡이가 유리하기에 바꾼 선수도 있다). 왜 세상은 오른손투성이냐고 불만하지 말라! 그럴수록 방망이를 왼손으로 휘둘러야 한다. 야구에서 배울 수 있는 삶의 철학이다.

야구 시청의 즐거움에 빠져 진로와 인생까지 너무 멀리 가버렸다. 총 18번의 공격과 수비를 교환하면서 그만큼의 중간 광고를 할 수 있는 친자본주의적 경기에서 어느덧 끝나는 시간이 정해지지 않은 지루한 경기로 현대인들의 기호를 따르지 못한다는 질타를 받고 있지만, 야구를 볼 때면 인생이 그려지기에 뭉클해질 때가 있다. 진로를 개척하면서, 우리는 얼마나 넓고 거친 삶의 들판(野)을 뛰어다녀 왔던가! 수많은 계획과 시도와 노력과 좌절을 겪으며 성채(base)를 돌고 돌아 과연 각자의 빛나는 다이아몬드를 만들 수 있었나? 그러나 낙담할 필요는 없다. 야구나 삶이나 진로나 어차피 우리를 맞이해 줄 따뜻하고 편안한 안식처인 집(Home)으로 돌아오게 될 테니까.

그냥 하다 보니 그게 내 일이라

십여 년 전 출근길에 라디오에서 한 경찰관의 얘기를 들었다. 소설가 백영옥 님의 에세이집에서 따온 내용을 DJ가 들려주었는데 프로파일러 권일용 님의 말이다. "제가 원해서 이 직업을 택한 건 아닙니다. 먹고 살려다 보니 어쩔 수 없이 경찰이 된 거예요. 제가 이 일을 하는 건 유별난 소명 의식 때문이 아니에요. 사람들에게 반드시 필요한 일이고 도움을 주는 일이기 때문입니다."

심리학자 크롬볼츠(John D. Krumboltz)는 말했다. 성공한 사람들의 80% 정도가 예기치 않은 우연으로 결정된다고. 그리하여 성장하는 아이들에게 적성에 맞는 직업을 고르게 하는 것보다 살며 경험하는 무수한 우연을 대하는 태도를 가르쳐야 한다고. 나는 그의 '계획된 우연'이라는 주장에 공감했다. 그날 아침에 라디오로 들은 경찰관의 사연도 그런 느낌이었다. '내가 꼭 이 일을 좋아해야만 하는 걸까?' '나는 지금 정말 꼭 원하는 꿈을 이루고 사는 걸까?' 그즈음 학교 일에 지쳐있던 나에게 그 말은, 내가 꼭 꿈꾸는 일을, 가슴 뛰는 일을 하고 있지 않아도 그저 누군가에게 필요한 일이고 소소한 보람을 얻을 수 있으며 삶의 안위를 허락할 수 있는 일이라면 충분한 거라는 작은 위로를 안겨 주었다. 그리고 흐른 노래 비틀즈(Beatles)의 '렛잇 비(Let it be)'에 운전하다 말고 주책맞게도 눈물을 흘렸다. 매사 그저 순리대로 해야 할 일이다.

철학자 알랭드 보통은 그의 직업 관련 책들에서 모든 직업에 내재해 있는 다양성을 얘기한다. 그가 살펴본 바 한 직업 속에도 다양한 역할과 능력을 발휘할 수 있는 여러 측면이 들어 있다는 것이다. 예를 들면 교사도 그렇다. 우린 진로 지도를 할 때 교사가 되기 위해선 사회성 지수, 즉 타인에게 공감하는 능력이 크고, 배려심이 깊으며, 희생하는 마음이 클수록 적합하다고 본다. 또한 무엇보다 다른 사람에게 가르침을 행하는 걸 좋아하며 진심으로 자라나는 아이들을 사랑할 수 있는 성향이 클수록 좋다고 본다.

그런데 학교 현장에서는 그런 막연한 성향들이 너무도 다양한 변수와 역할들로 인해 딱 맞게만 적용되진 않는다. 우리가 화사한 햇살이 비치는 교실에서 차분하게 한 아이를 바라보고 미소를 짓는 어떤 선생님의 이미지를 그릴 때, 그건 액자 속에 갇혀 있는 정지된 그림, 그 이상도 이하도 아닌 모습일 뿐이다. 때론 수업 분위기를 망치거나 일탈하는 학생들을 엄하게도, 자상하게도 지도할 줄 알아야 한다. 어떤 선생님은 청소 등의 기본 습관을 잘 지도해서 학급을 깔끔하고 안정감 있게 관리하는 능력이 탁월한 분이 있다. 교육과정이나 시험 시간표 등을 작성하는 업무를 할 때 문과임에도 수학적 감각이 뛰어난 선생님이 있고, 코로나 상황처럼 아무도 겪어보지 않은 순간에는 일의 진행을 한 단계 먼저 예상하고 선제적인 대응을 하는 기획력이 뛰어난 선생님도 있다. 어떤 선생님은 시험 문제 출제에 탁월해서 좋은 문제로 좋은 수업을 견인하기도 한다. 중등교육에서는 교과별로도 선생님들의 성향이 다양하다. 그래서 실제로 '교사'라는 직업에서 떠올리는 모습이 현장에서는 수많은 역할로 분화되어 나타나게 된다. 나의 경우도 그랬다. 수업을 하는 기쁨도 좋고 학생들을 지도하는 즐거움도 컸으나, 음악 동아리를 하며 축제를 준비할 때나 학년부장을 하며 선생님들의 의견을 조율할 때 각각 다른 모습으로 생활하는 경험을 해왔다. 겪어보면 나에게 맞는 일, 즐거운 일이 분명히 나타난다. 교사가 되기 전에는 전혀 예상하지 못했던 일들이다.

며칠 전에 한 남학생이 상담을 신청했다. 전주에 있는 모 자사고에 가기 위해 열심히 준비하고 있던 그 학생은 예상대로 높은 성적을 유지하고 훌륭한 학교생활을 하고 있었다. 그러나 다소 어두운 아이의 표정에서 현재 자신의 진로에 대한 깊은 고민을 느낄 수 있었다. 아이는 의대를 목표로 해당 자사고를 준비하고 있었는데 자소서를 쓰면서 자신이 정말 의사로서 행복한 삶을 살 수 있을지 고민된다고 했다. 높은 성적에 여러 선택지가 가능한 상황, 앞날이 밝게만 열릴 것 같은 이 학생에게도 자신이 여태까지 한 노력이 헛되게 느껴지고 행복하지 못한 삶을 살 것 같은 불안감은 그렇지 못한 학생들과 같은 크기일 거라고 생각했다. 행복한 고민은 없는 거라고 얘기했다. 아이의 적성을 살펴보고 현재의 직업 흥미를 보았을 때 사실은 의사를 해도 괜찮은 성향이었다. 가장 큰 불안감은 의사가 되기 위해 최소 10여

년을 해야 할 공부의 무게였고, 실제 환자를 진료하면서 예상되는 과로와 힘든 일상이 그다음이었다. 이 아이는 그러면서 경영학을 공부하고 싶다는 마음을 밝혔다. 하고 싶은 게 더 있었던 것이다.

윤리 교사로 지낼 때 이른바 '던져진 삶'에 관한 실존주의자들의 얘기를 가르쳤다. 삶의 주체적 의지가 우리에게 힘을 주지만, 그 전에 우리는 어떤 존재들인가? 내가 지금 여기에 존재하는 것에 아무런 이유는 없다. 상담한 아이에게는 그 점을 나누고자 했다. 의사가 되고 싶다는 마음도, 그게 부담이 되어 살짝 더 편해 보일 수 있고 그러다 보니 나한테 맞는 다른 분야가 있는 것 같기도 해서 경영학을 공부하고 싶은 것도 다 너를 이루는 모습일 뿐이니, 일단은 그 자사고를 준비하면서 이런 고민을 충분히 할 수 있음에 고통보다는 즐거움을 찾으려고 노력하고, 만일 학교를 포기해도 전혀 나쁜 선택이 아닌 하나의 결정이라고 얘기했다. 그래도 그 학교에 가야겠다고 마음먹었다면 그건 경영학도건, 의사건 어떤 기회도 버리지 않고 가는 것이고 그런 점을 자소서에도 솔직히 표현하면 좋겠다고 했다. 고등학교 생활을 통해 자신의 진로를 더욱 명확히 잡아가는 건 자연스럽고 권장할 만한 일이다. 이제 중학교 3학년 아이가 무언가를 확고하게 결정하는 게 오히려 부자연스러운 거라고 말했다. 아이에게 충분한 위로가 되었는지는 모르겠다. 그러나 나와 나눈 45분 동안의 얘기로 그 아이는 이제 교실에서, 복도에서 나를 만날 때 그전과는 다른 눈빛을 공유할 수 있을 것이다. 이미 상담 신청을 하며 교무실 문턱을 넘었고, 고민을 나누었다는 점에서 자신을 알아봐 줄 수 있는 사람을 한 명

더 얻었다는 점이 작지만 도움이 되었으리라고 믿는다. 끝으로 무심코 들어본 장기하의 노래 가사가 진로교육의 철학으로도 손색없기에 소개하고 글을 맺는다. 곡명은 '그건 니 생각이고'이다.

'이 길이 내 길인 줄 아는 게 아니라/그냥 길이 그냥 거기 있으니까 가는 거야/원래부터 내 길이 있는 게 아니라/가다 보면 어찌어찌 내 길이 되는 거야/그냥 니 갈 길 가/미주알고주알/친절히 설명을/조곤조곤 조곤 조곤 해도/못 알아들으면 이렇게 말해버려/그건 니 생각이고'

좋아하는 일과 잘하는 일

"자신이 좋아하는 일을 할 때가 행복할까요? 잘하는 일을 할 때가 행복할까요?"

학생들에게 매년 던지는 질문이다. 누구나 답할 수 있는 질문이지만 이유를 물으면 깊이는 천차만별이다. 중학교 1학년 학생들의 말랑말랑한 생각도 신통할 때가 많다. "좋아하는 일을 하면 즐거우니까요"라는 간결한 답부터 "잘하는 일을 하면 칭찬도 받고 해서 결국 좋아하게 되지 않을까요"라는 추론까지. 학생들은 대부분 좋아하는 일을 할 때 행복할 것이라고 손을 든다. 아이들의 생각을 넓혀 주려고 질문을 추가한다. "그럼, 보수(돈)는 보통 정도로 편안한 삶이 가능한 수준을 받지만 매일 좋아하는 일을 해서 일터로 가는 게 너무 기분 좋고 설레는 사람 A와 오늘도 일터에 가는 게 너무 싫지만 억지로라도 일을 하면 이상하게 인정도 받고 보수도 많이 받는 사람 B 가운데 누구를 선택할까요?"라고 물으면, 그렇다. 대부분 아이들은 B를 선택한다. 처음엔 다소 안타까운 생각이 들었지만, 애들이 무슨 잘못이랴, 우리 사회의 거울인 것을 하며 수긍하고 있다.

진로교육에서는 좋아하는 일(분야) 즉 '흥미(interest)'와 잘하는 일(분야)인 '적성(aptitude)' 파악이 중요한 주제이다. 이는 정교한 직업심리검사로 매년 번갈아 가며 측정해서 학생들의 자기 이해를 돕는 척도로 활용된다. 우리 학교 학생들의 경우 진로 탐색 동아리 활동을 시작하면서 하고 싶은 활동으로 제일 먼저 드는 것이 바로 직업 심리 표준화 검사이다. 그만큼 학생들도 자신이 어떤 사람인지 객관화된 도구로 측정하고 싶어 한다. 흥미검사는 대표적인 이론가인 홀랜드(Holland) 교수의 6가지 흥미 유형에 대한 분류가 활용된다. 흔히 첫 글자를 따서 RIASEC이라고 표현되고, 자세히는 현실형(Realistic), 탐구형(Investigative), 예술형(Artistic), 사회형(Social), 진취형(Enterprising), 관습형(Conventional)으로 나타낸다. 우리나라에선 두 가지 조합으로 사람의 흥미를 파악하는데 간단히 예를 들면 가장 높은 점수로 나온 것이 RA(현실형-예술형)일 경우 활동적이면서 창의적인 일을 좋아한다고 예상하는 것과 같다.

안정적인 조직 내에서 반복된 일을 하는 걸 좋아한다면 관습형이 강하게 나타날 수 있다. 사회형의 경우 다른 사람의 아픔을 공감하고 돕는 마음이 강하면 높게 나타난다. 그래서 교사의 경우 대부분 SC가 높게 나온다. 대학원에서 성인용 직업흥미검사를 받기 전까지만 해도 나도 그런 줄 알았다. 하지만 내가 가장 높게 나온 것은 AS였다. 검사를 통해 마음을 들킨 기분이었다. 중고등학교 때 하고 싶었던 분야를 졸업한 지 언 30여 년이 지나서 확인한 것이니 솔직히 그때의 충격이 진로교사로의 길로 나를 이끌었다고 본다. 나의 경우처럼 학생들도 흥미 검사를 통해 자신을 이해하며 다양한 표정을 짓는다. 예전에 성적표 받을 때와는 다르게 친구들과도 비교하며 즐겁다. 아마도 자신을 알아가는 과정은 우리에게 원초적인 즐거움이지 않을까 생각한다. 아쉽게도 자기 보고방식의 한계로 인해 흥미검사나 성격검사는 왜곡될 수 있다. 검사를 진정성 있게 받지 않으면 충분히 원하는 결과로 나오게 할 수도 있다. 하지만 순수한 아이들은 그런 꾀를 부리지 않는다. 또 그런 꾀를 부리는 아이가 있다면 달리 접근하고 챙겨야 할 아이로 이해하면 된다.

좋아하는 일은 자기에게 물어야 한다면 잘하는 일은 다른 사람과 비교해서 알아야 한다. 적성검사는 검사에 참여한 사람들 전체 안에서 학생을 파악한다. 대표적인 적성 영역으로는 언어이해, 과학이해, 수리논리, 공간지각능력 등이 있다. 인지능력을 측정한다는 측면에서는 발달 정도를 알 수 있는 검사이다. 그래서 대부분 학습 능력으로 연결해 볼 수 있다. 아무래도 수리논리 능력이 뛰어난 학생이 수학 공부할 때 편하다. 언어이해는 국어, 영어 공부와 연관이 깊다. 성인용 직업적성검사를 할 때 많은 사람이 고통스러워하는 부분이 바로 수리논리 영역에서 수열추리력과 같은 검사이다. 이를테면 '다음에 나올 숫자는?'과 같은 문제 말이다. 나의 경우도 어휘나 문장독해 등에서는 편했지만 수열추리력이나 도형추리력에선 시간이 많이 부족하고 고통스러웠다. 공간지각력이 떨어지는 건 내가 전형적인 길치이기 때문에 결과를 보면서 강하게 수긍했다. 많은 사람이 수리논리능력에서 힘들었다면 대체 수학 선생님들은 어떨까? 예상대로 수학 선생님들은 그 부분에

강했다. 시간도 남고 풀기도 편했다고 한다. 모두의 부러움을 살 때 한 수학 선생님이 말했다. "근데 어휘나 문장 독해는 정말 고통스러웠어요~!". 적성검사를 이해하는 데 큰 도움이 되는 말이었다. 사람은 어쩔 수 없다. 타고나고 생겨 먹은 대로 살 수밖에. 거기에 너무 좌절하지 말자. 내게 없는 것만 보지 말고 다른 사람에게는 없는 내 것을 소중히 여기자. 그때의 교훈을 애들에게도 전한다. 직업 적성 비교군에서 내 적성에 딱 맞는 직업군은 의외로 교사가 아니었다. 나도 놀랐지만 '간호사'가 나의 적성과 딱 맞는 직업이었다. 역시 강하게 수긍했다.

2021년 통계청에서 우리나라 사람들의 일자리 만족도를 조사한 바에 따르면 평균 35% 정도의 사람들이 자신의 일자리에 만족하고 있었다. 20세 미만이 가장 높아 42.3%이고, 60세 이상이 가장 낮아 25.1%를 나타냈다. 확실히 사회 초년생이 직업 만족도가 높은 점이 시사하는 바가 크다. 인크루트에서 2020년에 조사한 바에 따르면 본인의 직종이 만족스럽지 않은 제일 큰 이유로 하는 일에 비해 낮은 연봉(28.9%)이 차지했다. 적성과 맞지 않아서(14.8%)는 세 번째 이유였다. 사람들은 돈을 더 준다면 힘든 일이라도 마다하지 않는다. 아이들은 '많은 보수를 받지만, 고통스러운 일터에 가는' B가 좋다고 했다. 끝으로 하나 더 질문한다. '우리 부모님들은 어떤 선택을 하실까요?'하고 물으니 역시 좋아하는 일보단 B를 선택하셨을 것이라고 답한다. 수업 중에 힘들게 자신을 키워주는 부모님을 생각하며 잠시 숙연해지기도 한다. 그리고 앞으로는 보수가 조금 적어도 좋아하는 일을 기꺼이 선택하는 사회가 되기를 함께 소망해보기도 한다.

찾기의 즐거움

　먹을 때만 빼고 식물을 사랑한다. 외모로는 사람들이 믿지 않지만 나는 도시에서 나고 자라서 다양한 꽃과 풀, 그리고 나무들의 이름을 잘 알지 못한다. 그러나 진로교육을 하다 보니 이건 환경의 문제가 아니라 사물을 빠르게 파악하는 능력이 없기 때문임을 자주 느낀다. 아이들과 적성검사를 하다 보면 유독 시각공간지각 능력이 약하다는 게 확실히 드러나고, 평소 남부럽지 않은 길치이기에 그렇다. 진로교사가 되어 새 학교로 발령이 난 해, 16년 만에 중학교 1학년 수업을 하며 매일 아침 출근길이 너무 행복했다. 삶이 행복하면 그동안 무심했던 모든 것들이 다 아름다워 보이는 걸까. 그해 봄, 한 25분 정도를 걸어서 학교에 다녔고, 아파트 단지 사이 공원들에는 오랜 가뭄에도 새싹들이 피어나고 있었다. '아! 생명은 이렇게도 강하고 신비롭구나' 감탄을 하며 잠시 후에 만날 교실 속의 싱그러운 생명을 떠올리고 즐거웠다.

　최근에 그 공원 길을 걸으며 문득 묘한 향기를 맡았다. 10월 말 꽉 찬 가을의 한때, 노랗고 붉게 물들며 떨어진 풋풋한 낙엽들 냄새인가 싶다가 그보다는 조금 더 달콤한 냄새라 훨씬 향기롭고 기분이 좋았다. '이게 무슨 나무에서 나는 냄새지?' 향기가 강한 나무들 주변을 며칠째 거닐다가 비로소 발견한 나무는 '푸른 하늘 은하수, 하얀 쪽배에~' 노래에 나오는 '계수나무'였다. 그래서 바로 핸드폰으로 이 나무의 정체를 검색해 보았다. 잎 속에 있는 엿당이 10월에 낙엽이 되어 떨어지며 달콤한 향기를 낸다는 걸 바로 알았다. 학교나 공원에 많이 있는데 그동안 정체를 모르고 있었던 것이다. 기분 좋은 향기가 나는 나무가 어떤 나무인지 찾는 순간, 그리고 그 나무를 발견한 순간은 무료한 오후의 기쁨이었다. 그래서 생각해 본다. 인간이 무언가 좋아할 것을 '찾는다'는 행위는 분명 즐거운 일일 것이라고. 오랜만에 읽을 책을 찾아보거나, 부족한 계절 옷을 하나 고르거나, 주변 맛집을 검색하거나, 젊은 시절 내 단짝을 찾아보는 일들이 다 그런 즐거운 일이다. 그래서 좋아하는 것들을 찾아다니는 즐거움만으로도 인생은 풍요롭다고 생각했다.

진로교육의 목표도 제대로 '찾기'이다. 일단 내가 누구인지 나의 정체를 제대로 찾아내 알아야 한다. 일명 나를 찾아 떠나는 여행이다. 그다음 수많은 진로와 직업이 가지는 특성과 성향이 무엇인지 제대로 찾아내 알아야 한다. 끝으로 나와 적합한 직업들을 찾아 제대로 연결시켜야 한다. 이 작업이 곧 진로교육의 활동들이다. 간단하지만 너무도 어려운 '찾기'이다.

우선 내가 누구인지 '나의 정체'를 제대로 찾기가 쉽지 않다. 진로교육에서는 전통적인 심리학 방법으로 주관적인 나의 모습과 객관화된 나의 모습을 함께 보며 비교 분석한다. 찾기의 방향을 내 안으로 향하기도, 밖으로 드러내서 비교하기도 한다. 대표적인 게 진로 직업 흥미검사와 적성검사이다. 신기한 건 이 모든 게 정체되지 않는다는 점이다. 1학년 때 흥미 검사에서 사회성 지수가 유독 낮게 나온 3학년 아이를 상담하다가 올해 한 검사가 다른 것을 발견해서 이상하다 싶었는데 아이가 말한다. 재작년에 학급에서 아이들 때문에 좀 불만이 많았고, 새 동네로 이사 와서 심리적으로 좀 불안했었다는 것이다. 고정된 나의 모습을 찾는 게 쉽지 않은 건 모든 것이 변하기 때문이다. 수많은 심리검사 도구가 있지만 어디까지나 참고할 뿐이다. 아이와 충분한 대화를 통해서 가정환경이나 교우 관계, 그리고 학교와 학원 생활 등을 종합적으로 고려해야 할 일이다. 그래서 진로 상담에는 동시대의 젊은 감각도 필요하지만, 어느 정도 삶을 살아본 경험이 함께해야 유리하다.

나를 찾는 노력이 어려운 만큼 숨가쁘게 변하는 사회 속 진로와 직업의 본 모습을 찾는 것도 어려운 일이다. 우리는 '의사'라는 직업을 잘 알고 있지만, 그 직업이 어떤 능력을 필요로 하고 어떤 고충이 있고 어떤 즐거움과 보람이 있는지 '정확히' 알고 있지 못한다. 올 초에 아버지를 모시고 한 대학 병원에서 안과 진료를 보았다. 전담 의사는 일주일에 이틀을 오전에만 진료하는데 예약을 해도 늘어지는 진료 시간에 간호사에게 물으니 세 시간 동안 약 90명의 환자를 보고 있다고 했다. 점심시간 전까지 그날 예약하고 추가로 접수한 환자까지 진료하는 의사는 어떤 기분일까 잠시 생각했다. 그리곤 많은 수술이 있고,

회진이 있고, 회의가 있을 것이다. 그런 전문의가 되기 전에 약 10년이 넘는 공부와 수련의 생활이 있었을 것이다. 환자를 대하는 따뜻한 마음, 질병을 보는 냉철한 분석력과 판단력, 편안하고 신뢰할 수 있게 환자에게 설명할 수 있는 화술, 무엇보다 과도한 업무를 수행할 수 있는 강인한 체력과 순발력, 그리고 인내력 등 많은 능력이 필요할 것이다. 그래서 한 직업의 참된 '이데아'를 찾는 일은 너무도 요원하다.

학교에서는 직업들의 종류와 특성에 관한 정보를 최대한 많이 전해 주려고 노력한다. 진로 전담 교사가 배치된 2011년부터 직업 정보를 알려주고 체험하게 하는 프로그램은 질과 양에서 많은 성장을 했다고 본다. 며칠 전 상담한 한 여학생도 진로체험에서 경험한 '조향사'의 세계에서 영감을 얻어 화장품 학과에 진학해 향수 전문가가 되고 싶다고 했다. 한 직업의 여러 면을 충분히 전할 수 없기에 '본질'을 알려줄 순 없어도 아이들에게 작은 체험이 어떤 영향을 줄 수 있을지 알게 해주는 사례다. 최근에도 한 학년 전체 학생이 체험할 수 있는 '직업인 멘토링'이나 '학과 멘토링' 등의 프로그램을 운영할 예정이다. 매년 실시하는 프로그램으로 다양한 직업인과 대학생 인력 풀을 운용하는 지역 청소년 진로센터의 도움이 크다. 그러나 현장 직업 체험의 실효성을 높이기 위한 최선은 희망하는 학생들을 가급적 15명 이내의 소수로 편성해서 직접 체험 현장에 데리고 가는 것이다. 올해만 해도 한국항공대, 한국건설기술연구원, 제과제빵 클래스, 그리고 경기북부 경찰청 과학수사대에 아이들을 데리고 갔다. 적은 인원이 가면 아무래도 체험할 수 있는 기회가 많고, 좀 더 내밀한 전문가의 설명과 질의 응답이 가능하다. 무엇보다 소인수 체험 시 아이들의 태도가 훨씬 차분하고 진지하다는 점도 강점이다. 가능한 한 자주 이런 기회를 가지고 싶은데 현실적으로는 여러 어려움이 있다. 적절한 체험처를 '찾고' 예산 배정을 하며 안전 점검과 교육을 실시하고 학부모 동의를 얻어야 한다. 가끔 귀가 시간이 늦어지는 것도 감수해야 한다. 그럼에도 내년에는 좀 더 많은 곳을 찾아가 보련다. 그리고 수시로 진로 전문가들을 초청해 역시 소인수라도 꾸준히 체험 프로그램을 운영할 생각이다. 한 해가 저물어 가는 시기에 벌써 내년에 할 일을 '찾으니' 그 기쁨이 크다.

돈이 문제다

사람들이 돈을 좋아하는 게 어제오늘 일이겠냐만 해가 가면서 그 걸 편하게 말하는 정도는 심해지는 것 같다. 아이들도 그렇다. 수업 시간에 꿈의 이유를 물으면 '돈을 많이 버니까'라는 근거를 너무도 노골적으로, 편하게 드는 아이들의 모습에는 솔직히 어른으로서 무언가 못 해준 느낌을 지울 수 없어 미안하다. 어쩌다가 이렇게까지 되었을까 싶다가도 잠시 생각하면 아이들이 그런 말을 할 여건은 이미 차고 넘친다. 고개를 돌리면 숱하게 만나는 담론들은 빠지지 않고 돈에 관한 것들이다. 자산, 이윤, 복지, 성공, 수익, 연봉, 투자, 금리, 화폐 등등을 피하면서 어찌 하루를 넘길 수 있을까.

아이들을 데리고 한국항공대학교에 직업 체험을 다녀왔다. 거기서 만난 조종사는 국내 한 민항기 부기장이었는데 직업 세계를 설명하며 서슴없이 자신의 연봉을 얘기했다. 그리고 기장으로 승진하면 역시 연봉이 얼마고 세금은 어떻다는 등의 정보를 아이들에게 알려주었다. 그 강의실에서 조종사의 얘기를 듣고 놀란 건 나뿐인 것 같았다. 아이들은 제일 듣고 싶었던 내용이라며 좋아하는 눈치였고 직업 체험 프로그램에 익숙한 조종사로서는 나중에 추가 질문에서 가장 많이 나올 내용인지라 먼저 말해주는 게 효율적인 것으로 여기는 듯 보였다. 이제 자신의 벌이로 삶을 평가받는 것은 너무나 자연스러운 모습이 되어버렸다.

'나의 꿈 발표하기 대회'를 매년 개최한다. 올해는 한 아이가 자신의 꿈이 돈보다는 좋아하는 걸 추구하는 거라며 그 근거로 하나의 연구 사례를 들었다. 책 「1만 시간의 법칙」에서 따온 내용인데 예일대의 스톨리 블로트닉 연구소에서 1965년부터 20년 동안 실시한 '졸업생의 부 증식 현황'에 관한 연구이다. 즉, 예일대와 하버드대 학생 1,500명이 어떤 기준에 따라 직업을 선택했고 사회생활을 통해 얼마나 많은 재산을 쌓았는지 추적해 본 것이다. 연구에서 사회생활을 시작할 때 83%(1,245명)는 좋아하는 일보다는 돈을 많이 벌 수 있는 직업을 선택하였고, 보수는 적더라도 좋아하는 일 또는 꿈과 관계된 일을 업으로 삼은 나머지 학생은 17%(225명)로 나타났다. 80년 전 미국인들도 오늘날과 비슷한 사람들이라는 생각이 들었다.

그런데 20년이 지난 후 확인하니 소위 백만장자 반열에 오른 사람 101명 중 돈을 추구하는 직업을 선택한 학생은 단 한 명뿐이었고 나머지 100명은 사회에 발을 디딜 때 자기가 하고 싶은 일을 택했던 사람으로 나타났다. 이 연구는 돈을 목적으로 하지 않고 좋아하는 꿈을 추구할 때 결국 돈도 얻을 수 있다는 것을 강조하고 있다. 그러나 모든 연구에는 설계자가 그렇게 되길 원하는 가설이 있다. 저 연구의 가설에는 어떤 함의가 있을까? 그건 어떻게 하면 돈을 많이 벌 수 있을까? 라는 질문에 하나의 답을 더하고자 하는 의도가 아니었을까 싶다. 연구의 방점은 '꿈'이 아니라 '돈'. 결국은 '돈을 많이 벌려면 좋아하는 일을 해'라는 의도라고 굳이 무리한 추측을 한다. 최근의 분위기에 따른 불만이 반영된 심사다.

예체능 분야로 가고 싶다는 아이들을 상담하다 보면 제일 먼저 하는 걱정이 해당 직종 분야에서의 수입이나 처우이다. 아이들은 부모나 주위에서 들은 돈이 안 되는 직업에 대한 불안감이 크다. 나로서는 해줄 말이 별로 없다. 우리나라가 살 만한 나라가 되었으니 그리고 선생님 때와는 다르게 여러분들이 부모님의 노후까지 걱정할 필요는 없으니 자기 하나 앞가림할 정도라면 굳이 많은 돈이 필요치 않으므로 긴 인생 속에서 좋아하는 일 하나는 해봐야 억울하지 않겠냐는 정도의 격려를 해줄 뿐이다. 아이들과 공유하는 지점도 있다. 예체능 분야는 좋아하는 사람들이 많이 몰려가므로 다른 분야보다 경쟁이 치열할 수 있고 그 안에서 일부의 사람들이 모든 걸 갖는 승자독식이 심해서 평균적인 처우는 좋지 않으리라는 예상 말이다.

우리 학교에는 야구부가 있다. 어린 학생들이 뙤약볕에서 매일 고된 훈련을 하는 모습을 보면 안쓰러울 때가 많다. 저 많은 선수들 가운데 나중에 우리가 이름을 알게 될 스타는 과연 몇 명이나 될까? 그렇지 않다면 보통의 평범한 선수들은 생활인으로 어느 정도의 벌이를 하게 될까? 직장 개념으로 운동 부문을 본다면 대기업에 해당하는 건 프로야구 구단이 아닐까 싶다. 프로야구 선수들의 임금 처우를 살펴보고 일반 직장과 비교해 보고 싶었다. 대한야구소프트볼협회에 따르면 2025년 현재 우리나라 고등학교 3학년 등록 야구 선수는 1,252명이다. 그리고 고등학교를 졸업하고 바로 프로 입단을 하지 않고 대학에 간 선수들이 있다. 현재 대학 야구 선수는 1,517명이다. 이 선수들이 2026년 프로야구 신인 드래프트에 참여할 대략적인 인원이다. 물론 저 선수들 중에 실제 드래프트에 참여하는 인원은 작년 기준으로 보면 50% 정도 줄어든다. 대학 선수들이 중도에 그만두는 경우가 많기 때문이다. 매년 신인 드래프트에는 총 10개 구단이 11명의 선수를 지명해서 110명이 선정된다. 현재 고3 선수와 대학 선수를 합하면 약 4%의 선수들이 프로에 입단하는 것이다. 4%. 수능 9등급 체계에서 1등급에 해당하는 인원이다. 게다가 팀마다 28명에 해당하는 1군 등록 선수가 되는 길은 너무도 험난한 과정이다.

그럼 1군 선수들의 평균 연봉은 어떨까? KBO 보도 자료에 제시된 2023년 LG트윈스 고액 연봉 선수들 상위 7명의 총액은 36억 원이었다. 이를 전체 51명 연봉 총액에서 제외하면 나머지 44명의 평균 연봉은 약 8,700만 원이 된다. 우리나라 2023년 4인 가구 도시 근로자 월평균 소득인 760여만 원과 비슷한 수준이다. 그러나 1군 엔트리에 들지 못한 선수들만을 놓고 보면 하위 23명 평균 연봉은 약 3,900만 원으로 상당히 낮아진다. 팀 안에서도 극명한 임금 격차가 나타난다. 자유계약(FA) 선수들과 비교하면 임금 격차는 더욱 심해진다. 4년간 최대 115억, 95억, 60억 등의 계약금을 받는 선수들이 있기 때문이다. 한 팀 더그아웃에서도 엄청난 임금 격차가 존재하고 있음을 알고 난 후 선수들을 바라볼 때 복잡한 감정이 들었다.

　LG트윈스에는 발 빠르고 날렵한 선수 S가 있다. 주로 1군에 있지만, 타석에는 좀처럼 보기 힘들고 주로 경기 후반에 대주자로 들어가 도루를 한다거나 적시타에 빠르게 득점하는 역할을 수행한다. 2023년 시즌 이 선수를 눈여겨본 감독은 시합에 여유가 있을 때마다 타석에 세워 기회를 주었다. 결과는 대성공. 시즌 초반, 인정 타석에는 못 미치지만 3할 중반의 타율을 보여주었고 훌륭한 내야 수비를 겸비하였다. 물론 빠른 발로 팀 공격에 활력을 주는 건 기본이었다. 나는 그 당시 이 선수의 연봉이 궁금해서 LG트윈스에 이메일을 올렸다. '안녕하세요~, 저는 야구부가 있는 현직 중학교 진로교사입니다…'로 시작하는 메일에 나는 구단 선수들과 프런트 직원들의 임금 또는 처우에 관한 문의의 글을 남겼고 구단은 예상외로 빠른 답변을 주었다. '프런트 직원들의 임금에 대해서는 민감한 사안이라 알려드릴 수 없으나 구단 선수들의 연봉은 홈페이지에 선수 사진을 클릭하면 보실 수 있습니다…' 홈페이지에 선수 연봉이 올려져 있다니! 너무도 놀란 나머지 직접 확인해 보았다. 당시 뛰어난 활약을 보이고 있는 만 9년 차 선수 S의 연봉은 얼마였을까? 금액은 4,900만 원이었다. 물론 활약상에 따라 시즌이 끝나면 다른 연봉으로 대우를 받을 것이다. 그러나 이 선수가 프로야구 선수를 시작한 6년 차까지는 3,000만 원 이하의 연봉을 받았다.

　정리하면 프로야구 선수들의 전반적인 처우는 일반 직장인의 그것보다 열악했다. 앞서 말한 승자독식이 예술과 스포츠 분야에서 특히나 두드러짐을 간접적으로나마 확인하는 순간이었다. 그리고 오늘도 대한민국 야구협회 홈페이지에서는 클릭만 하면 선수들의 연봉을 확인할 수 있다. 무덥고 습한 여름날 운동장에서 땀 흘려 경기하는 선수들의 이른바 몸값을 그들의 가족을 포함한 국민 모두가 실시간으로 확인할 수 있는 사회. 자본주의의 비정함을 느낄 수 있는 한 사례로 충분하다. 어떤 분야든지 열심히 일한 사람이 대접을 받고 설령 두각을 나타내지 못하거나 실패했을 땐 그다음의 기회가 안정적으로 주어지는 세상이 되었으면 한다. 또 최고가 아니더라도 인간다운 삶을 보장해 줄 수 있는 건강한 공동체로 우리 사회의 직장들이 좋아지길 소망한다. 끝으로 선수 S의 그 당시 인터뷰를 인용한다.

"작년하고 재작년에 2군에 있는 시간이 많았다는 게 힘들었어요. 그래서 야구를 그만둘까 생각도 많이 했어요. 그런데 코치님들이 야구를 그만두기에는 좀 아깝지 않냐고 말씀을 많이 해주고 도움을 많이 주셨어요. 그 말씀을 듣고 마음을 다잡았어요. 야구를 그만두더라도 2군 경기를 1군 경기라고 생각하고 뛰자고 스스로 주문을 외웠어요. 그래서 지금 1군에서 뛸 수 있었던 것 같습니다."

선수 S는 2025년 현재 어엿한 LG트윈스의 1군 선수로 맹활약 중이다. 그의 연봉은 2024년 드디어 1억을 넘겼다.

가왕(歌王)을 기리며

'살면서 듣게 될까 언젠가는, 바람의 노래를 /세월 가면 그때는 알게 될까, 꽃이 지는 이유를'

2년 전 조용필 55주년 대구 콘서트에 다녀왔다. 그러니 올해가 데뷔 57주년이다. 우리 나이 일흔 여섯. 공자님 말씀에 마음 내키는 대로 행동해도 무리가 없다던(從心所欲不踰矩) 시기다. 그러나 그는 자기 노래라고 마음대로 부르지 않았다. 중간에 약간의 인사말 정도를 제외하고 스물다섯 곡을 연속으로 부르며 두 시간을 꽉 채운 공연. 거추장스러운 만담이 없었고 불안한 고음을 관객에게 떠넘기는 기교(?)도 없었다. 빈틈없이 잘 짜여진 공연이었다. 그래서 사람들은 그의 공연에 큰 감동을 하게 되나 보다. 무엇보다 공연한 곡들이 대부분 가사를 알고 자연스럽게 따라 부를 수 있는 곡들이라 함께 노래하고 환호할 수 있어서 흥이 더했다. 이 노래들도 수많은 그의 히트곡 중 극히 일부라는데 놀랐고 그가 아니고 어떤 가수가 이런 공연을 할 수 있을지 감탄할 수밖에 없었다.

그때의 감동을 빌려 진로교육의 관점으로 그의 삶과 음악 활동을 짚어본다. 나름 유복한 가정에서 태어났지만, 음악을 하겠다며 당시 최고의 음악가들이 활동한 미8군 무대로 갈 때만 해도 그에게 온전한 미래는 '오늘도 술래'였다. 그 당시 대부분 부모들처럼 그의 부모님도 음악의 길로 '가지 말라고 애원했는데' 심한 반대가 오히려 큰 집념을 만들어내는 건 비단 로미오와 줄리엣만은 아닌 듯싶다. 그는 처음에 그룹사운드에서 실력을 인정받는 기타리스트로 활약했는데 공석이 생긴 보컬 부문을 하다 보니 결국 더 큰 사랑을 받게 되었다. 이 점은 크롬볼츠의 '계획된 우연'을 떠올리기에 충분하다. 확실한 방향이 잡히기까지 아마도 '아직은 어린가 봐'하는 열린 마음과 태도가 좋은 영향을 주었으리라.

후배들이 그를 높이 사는 건 음악에 대한 그의 끊임없는 열정과 노력이다. 솔로 활동에서 밴드 활동으로 음악 영역을 넓히며 최고의 밴드를 만들었는데 그게 바로 지금까지 공연을 함께하는 '위대한 탄생'이다. 초창기 그룹사운드 활동이 '허공 속에 묻힌' 날들만은 아니었던 것이다. 한번은 부친이 아들의 유명세에도 뭔가 달라진 살림이 없어 의심하다가 벌어온 돈으로 고가의 악기와 음향 장비를 구입하는 걸 확인하고 아들을 이해했다는 일화가 있을 만큼 그에게 최고의 음악을 향한 노력은 '모든 걸 다 주어도 잡을 수는 없는' 정도의 목표였다.

인기만큼 인생이 평탄하지는 않았는데 사별한 그의 아내 재산을 심장병 어린이 재단에 전액 기부(아내가 심장 질환으로 사망했기에)하고 2013년 포브스에서 '아시아의 기부 영웅'으로 선정될 정도로 약 100

억 원 이상의 기부를 해 왔다. 공연이 예정되어 있으면 연습할 때도 매 순간 최선을 다해 노래를 부르는 등 자신에게는 매우 엄격하고 치열하지만, 세상을 대하는 마음이 따뜻한 점에서 사람들은 그를 애잔하게 여기며 좋아하는 것 같다. 우리네 삶이 비록 '바람처럼 왔다가 이슬처럼 갈 수는' 있어도 다른 사람에게 도움이 되는 것이 얼마나 삶을 의미 있게 만들어 주는지 그의 선행은 진로교육에 시사하는 바가 크다 하겠다.

   그의 노래를 들으며 생각한다. 아이들에게도 '심장이 bounce 하며 두근대'는 일을 찾게 하려고 노력해야겠구나. 때론 일이 잘 안되어 '실패와 고뇌의 시간이 비켜갈 수 없다는걸' 깨달을 때 '차라리 나 홀로 눈을 감고' 잠시 쉬면서 '하늘에서 빛나고, 구름 따라 흐르는' 꿈과 추억을 벗 삼아 오늘 하루도 그렇게 살아가고 싶다. 끝으로 힘든 삶을 이겨낼 수 있는 그의 해법을 남기며 그가 오랫동안 우리와 함께하길 기원한다.

   '이제 그 해답이 사랑이라면, 나는 이 세상 모든 것들을 사랑하겠네'

그럴 수 있어!

나이가 든다는 것은 육체적으론 잃는다는 것이지만 정신적으론 얻는다는 것이다. 이때 얻는 것은 지나온 것들의 경험과 추억들이고 운 좋게 성찰이 따른다면, 약간의 내면적 여유도 해당한다. 확실히 나이가 들면서 이전엔 도저히 용납할 수 없던 일들이 받아들여지는 경우가 있다. 좋게 말하면 이해의 폭이 넓어지는 것이고 나쁘게 말하면 체념의 정도가 커지는 것일 게다. 신체적으로 약해지니까 위축되는 측면이 있다는 점을 감안하면 그럴 수 있다, 한 걸음 물러서는 상황들이 안정감을 준다는 사실의 다른 말이 '삶의 여유'이다.

아이들을 볼 때도 그렇다. 예전과 비교해 아이들의 인사성이 약해지고 있다. 학년이 올라갈수록 더 심해진다. 수업에 들어오는 선생님한테도 복도에서 마주치는데 인사를 안 하는 학생들이 늘어간다. 그전엔 이해할 수 없는 상황이다. 그러나 예전의 헐리우드 영화들을 보면 학교 풍경을 보여주는 장면에서 선생님에게 인사 안 하는 학생들을 많이 보았다. 그건 다른 나라니까 이상하지 않았고, 우리도 지금은 그때와 다르니까 이상하지 않아야 한다. 세상이 변한 걸 자기 기준이랍시고 움켜쥐고 있으면 '꼰대'라 불리기 십상이다. 정기 고사 중에 시험이 끝나고 교탁에서 답안지를 정리하고 있을 때 굳이 내 등 뒤와 칠판 사이 그 좁은 틈으로 가는 것을 이해하지 못했다. 그러나 지금은 그건 대수가 아니다. 참 무례하구나 싶다가도 또 무언가를 나누어 준 일이 있어 호명하면 두 손으로 깍듯이 받는다. 아이들 행동의 반전에 서운했던 내 마음도 들쭉날쭉이다. 한 아이의 여러 행동에서도 예의의 편차가 크다. 선생으로서 부족한 건 가르치면 될 일이니 화를 낼 필요가 없겠다. 약 4년여 간의 코로나19 시기를 통과하고 있는 중임을 놓치면 안 된다고 다짐하며 지낼 뿐이다.

철학자 데이비드 흄(David Hume)이 강력한 회의주의(懷疑主義, Skepticism)를 전개하며 인과율마저도 부정했다는 말이 떠오른다. 아주 어릴 적 뫼비우스의 고리를 보고 든 아련한 느낌과 같았다. 원인이 있기에 결과가 있어야 한다는 절대적인 믿음도 의심했듯이 삶을 살면서는 꼭 이유와 근거를 따지고 찾는 게 무의미할 수도 있다는 생각 역시 나이가 들면서 자주 든다. 그래서 원인과 결과를 뒤집은 발상들도 사고의 틀에서 한 번 더 자유롭게 풀어줄 수 있다. 예를 들어 '강한 자가 살아남는 게 아니라 살아남은 자가 강하다'란 말은 '강한 자가 살아남는다. 그리고 살아남은 자도 강하다'로 두 가지의 가능성을 다 열어놓는다. '행복해서 웃는 게 아니라 웃으면 행복해진다' 역시 '행복해서도 웃고, 웃으니까 행복해지기도 한다'로, '운동하면 건강해지는 게 아니라 건강하니까 운동한다'도 '운동하면 건강해지고, 건강하면 운동도 한다'로, 끝으로 '투자를 잘해야 돈을 버는 게 아니라 돈을 벌어야 투자를 잘할 수 있다'도 '투자를 잘하면 돈을 벌고 돈을 벌면 투자도 잘할 수 있다'로 바꿀 수 있는 게 여유다.

　아이들과 상담할 때도 여유가 필요하다. 진로·진학 상담을 신청한 학생 중에는 학업 고민을 호소하는 아이들이 있다. 적성검사 결과와 학업성취 등을 전반적으로 살펴보면 노력한 만큼 성과가 쉬이 나지 않은 게 영특하지 못한 두뇌로 인한 것임을 느낄 때가 있다. 아이에겐 단도직입적으로 말할 수 없다. 그래도 아이는 뭔가 눈치를 챈다. 가슴 아픈 순간이다. 선천적으로 두뇌가 좋은 아이는 당연히 공부할 때 유리하다. 뚱뚱한 내가 하루 20시간 농구 연습을 한다고 마이클 조던이 될 수 없듯이 학업에서 타고난 공부 머리를 무시할 수는 없다. 그러나 그런 나에게 '너도 열심히 연습하면 농구를 잘할 수 있어'라는 주문이 나쁜 것처럼 아이에게 똑같은 주문을 하는 게 나쁜 일일 수 있다고 자책하기도 한다. 우린 언제쯤 각자의 한계에 관대해질 수 있을지 생각해 본다.

　2021년에 진로교사가 되기 전 마지막으로 고등학교 2학년 아이들의 담임교사를 했다. 지금은 고려대학교에 다니는 당시 2학기 우리 반 반장 아이는 상위권 학생치고는 1, 2학년 동안 줄곧 3등급을 받을 정도로 수학 공부가 힘들었다. 그래도 학기 말에 학급 단합 시간을 준비할 때 두 종류의 예산을 금액별로 잘 나눠서 활동 물품을 주문하는데, 엑셀로 더디게 작업하는 담임 옆에서 손으로 쓱싹 계산해서 딱 맞는 정답을 도출해 냈다. 그때 그 반짝이는 센스로는 도저히 아이의 수학 성적이 믿겨지지 않았다. 그저 생활 속의 지혜와 공부 머리는 다른 거라는 생각이 들었다. 이런 경험은 분명히 실의에 빠진 아이에게도 기운을 줄 사례이다. 간혹 내가 아이들에게 섣부른 희망이나 주는 못된 짓을 하고 있는 건 아닌지 조심하고 경계한다. 그래도 여러 가능성 중에 현실적으로 농구 스타보다는 전망이 넓은 게 공부의 세계라면 조금만 더 노력하자고 응원한다. 꼭 머리 좋은 사람만 공부를 잘하는 건 아닐 거라고, 공부를 열심히 하면 머리가 좋아질 수도 있고 성적도 따라오는 것이라고. 그럴 수도 있다고 믿으며 말이다.

진로 멘토 가상 인터뷰

수년 전 가천대학교에 다녀온 적이 있다. 고3 담임 대상의 전국 대학 입시 설명회였다. 넓은 강의실 몇 개를 원격으로 연결해서 그 어느 진로·진학 행사보다 쾌적하게 진행되었다. 참석한 선생님들의 칭찬이 이어졌다. 그 행사 시작에 총장인 이길여 박사가 몸소 연단에 섰다. 당시에도 여든이 넘는 나이였다. 패배를 모를 것 같은, 이름에서 느껴지는 강력한 카리스마. 처음엔 그 정도 생각으로 가볍게 여겼던 것 같다. 그런데 인사말은 의외로 진솔한 울림이 있었다. 자신의 학창 시절만 해도 여학생이 의사가 되는 걸 무시하거나 반대하는 사람들이 많았는데 할 수 있다고 용기를 주었던 고마운 분은 학교 담임 선생님이셨다며 당시의 선생님들이 안 계셨더라면 자신은 이 자리에 없었을 것이라는 소회를 얘기했다. 덧붙여 선생님들의 노고를 격려하고 좋은 학생들을 보내주면 정성껏 지도하겠다는 다짐까지. 그동안 들은 여러 대학 관리자의 인사말이나 축사 중에 그녀의 인사말이 당시 나에겐 적지 않은 위로가 되었다. 아마 다른 선생님들도 그런 느낌을 받았다면 그만한 학교 홍보가 어디 있을까 싶다.

해마다 아이들에게 자신의 진로에 도움을 줄 만한 멘토를 선정해서 가상 인터뷰를 작성해 보라고 한다. 아이들은 책과 인터넷을 찾으며 자신의 멘토로 삼을 만한 유명인 또는 일반인들을 정하고 거기에 아이디어를 넣어 가상의 인터뷰를 대화체로 작성한다. '언제 이 일을 하리라 결심했나요?', '힘든 시기를 극복하는 방법은?', '성공의 비결은 무엇인가요?', '인생에서 가장 중요한 것은 무엇일까요?' 등의 질문을 인터뷰에 활용한다. 마치 실제로 자신의 멘토를 만난 듯 열심히 하는 아이들이 많다. 그래서 나도 아이들처럼 한 분의 멘토를 정해서 그분의 일생을 그려보려 한다. 바로 가천대 총장 이길여 총장이다.

"만나서 반갑습니다. 총장님.", "중학교 진로 선생님을 만나니 더욱 반갑습니다~"

"가천의과대학이 경원대학교를 인수하면서 출범한 가천대학교는 2012년부터 모 일간지 대학평가에 무려 44단계나 오르며 높은 성장을 이룬 학교입니다. 실제로 진학지도를 하면서 학생들이나 현장에서 접하는 학교의 위상이 해마다 높아지는 느낌인데요. 기업체나 여타 지원 없이 병원 재단으로 만든 대학으로 이 정도 성장을 이룰 수 있었던 원동력이 무엇일까요?"

"많은 사람이 저의 사업을 걱정하고 무모하다고까지 했지만, 사실 병원을 운영하면서 사회에 기여할 방법으로는 좋은 인재들을 키우는 게 필요하다 봤고요, 그래서 적극적으로 투자하고 운영했더니 오늘에 이른 것 같습니다. 저는 병원에서나 학교에서도 꼭 필요한 것이라고 요구하는 게 있으면 비용이 고민되어도 진행시키는 편입니다. 그런 투자가 비결이 아닐까 싶어요."

"의대 학생들에 대한 애정이 남다르시던데요."

"초창기에는 제 사무실에 학생들 사진을 다 붙여놓고 이름을 외웠어요. 우리 병원 의사 선생님을 뽑을 때 면접을 직접 하기도 했고요. 그때 강조한 건 나와 함께하면 환자를 가족처럼 여기고 최선을 다할 수 있어야 한다는 것이었어요."
"학비를 도와달라고 모르는 학생이 편지를 보낸 적도 있었다죠? 그때 알지도 못하는 학생에게 쾌히 학비를 지원해 주셨다는데?"

"그때 학생이 열심히 공부해서 꼭 좋은 의사가 되겠다고 했고, 그 학생이 지금 우리 병원에서 심장 전문의로 활약하고 있어요. 저는 결혼을 안 했고 자식이 없으니까, 제자들이 자식 같은 마음에 돕고 싶을 뿐이죠."

"인생의 시련기는 언제였나요? 자라나는 중학생들에게 해주고 싶으신 말씀은요?"

"저는 둘째 딸로 말도 느렸고 해서 천덕꾸러기였어요. 그런데 말문이 트이고 나서 자신감을 얻고 무엇이든 최선을 다해 이루려고 하는 욕심이 많아졌죠. 하고 싶은 게 많았고 아버님이 돌아가신 뒤 집안이 어려웠을 때도 굽힘 없이 열심히 생활했던 건 그런 적극성에서 가능했다고 봐요. 산부인과를 할 때는 너무 바빠서 결혼할 기회를 놓쳤고 미국과 일본 유학을 다녀올 때도 매번 상황이 안 좋았지만 역시 도전한다는 생각으로 최선을 다했죠. 우리 학생들은 혹시 집에서 기대에 못 미친다고 구박을 받거나 사람들에게 인정받지 못해도 절대 좌절하지 말고 자신을 믿으라고 말하고 싶네요. 그리고 여자로서 겪었던 많은 편견과 시련이 있었지만 모두 극복한 것처럼 여러분도 다른 사람들의 시선과 편견 때문에 움츠리지 않았으면 합니다."

"보증금 없는 병원, 청진기를 가슴에 품고 진료하신 일화가 유명한데요. 소개 좀 부탁합니다."

"초창기 산부인과 진료를 할 때 그 당시만 해도 사람들 형편이 어려우니까 병원비를 떼일까 봐 보증금을 받았는데 저는 그런 거 없이 편하게 진료받으라고 선언했어요. 그래서 환자들이 많이 왔죠. 임신한 여성은 차가운 청진기를 대면 놀랠 수 있으니까 늘 제 가슴에 품고 따뜻하게 해서 진료를 봤어요. 환자들이 많아서 병원에 있는 제 방에서까지 함께 재우곤 했죠. 다 아련한 추억이에요."

"끝으로 하시고 싶은 말씀이 있으면 부탁드립니다."

"꿈을 가진 중학생 여러분, 뇌과학 분야 연구에 특화된 가천의과대학이나 한의대 그리고 다양한 첨단 공학 분야에서 많은 장학 제도와 경쟁력을 갖춘 가천대학교로 오세요. 멋진 미래를 함께 만들어 갑시다. 감사합니다."

2023년 봄 가천대학교 축제에서는 91세인 그녀의 강남스타일 춤을 볼 수 있었다. 그녀의 호인 아름다운(嘉) 샘(泉)과 같이 오랫동안 기억될 그녀의 삶을 응원한다.

*이 가상 인터뷰의 내용은 「MBC다큐멘터리 '성공시대' : 이길여의 네 가지 성공비결」과 「나무위키」를 참조했습니다.

노력주의 신화

 2024년 현재 대한축구협회는 새로운 국가대표 감독으로 홍명보 울산 HD 감독을 선임했다. 선임 과정에서 절차적 문제로 연일 떠들썩한 비난과 우려가 나오고 있지만 축구협회는 그냥 밀고 가자는 입장이다. 홍 감독도 본인이 해온 말들과 다른 행동으로 인해 함께 비난을 받고 있다. 홍명보 감독, 아니 감독이기 이전에 한국 축구에 전무후무한 레전드. 스위퍼라는 최종 수비수 포지션에 국한되지 않고 중원을 누비며 때론 과감한 공격으로 멋진 득점까지 했던 '영원한 리베로'. 그와 나는 같은 고등학교를 나왔다. 그는 나의 고교 동문 선배이다.

 나는 축구 명문 고교를 나왔다. 유의할 사항은 학교의 축구 실력이 동문의 실력과 무조건 같지는 않다는 점이다. 난 축구를 포함한 모든 운동에 젬병이다. 지금은 잊힌 이름들이지만 전설의 스트라이커 이회택(전 국가대표 감독), 김삼락(전 바르셀로나 올림픽 대표 감독), 그리고 김은중(전 U-20 국가대표 감독) 선수들이 우리 학교 출신이다. 가장 세계적으로 유명한 선수는 1학년 때 중퇴하고 독일로 건너간 손흥민이다. 그렇다. 손흥민이 내 고등학교 후배라니! 이 정도면 축구 분야에서 우리 학교의 위상이 어느 정도인지 충분히 설명했다고 본다.

운동부가 있는 학교에 다니는 건 여러 가지 추억을 가질 수 있어서 긍정적이다. 내가 학교에 다닐 때만 해도 우리 학교가 전국대회 8강 이상에 오르면 당시 효창운동장으로 수업을 전폐하고 선생님들과 응원하러 갔었다. 지금도 잊히지 않는 건 비록 인조 잔디 구장이었지만 태어나서 처음으로 접한 파란 축구장의 강한 여운이다. 그 위에서 우리 학교 선수들이 골이라도 넣을 때면 친구들과 얼싸안고 흥분했던 기억과 스크럼을 짜고 열심히 응원했던 기억은 소중한 추억이다.

한 학기 성적이 나오고 학기 말 상담을 하니 공부 외의 길을 택하려는 아이들의 고민이 많다. 운동이나 노래, 또는 그림 등 이른바 예체능 계열로의 진로를 희망하는 아이들의 공통된 고민은 해당 분야의 진로가 주는 불안감과 이를 공유하는 부모님의 반대다. 나는 상담을 통해 아이의 꿈이 확고한지 재확인시켜주고 부모님이 반대하시는 이유를 한 번 더 객관화해서 아이의 선택지에 포함시킨다. 내가 부모가 아니기에 무리한 응원이나 설득을 할 수는 없다. 아이 스스로 현실을 인식하기에 도움이 되는 얘기를 나눌 뿐이다.

예체능은 공부보다는 '평균의 함정'이 심한 분야이다. 일전에 프로 야구 구단 선수들의 평균 연봉을 조사했을 때도 느낀 바 있지만, 실력과 인기를 독점한 소수가 누리는 영광에 비해 그렇지 못한 절대 다수의 몫이 너무 적어서 생활인으로서의 진로로는 강한 추천이 어려운 게 적어도 아직까진 우리나라 현실이다. 특히 진로 상담에서 이른바 '노력주의'를 강요할 수 없는 대표적인 분야이다. 나는 아직도 이 분야에서 '노오력'을 외치는 사람들을 보면 아쉬운 마음을 감출 수 없다.

나 같은 범부도 누군가 노래를 부르면, 악기를 연주하면, 농구를 하면, 초상화를 그리면, 그게 잘하는 건지, 못하는 건지 바로 느낄 수 있다. 반면 공부의 세계는 다르다. 그곳은 이게 안 되면 저것, 이 역량이 안 되면 저 역량, 또는 복합 역량으로서 비빌 데가 많다. 예술과 운동의 세계는, 물론 고차원에 이르면 보통 사람이 알 수 없는 미묘한 차이가 있을 순 있어도, 어느 정도의 수준까지는 실력 차를 누구나 알 수 있는 분야다. 그래서 '노력주의'를 넘어서는 '노력 신화'는 소질과 적성이 갖춰진 사람들에게만 신중히 주문해야 할 응원이라고 생각한다.

아이들과도 이 점을 공유한다. 우리 학교엔 100명 이상의 단원으로 구성된 오케스트라가 있다. 악기를 전공하려는 아이에게 묻는다. 단원들 중에 악보 이해가 빠르고, 같은 시기에 연습했는데 유독 진도가 빠른 아이가 있다면 자신이 거기에 해당하느냐고. 가혹할 수 있기에 최대한 사려 깊게 묻는다. 상담실은 꿈과 현실을 모두 취급해야 하는 공간이기에 그렇다.

해외 축구의 아버지, 즉 '해버지'로 불리는 박지성 선수의 일화를 떠올린다. 우리는 그가 왜소한 체격으로 고등학교 때까지 주목을 받지 못하다가 간신히 명지대에 들어갔고 당시 올림픽 대표팀 허정무 감독과 명지대 감독의 친분으로 성사된 연습 경기에서 놀라운 드리블과 골을 통해 운 좋게 대표팀에 입성한 줄로 알고 있다. 그러면서 주목받기 전까지 최선을 다해 노력한 결과라고 미화해 왔다. 사실보다 무서운 게 '왜곡된 신화'다.

나는 박지성 선수의 다큐멘터리를 보며 그가 레전드 차범근 선수로부터 상을 받은 어린 시절 사진을 기억한다. 일명 '차범근 축구상'은 당시 한 해 동안 훌륭한 활약을 한 초등학교 축구 선수 6명에게 부여한 상이다. 그 상의 1992년 수상자 중 한 명이 박지성이었다. '차범근 축구상'으로 향후 스타가 된 선수는 이동국, 최태욱, 기성용, 황희찬, 이승우 등 이름만 들어도 대단한 선수들이다. 박지성 역시 이미 떡잎부터 달랐던 선수였던 것이다.

그는 경기도 화성의 안용중학교를 나왔는데(이 학교는 차범근의 모교이기도 함) 당시로서는 별 볼 일 없던 팀이 그가 활동하던 시절 도내 상위권 팀으로 도약한다. 문제는 왜소한 체격으로 두각을 나타내지 못했던 수원 공고 시절이었다. 실력의 정체기였을까, 프로팀 선발에서는 당시 워낙 리그의 최고 구단인 수원 삼성에 도전했기에 좌절하였고 그의 실력을 알아본 명지대학교에 우여곡절 끝에 입학한다. 연습 경기 한 번으로 그를 무려 올림픽 대표 선수로 발탁한 허정무 감독의 안목을 칭찬하는 이들이 많다. 그러나 대표팀 소집에서 직감에만 의존한 선수 선발은 말처럼 쉽지 않은 일이다. 그의 눈에 확 들어온 플레이가 계기가 되었을지언정 평소에 갖춘 실력이 없는 선수였다면 발탁되는 일은 없었을 것이다. 하지만, 이 지점은 신화가 비집고 들어오기 딱 좋은 틈새다.

박지성 선수의 올림픽 대표팀 시절은 보통 사람들에게 인상 깊게 남아 있지 않다. 우리에게는 2002년 월드컵에서의 활약이 크게 각인되어 있다. 그리고 그를 발탁한 히딩크 감독의 안목 또한 칭송되어 왔다. 그러나 히딩크가 그를 발탁하기 전인 올림픽 대표팀 활동 후 그를 택한 구단은 일본 J리그의 '교토 퍼플 상가'였다. 사람들이 잘 모르는 사실은 당시 그가 받았던 연봉이 국내 선수 최고 연봉인 최용수 선수의 2억 1천만 원(부산일보, 1999. 3. 30.)을 넘는 약 5천만 엔(4억 원)이었다는 사실이다. 그는 이미 프로 입단부터 실력을 인정받았던 선수다. 그리고 교토 퍼플 상가는 그의 활약으로 천황배 JFA 전일본축구선수권대회를 우승하게 된다.

나는 박지성 선수가 훌륭한 감독들의 눈에 들고 열심히 노력하여 그 자리에까지 갔음을 의심하지 않는다. 그러나 애초에 별 재능이 없던 사람이 노력과 운만으로 성공한 것처럼 말하는 건 납득할 수 없다. 그리고 예체능 분야에서 오직 노력만으로 강요된 비슷한 성공 신화들은 교육적으로도 좋지 못하다고 본다. 그건 공부를 못해서 예체능을 하는 게 아니라 예체능을 주로 하면서는 도저히 힘들어서 공부를 병행하기가 쉽지 않은 우리의 현실 때문이기도 하다.

고등학교 때 등교할 준비를 마치고 가족들과 아침 식사를 하면서 본 스포츠 뉴스에서 우리 반 친구 문해식(가명)이가 세계 청소년 축구 대회에 나가 골을 넣는 장면을 본 후 그 여운이 가시질 않았다. 열여덟의 나이에 이미 태극 마크를 단 우리 반 친구의 그 이후 선수 생활을 그러나 나는 잘 기억하지 못한다. 언젠가 프로 구단 성남 일화에서 후보 선수로 활약한 장면을 TV로 한두 번 보았을 뿐이다. 어린 나이에 재능을 인정받은 선수라도 우리가 아는 유명한 선수가 되는 길은 너무도 어려운 일이다. 다만 나는 그 친구가 축구 선수로서의 삶이 잘 풀리지 않았더라도 다른 분야에서나마 잘 살아왔기를 희망한다.

전설의 브라질 축구 대표 선수였던 소크라테스가 전직 의사였고, 은퇴 후에도 의사 생활을 했다는 일화와 일본 축구의 대스타 나카타 선수가 은퇴 후 사케 회사의 대표가 됐다는 일화, 그리고 지난 2023 세계야구클래식(WBC) 때, 마치 동네 사회인 야구팀처럼 소방관, 지리 교사, 재무 분석가, 부동산 중개업자 등 다양한 직업의 선수들로 구성되어 화제를 몰았던 체코 야구 대표팀처럼 예체능 분야에 종사하는 사람들에게 다양한 삶의 가능성이 함께 하길 바란다. 아울러 우리네 교육 환경에서 예체능 분야의 좀 더 유연하고 열린 변화를 희망한다. 예체능 분야의 상담을 하면서 다른 분야 역시 소질과 적성을 무시할 순 없다는 점을 재차 느끼며 박지성 선수가 은퇴 후 남긴 말을 전한다.

"좋은 감독이 되려면 전술도 중요하지만, 강력한 리더십이 필요하다. 상황을 즉시 파악해서 선수들의 의욕을 끌어내야 할 뿐만 아니라 때로는 호통으로 선수들의 자존심을 자극해 분발하게 만들어야 한다. 그런 점에서 나는 히딩크 감독이나 퍼거슨 감독처럼 할 수 없다. 나에게는 무리라고 생각했다. (……) 훌륭한 축구 행정가로서 아시아 축구 발전에 기여할 수 있었으면 좋겠다."

축구를 잘했다고 축구 감독 역시 잘할 것이라 믿는 것 또한 무리한 욕심일 수 있다. 그는 그런 욕심에서 자유로워 보였다. 자신을 잘 이해하고 있는 그의 모습에 경의를 표한다. 그는 현재 전북 현대모터스 테크니컬 디렉터를 맡고 있다.

나는 먹는다, 고로 존재한다

 살기 위해 먹어요? 먹기 위해 살아요? 진정 쓸모없는 질문이다. 난 단연코 후자다. 식욕이 왕성할 땐 하루가 세 끼인 게 아쉬웠던 적도 있으니 먹는 즐거움이야말로 무엇과 바꿀 수 있으랴. 타고남도 무시할 순 없겠다. 선천적으로 소화력이 좋지 않으면 식탐은 불가능할 테니까. 살을 찌우기 위해 고민인 사람들을 결코 이해할 수 없다. 컨디션이 좋으면 이른바 물만 먹어도 찌는 느낌이었다. 뭐 하러 힘들게 일합니까? 인생의 행복을 위해서죠. 그럼, 언제 행복하세요? 세월이 갈수록 곰곰이 생각하면 행복이 언제였던가 명쾌하지 않다. 그럼에도 가끔 지인들에게 얘기한다. 더운 여름날 에어컨을 틀고, 애정하는 야구팀 경기를, 갓 튀긴 동네 옛날 통닭 한 마리와 깔끔한 도수의 술 한 잔을 곁들이며 시청하는 순간이 가장 행복하다고. 그렇다. 야구는 평계고 치힌(치킨)과 술을 먹고 마시는 기쁨이다.

 우리나라 사람들은 먹는 것에 관한 한 관대하고 전투적이며 치열하다. '금강산도 식후경'과 같이 모든 절차와 과정도 먹는 것부터고, '밥 먹을 땐 개도 안 건드린다'며 먹는 행위의 숭고함과 신성함을 강조하다가, '먹고 죽은 귀신은 때깔도 곱다'며 웰-다잉도 먹는 것과 직결시킨다. '상다리가 부러질 정도'로 손님을 대해야 하고 급기야 '먹고 죽자'는 결기도 감행한다.

 단기 압축 성장을 한 우리 사회에서 노장년층에겐 불과 4~50년 전에 겪었던 굶주림의 기억이 생생히 남아있기에 비교적 풍요로운 이 시기에도 유난히 먹는 데 집착하는 성향이 큰 것 같다. 각종 미디어 컨텐츠에도 단순히 음식을 먹는 행위만으로 이루어진 방송인 일명 '먹방'(Mukbang : 옥스퍼드 영어사전에 추가된 한국말)을 탄생시킨 민족이 아닌가. 그러나 이 분야에도 쏠림이 있어서 방송이나 컨텐츠들 상당수가 먹는 행위의 즐거움에만 초점을 맞춘 내용에 불과해 다분히 말초적인 즐거움의 반복이라는 아쉬움이 남는다. 때론 과장과 허위가 뒤섞여 그저 먹는 행위로 삶의 문제와 고민을 외면하게 만드는 진통의 처방일지 우려스럽기도 하다. 그래서 먹는 것과 관련된 직업 얘기로 나름의 의미를 더하고자 한다.

 아이들을 데리고 제과제빵 클래스에 현장 직업 체험을 다녀왔다. 중학교 1학년은 어디를 다녀도 소란스럽고 생기가 넘친다. 15명의 아이들이 다섯 명씩 한 모둠으로 직접 반죽한 걸 짤주머니에 넣고, 쿠키 모양을 만들어 굽기까지 하는 와자지껄 신나는 활동이었다. 이 수업을 진행하신 원장님은 제과제빵 전문가로서 교육 시설을 운영하고 계셨는데 지하철역과 가까운 번화가 상가에 나름 규모가 있는 시설이었다. 교육을 하며 아이들에게 몇 가지 질문을 하셨다. '빵과 과자의 차이점이 무엇일까요?' 잠시 후에 아이들은 '만져보고 말랑한 건 빵이고, 딱딱한 건 과자입니다', '배가 금방 부른 건 빵, 그렇지 않으면 과자 아닐까요?' 나름 진지하게 답변한다. 원장님이 답했다. '이스트를 넣고 발효를 한 게 빵이고 그렇지 않으면 과자예요. 따라서 파이나 페이스트리는 빵이 아니라 과자랍니다'. 아하~! 직업 체험에서는 나도 배운다. 이어서 추가 지식을 알려주셨다. '흔히 파티쉐를 빵 만드는 사람으로 알고 있는데 정확한 의미는 디저트 일체를 만드는 사람을 부르는 말이에요. 여자는 파티시에르이고, 빵만 만드는 사람은 블랑제리라고 합니다'. 사실 아이들이 쿠키 만드는 재미에 빠져 직업으로서 제과제빵사 자체의 의미에 관해 어느 정도의 느낌을 얻었을지는 분명치 않다. 그저 즐겁게 두 시간을 체험한 것으로도 좋은 영향을 주었으리란 기대에 만족한 시간이었다.

　이제 원장님과는 실질적인 얘기를 나눴다. 옆방에 수학 학원과 함께 공간을 쓰고 있어서 연유를 물으니 원래 빌딩 한 층의 상당히 넓은 공간이 베이킹 클래스였는데 코로나19 시기를 지나며 2/3 정도의 공간은 학원에 임대를 해줬다는 것이었다. '상가 소유주셨군요!'라고 추켜 세웠지만 원장님은 아이들과 하는 수업은 거의 봉사 개념으로 한다고 볼멘소리를 했다. 상호를 밝히지 않았으니 체험비를 공개한다. 두 시간(90분 수업)에 1인당 1만 5천원씩 해서 총 225,000원의 비용을 지불했다. 보조 강사 한 분과 함께 한 수업에 저 금액이 적은 것인지는 이해하기 어려웠다. 다만 사업 규모에 따른 수익 정도의 체감이 다를 수 있겠다고 여겨졌다.

　진로 직업 분야로서 조리사 또는 요리사의 세계는 기술직의 특성상 실력에 따른 급여의 차이가 있는 직종이다. 처음 입문 시에는 처우가 좋지 못한 것도 특징이다. 대표적으로 중식당 조리사의 경우를 들어본다. 진로교사가 된 후 구인·구직 사이트에 자주 들어간다. 중소규모의 사업장에서 중식당 조리사를 구하는 내용을 살펴보면 경력직임에도 연봉 3,000만 원 정도가 많이 보인다. 부주방장 등의 역할을 제시하고 있는데도 연봉 5,000만 원 정도가 최대치인 경우가 많다. 근무 시간은 오전 11시부터 저녁 9시까지로, 중간 15시부터 17시까지는 휴식이라고 해놓고 일 8시간 노동에 주 6일 근무해서 주당 48시간 근무를 제시한 곳이 많았다. 그렇지만 음식점은 통상 오픈하기 두어 시간 전부터 재료를 손질하고 그날 요리를 준비해야 한다. 눈에 보이는 일만으로는 충분치 않을 것이다. 숙련된 중식 조리사의 경우는 좀 더 보수가 좋아야 하지 않을까 싶어 전직 중국집 사장을 친구로 둔 처남에게 졸라 현황을 알아보았다. 역시 기술을 인정받은 주방장의 경우 월 500만 원 정도의 급여를 받는다는 정보를 얻었다. 4대 보험과 각종 여비를 포함하고 따지면 연봉 7,500만 원 정도이다. 금액만 놓고 본다면 그리 나빠 보이진 않는다. 하지만 우리나라 기술직의 어려움은 업무 환경과 처우의 열악함이 만만치 않다는 데 있다. 주방에는 위험한 도구들이 많고 큰 힘을 쓸 경우가 많기에 장시간 노동에 따른 고충도 상당하다. 주방과 홀이 격리되어 있어 요리를 하면서 손님을 만족시키는 보람을 얼마나 느낄지도 의문이다. 아마도 맛있는 요리를 만들어 내는 과정에서 충실한 기술의 구현으로 느끼는 짜릿함 정도가 만족을 주리라고 본다. 우리가 무언가를 만들어내면서 느끼는 기쁨이 분명히 있기 때문이다.

며칠 전 조선업계의 호황에도 불구하고 숙련공들이 합당한 처우를 받지 못해 사람을 구하기 힘들다는 보도를 본 일이 있다. 하청 업체에서 일하며 밀린 임금을 보상받기 위해 1세제곱 미터 철 구조물 '감옥'을 만들어 스스로 갇힌 노동자의 처절한 투쟁도 있었다. 파업을 한 노동자에게 무분별하게 제기하는 손배소를 제한하자는 이른바 '노란봉투법'에도 노동계의 주장과 경영계의 주장이 대립하고 있는 현실이다. 숙련된 기술인들이 더이상 우대받지 못하는 사회에서 외국인 노동자들이 건설 현장 등 각종 제조업 분야를 메우고 있다. 중국어로도 모자라 베트남어까지 3개 국어의 표지판이 있는 현장들이 만연해 순살 아파트, 물갈비 아파트라는 용어를 접하면서 더이상 한국 제품의 우수한 품질을 보장할 수 없는 경우가 올지 모른다는 불안이 생긴다. 이미 특성화고에서는 신입생을 구하기 어려워 힘든 상황이 수년째이다. 그런 불안들 때문에 아이들은 더더욱 '의치한약수'로 몰린다. 지식 중심의 진로에 목을 매고 다른 길은 돌이켜볼 여력이 없다 보니 공부가 힘든 아이들의 무기력은 갈수록 심해진다. 안타까운 모습들이다. 이만큼 성장했다는 사회의 부가 몸과 기술로 나름 정직하게 살아가는 사람들에게도 합당하게 분배되길 바라는 마음이 크다. 우린 어릴 때부터 배우지 않았는가, '땀 흘려 일하지 않는 자 먹지도 말라'고 말이다.

초콜릿 상자 같은 인생의 희망

헬리코박터균을 없애준다는 유산균 음료를 묶음 들이로 사서 먹었다. 경품 행사가 한참인데 겉 비닐을 뜯으면 안쪽에 당첨 여부를 알 수 있다. 두 번째 먹은 음료의 비닐을 뜯으니 '한 개 더'라는 표식이 보인다. 당첨이다! 어려서부터 이런 경품 행사에 몇 번 당첨된 적이 있었다. 어린이 잡지에 공모했더니 두유 큰 박스를 경품으로 받은 적이 있고, 백화점 행사에서 나름 큰 경품에 당첨된 적도 있다. 대학교 설명회 행사에서도 내가 뽑아서 함께 간 동료 선생님께 드린 번호가 2년 연속 고가의 가전제품에 당첨된 적도 있다. 이런 경우를 평생 한 번도 경험하지 못한 분들이 있을 테니 자잘한 경품에서는 나름 행운의 사나이이지 싶다.

아래를 보고 살아야지, 위만 보고 살면 어떻게 사냐고 어른들이 말씀하셨다. 처한 현실에 만족하라는 의미일 테고 무리한 욕심을 부리지 말라는 뜻일 게다. 아울러 어려운 이웃들을 생각하란 의미도 있을 것이다. 영화 '포레스트 검프'에서 나온 대사가 떠오른다. "인생은 초콜릿 상자와 같아. 뭐가 걸릴지 아무도 모르거든." 선택이 중요하다는 의미도 있지만, 삶의 우연성에 좌절보다는 건강한 희망을 가져야 한다는 메시지로 읽었다. 톰 행크스가 열연한 주인공 포레스트의 삶을 보면서 그런 느낌이 오래 남았다.

위만 보고 살 수는 없지만 사회에서 학교에서 주목받는 건 큰 성취를 이룬 사람들이다. 그러나 많은 것을 이루었기에 부러움을 사는 사람들에게도 각자의 걱정과 근심은 있는 법. 학교 현장에서도 그걸 확인할 때가 있다. 작년에 상담한 중3 남학생은 전교 상위권 성적을 유지하면서, 전통적인 표현을 빌자면, 학교생활도 반듯하게 해서 많은 친구와 선생님들의 인정을 받는 아이였다. 어느 날 교무실 문턱을 넘은 아이는 부산에 있는 한 영재고등학교에 합격했다고 말하며 근심을 털어놓았다. 자신은 생명과학 분야에서 단성 생식과 관련한 논문을 써서 이 학교에 특별전형으로 합격했는데 같은 반에 일반전형으로 합격한 여학생이 수학 공부하는 모습을 보고 스스로 많이 부족한 게 아닌지 걱정이 된다는 것이었다.

상담을 통해 확인한 남학생의 수학 실력은 이미 보통 중3 아이들 수준을 훨씬 뛰어넘는 상태였음에도 그동안 학과 공부에 몰두한 시간이 다른 아이들보다 부족할까 봐 입학 후 경쟁에서 뒤처질 불안감이 큰 상황이었다. 다른 집에서 보면 욕심이 끝이 없다고 부러워할 일이지만 아이는 내심 진지하고 심각했다. 내가 해줄 수 있는 격려는 별 게 없었다. 화학생물학부에 합격한, 그래서 연구 논문을 직접 쓸 정도로 공부의 자세가 되어 있는 본인의 모습에 자신감을 가질 것. 수학을 더 잘하는 아이들이 있으면 그건 그 친구의 장점으로 인정하고 긍정적인 자극으로 삼을 것. 학교에서 합격시켜 준 데는 그만한 이유가 있을 테니 자신의 합격을 자신감의 근거로 삼을 것 등이었다. 그리고 입학 후 학교 공부를 위한 준비 정도와 공부 방법이 궁금하고 걱정된다면 학교에 미리 전화하고 하루 체험학습을 내어 부모님과 함께 다녀오라고 권했다. 작은 할 일을 제안했을 뿐인데 아이는 무척 기쁜 표정이었다. '이런 영재가, 이런 사소한 격려로도, 이리 좋아하나!' 하고 나도 새삼 즐거웠다.

며칠이 지나 아이는 부모님과 함께 학교에 전화를 걸어 고민을 얘기했고, 학교 측은 그런 사정의 아이들이 이전에도 있었는지 재학 중인 선배를 연결해 대화를 나눌 수 있게 도와주었다고 한다. 적극적으로 학교에 문의할 수 있게 조언해 준 나에게 감사를 표하는 것도 잊지 않았다. 영재성은 공부를 잘하는 다른 아이들과 견주어도 선천적인 부분이 많은 영향을 주는 영역이라고 본다. 어릴 때부터 비범함을 느끼게 하는 아이들이 있다. 학습과 창의의 영역에서 운이 좋게 태어난 아이들이다. 부모의 환경과 사회·문화적인 환경 등의 수많은 우연 가운데에서 한 가지의 행운을 얻은 경우다. 물론 다른 행운들이 겹쳐서 삶을 더 좋게 시작하는 사람도 있다. 지금까지는 영재학교에 간 아이의 이야기다.

하지만 그 반대도 있다. '느린 학습자'라는 말을 들었다. 경계선 지능에 해당하는 아이들을 일컫는 말이다. 지능 지수(IQ) 71~84점 사이에 있는 경우인데 지적 장애에 해당하는 70점 이하보다 지능이 높아 법적 장애로 인정받지는 않지만, 낮은 지능 지수로 인해 또래보다 정신연령이 더 낮고 학습 능력, 어휘력, 인지능력, 이해력, 대인관계 등에 어려움을 느낀다. 경계선 지능에 해당하는 사람은 전체 인구의 12~14%라고 한다. 이 수치를 듣고 놀랐다. 우리나라의 경우 전국에 약 80만 명의 학생들이 있다는데, 우리는 이들에 대해서 대부분 잘 모른다. '연세춘추'의 2018년 기사(<장애와 비장애 사이, 그 '경계'에 서다>)에 따르면 학교에서는 이들에 대한 낮은 이해도와 추가적인 업무로 인해 불편한 입장이고, 또래 집단에서는 따돌림 등 학교 폭력에 쉽게 노출되며, 직장에서는 의무 고용 대상(장애인)에서 제외되고, 국가적으론 병역, 취업 문제로 고통이 큰데 공적 지원은 전무한 상황이라 이들을 없는 존재, 즉 '투명 인간' 취급하는 풍토가 있어 왔다는 것이다.

전문가들은 경계선 지능인에게 최소한의 자립 능력이 있다고 보고, 적절한 교육을 받는다면 충분히 일상생활을 영위할 수 있다고 말한다. 초기에 적절한 교육을 받으면 평균 지능 범주로 발전하기도 하지만, 반대로 방치되는 경우에는 인지 기능이 지적 장애 수준으로 퇴행하는 경우가 있기 때문에 초기 개입과 맞춤형 교육이 필수적이다(한국일보 2021년 칼럼 '이지선의 공존의 지혜'). 그러나 이런 맞춤형 교육 역시 공교육의 지원이 부실한 탓에 가정 형편에 따라 다르게 제공될 수밖에 없는 안타까운 현실이다. 또한 지원이 너무 없으니, 이들은 결국 의도적으로 IQ를 낮춰 장애인 판정을 받기도 한다. '세상에 홀로 남겨진 이들이 선택한 슬픈 자화상(연세 춘추 해당 기사 인용)'이다.

학교에서 아이들을 가르친다면서도 고입이 어떻고, 대입이 어떻고 하며 매일 상위 몇 프로의 아이들만을 위한 세계에 젖어 있진 않았는지 되돌아본다. 이 용어를 이제야 알고 공부가 힘든 아이들의 입장에 관해 비로소 생각해 보게 된 건 부끄러운 일이다. 인생의 수많은 우연이 우리를 즐겁게도 하고 힘들게도 한다. 특정 분야에서 누구도 원치 않았을 우연적인 불이익을 받은 사람들에게는 역시 우연으로 일정 정도 혜택을 받았다고 인정되는 사람들의 지원이 필요하다. 그건 우리가 통제할 수 없는 우연의 세계에 어떻게 생각해 봐도 당연한 '정의'이다. 그러나 우리는 오늘 지하철에서 시위하는 장애인들에게, 일상의 권리를 내세우며 비난을 하는 시대에 살고 있다.

2025학년 대입부터 6년에 걸쳐 의대 정원을 2,000명씩 더 늘린다는 정부의 계획이 나왔다가 철회되었다. 그 당시 이공계 우수 학생이 얼마가 의대로 쏠릴 것이며, 그리하여 해당 계열은 점수가 어느 정도 하락할 것이고, 이탈한 우수 인재들 없이 앞으로 국가 경쟁력을 어찌할 것인지 말들이 많았다. 그러나 의대 정원을 5,000명으로 늘려도 2024학년도 수능 응시인원 44만 명의 약 1% 학생들이다. 그리고 오늘도 교실에서는 학습된 무기력에 빠진 수많은 학생이 잠을 잔다. 이런 뉴스와는 아무 상관없는 대부분의 학생이 각자의 짐과 고민을 짊어지고 학교에 다닌다. 현실은 공부를 싫어하고 잘 못 하는 아이들이 더 많다. 그리하여 새로 알게 된 단어를 통해 아이들에게도 위만 바라보진 말아야겠다고 생각한다. 그들이 처한 어려움에 대해 힘을 실어 격려해 주는데 위도, 아래도 없이 살펴야겠다고 한 번 더 다짐한다.

나를 따르라

2학년 아이들 수련회에 위문 차 다녀왔다. 저녁을 먹고 난 후 아이들의 레크리에이션을 지켜보는데 사회자가 각 반 반장(요즘은 회장이라고 부른다)을 일으켜 세운다. 강당 자리에 앉아서 행사를 즐기던 아이들 줄마다 그 학급을 대표하는 반장들이 일어섰다. 작년 1학년 1학기 때 지도했던 아이들이다. 어느덧 한 해가 지나 몰라보게 자란 아이들 속에 이제 막 일어선 반장들은 돋보였다.

'저 아이들이 적게는 28명 혹은 그 이상인 자신의 학급을 대표하는 리더들이구나' 일어선 아이들에게 외면적으로는 어떤 공통점도 찾을 수 없었다. 성별도 남녀가 섞여 있다. 그러나 나는 분명히 느낄 수 있었다. 학급을 대표하는 상징으로 반장이 일어설 때 그 학급의 아이들이 바라보는 시선과 응원 속에 전해지는 어떤 기운을, 이제 겨우 중학교 2학년 학급 공동체일 뿐인 그곳을 이끄는 아이의 어떤 후광을, 그리고 그 아이들을 먼발치에서 바라보는 선생님들의 온화한 시선 속에서 느껴지는 평온함과 인정을, 그래서 리더십은 우리가 살면서 한 번쯤은 갖고 싶은 덕목이 아닐까 하는 강한 확신을 말이다.

그리고 몇 주가 흘러 주말이었다. 이번에는 전체 학년의 정·부반장이 모두 참석하는 간부 수련회가 열렸다. 주말이었지만 주관 부서 선생님들의 수고로움에 조금이나마 힘을 보탤 겸 행사에 참여했다. 그러니 이이들이 활동하는 모습을 지켜보며 앞서 경험한 수련회와는 다른, 리더들만을 모은 자리의 이질감을 느끼곤 다소 당황했다. 학급의 아이들 가운데에선 그리도 빛나던 특별함이 무언가 빛바랜 듯한 모습이었다. 물론 정·부반장들만을 모아 놓고 보니 기특해도 그렇게 기특할 수가 없어 보였다.

그러나 수련회 때 본 그 리더의 기운은 잘 전해지지 않았다. 이상하게 느낀 나는 곧이어 리더십을 이루는 한 부분이 거기에 없음을 알고 그 허전함의 이유를 눈치챘다. 그건 리더십이 그 자체만으로는 자생적으로 발현할 수 없는 집단적 인정의 발로라는 점에 대한 인식이었다. 진정한 리더는 스스로 빛날 수 없다. 이는 그가 속하고 이끄는 집단의 동의가 없으면 불가능한 일이다. 리더십은 그것이 철저하게 타인으로부터 비롯된다는 점에서 쉽게 흉내 낼 수 없는 덕목이다. 따라서 사회적 존재로서의 인간이라면 누구나 한 번쯤 탐낼 만한 역량이다.

요즘 알고리즘에 이끌려 무한도전 동영상을 많이 보게 된다. 무료한 감정에 웃음을 불러오려면 이만한 게 없다. 그 중 '무한도전 웃음참기'를 검색해 보길 권한다. 우리는 감정의 자연스러운 흐름을 억지로 누를 때 그 감정을 더 강하게 느낄 수 있는 것 같다. 출연진들이 웃고 싶은데 억지로 참는 모습은 또 다른 강렬한 웃음을 부른다. 종방한 지 벌써 6년이 넘었지만, 원초적 웃음이 주는 즐거움은 다른 영상에 비할 바가 아니다. 그런데 영상을 보면서 새삼 느끼는 건 출연진들을 리드하는 개그맨 유재석 씨의 능력이다.

자신보다 나이가 적거나 많은 출연진을 가리지 않고 그는 때때로 낮은 위치에 처한다. 심지어 중앙에서 진행하다가 뒤로 밀려날 때도 흔하다. 한때 경청 리더십, 서번트 리더십의 상징처럼 여겨진 그의 진행 방식이다. 그러나 요즘 영상을 통해 다시 살펴보는 그의 리더십은 일방적인 수용 이상의 카리스마였다. 출연진들의 말이 끊어지지 않고 자연스럽게 이어질 수 있도록 진행의 맥을 잡고 있었으며, 그런 흐름을 망가뜨리는 발언들에는 때론 위트로, 때론 무심함이나 본인의 웃음으로 넘겨버리는 여유를 보인다. 그래서 프로그램을 진행하는 그의 모습은 마치 오케스트라를 이끄는 노련한 지휘자를 연상케 했다. 적어도 방송에서만큼은 그가 훌륭한 리더임을 부인할 수 없다.

그를 보면서 리더의 덕목 중 하나는 조직의 모든 사람과 거리낌이 없는 사이여야 한다는 걸 느낀다. 한 에피소드에서 출연진들이 몇 개의 텐트로 나뉘어져 대화를 나누는 상황이 있었다. 의외로 서로 친한 줄 알았던 출연진들은 자신이 편치 못한 동료와 한 텐트에 들어간 후에는 어색해하고 서먹한 경우를 보였다. 반면 유재석 씨는 그렇지 않았다. 그는 프로그램의 모든 출연진과 거리를 두지 않는 친밀함을 보였다. 비록 타인이 그렇지 않게 느낄지라도 그런 불편함을 뛰어넘는 감정의 우위를 점유하고 있었다. 포용적이고 수용적인 온화한 리더처럼 보이지만 의식과 감정 세계에서는 다른 사람을 압도하고 있었다. 우리 주변의 친구 모임에서도 누가 리더인지 알려면 모임 구성원에게 두루 거침이 없는 사람을 찾으면 된다. 비록 구성원 중 일부는 그에게 서먹함이 있더라도 거기에 연연하지 않는 사람, 그 사람이 리더일 가능성이 크다. 만일 그런 사람이 없다면 그 모임은 리더가 없을 수 있다. 마음이 불안하고 불편한 리더는 당장 들통이 난다. 그래서 리더십처럼 억지스럽지 않고 자연스러운 덕목은 없다고 본다.

나이가 들며 어쩔 수 없이 리더의 역할을 맡을 때가 있다. 우리나라처럼 연공서열의 위계 의식이 강한 나라에서는 그러한 역할을 피하기 어려운 시기가 엄습한다. 학교 공동체는 일반 직장과 달라서 평교사들 가운데 부장 교사의 직을 부여할 때 특별한 경쟁 과정이나 심사를 겪지 않는다. 그냥 그 해, 그 학교의 여건에 따라 부서의 장을 뽑고 한 해 살림을 꾸린다. 때론 교장·교감 선생님의 부탁이나 권고로, 혹은 승진을 위한 가산점 획득을 위한 필요로, 그도 아니면 자연스러운 연차로 부장 교사가 결정된다. 그래서 누구든 '제가 해 보겠습니다!'라고 선언하면 높은 확률로 맡을 수 있는 자리다. 최근엔 부장 교사를 하고자 하는 이가 별로 없어서 더욱 되기 쉬운 역할이기도 하다. 선생님들이 부장 업무에 부담감을 느끼는 이유는 그 일이 엄청나진 않더라도 한 부서의 리더 역할을 해야 한다는 점에서 오는 압박감이나 어려움 때문일 것이다. 실제로 처음 부장 교사를 맡은 선생님들은 적잖이 그런 부담감을 느끼곤 한다. 그러나 그런 모습들은 언제 그랬냐는 듯 자연스럽게 극복된다.

리더십을 직관적으로 떠올릴 때는 상황이 극도로 혼란할 경우이다. 난세에 영웅이 난다고 흔히 길을 잃었다는 느낌이 들 때 일상에서나 업무 중이나 난관에 부딪힐 때 우리는 '어쩌지?'라는 두려움과 함께 이를 해결할 어떤 '사람'을 찾게 된다. 그 '사람'은 자연스레 직급이 높은 사람일 경우가 많지만, 꼭 그렇지 않은 경우라도 이른바 '해결사'로서의 면모를 가진 사람은 그의 언행, 태도, 비전, 호소, 의지 등을 통해 미처 아직 갈 길을 잃은 사람들을 이끌게 된다. 어려움에 처한 동료들의 시선을 한 몸에 받는, 그래서 그 사람의 등 뒤를 바라볼 때 안도감을 얻을 수 있는 그런 사람이 곧 리더가 된다.

나는 좋은 리더가 아니었다. 어렵고 곤란할 때 고개를 돌려 그 상황을 타개할 어떤 사람을 찾은 적이 많았다. 이젠 그러면 안 되지! 라는 생각으로 도전하고 버텼지만, 빌려 입은 옷처럼 부자연스러운 느낌을 자주 받았다. 2학년 부장으로 시작한 첫 부장 교사 때는 처음으로 담임 선생님들과 어떤 의사 결정을 내려야 했던 회의의 전날 밤, 잠을 못 이루고 쓰린 속을 부여잡은 채 마루를 뒹굴었다. 의연한 척 하려 해도 내면의 스트레스는 피할 수 없었다. 겉으론 화목한 부서를 꾸리고 있다고 둘러댔지만 담임 선생님들의 요구 사항을 잘 처리하지 못할 때는 자책한 적이 많았고, 무언가 곤란한 상황에서 현명하고 빠른 대처를 못할 때는 무능한 리더임을 자각한 적이 잦았다. 그래서 나는 적어도 단위 학교 조직의 '장(長)'은 맡을 순 없겠구나 싶었다. 그렇기에 교장·교감 선생님 같은 책임 있는 위치의 분들에 대해선 존중하는 마음이 있다. 물론 존경받지 못하는 교장 선생님도 계시지만 관료 조직의 한 정점에 위치하는 무게는 아무나 감당할 수 있는 게 아니다. 불만은 이래 사람에겐 편한 영역이다. 따라서 늘 쉬운 반발에 직면하게 된다. 바로 '꼬우면 니가 하면 되잖아!'라는 답변이다. 그 반발에 쉽게 대응할 수 없다면 시답잖은 불평은 의미가 없다.

불판에 고기를 구울 때 꼭 집게를 잡고 직접 구워야 하는 사람이 있다. 그 모습은 테이블에 앉은 모임을 말 그대로 '핸들링'하고자 하는 의지의 표현이다. 그러나 집게를 잡았다고 고기를 굽는 것만으로 그 의지가 존중될 순 없다. 결국엔 고기를 잘 구워야 한다. 그래야 집게는 그다음에도 허락된다. 집안에서는 흔히 어른이 집게를 잡는다. 리더십이 수많은 덕목 중 멋있어 보이고 갖고 싶은 것인 이유는 기댈 수 있는 믿음직스러운 어깨를 내줄 어른이 되고 싶은 마음 때문이라고 본다. 결국 리더십을 갖는다는 건 어른의 모습을 갖는다는 의미일 것이다. 그러나 온전한 어른이 되는 건 언제나 쉽지 않다.

살면서 들은 수많은 경구들 중에 '자리가 사람을 만든다'는 말처럼 맞는 말은 흔치 않은 것 같다. 하지만 그때 사람을 만들게 하는 자리가 과연 어떤 사람들에 의해서 비롯된 자리인지는 쉽게 무시되는 것 같다. 수련회에서 반장들이 보여준 리더로서의 느낌은 그 자리의 토대가 되는 그 자리를 만들어 준 학급의 동료들이 있기 때문이었다. 간부 수련회에서 받은 허전한 리더의 기운은 사람을 만드는 자리를 이루어 줄 동료와 공동체가 없는 가운데 받은 느낌이었다. 온전한 리더라면 그를 만들어 준 자리가 어떤 것인지 반드시 숙고할 필요가 있다는 생각을 한다. 자리의 의미를 모르는 부족한 리더가 판치는 시기이기에 그런 생각은 더욱 요원해진다.

반전이 있어야 가치가 있는 삶

만약 자신이 한 노력이 모두 공허해지고 앞이 보이지 않으며 그래서 모든 의욕이 사라진 아이를 만나면 우린 무슨 말로 그를 위로할 수 있을까? 긴 인생에서 중학교 시절의 고민은 그저 작은 것일 뿐임을 어른이랍시고 타이를 것인가? 아니면 선생님도 그런 경험이 있었다며 시답잖은 공감을 할 것인가? 쉽진 않겠지만 만일 그때, 위로가 될 만한 삶을 아이와 함께 찾는다면, 그래서 나도 같이 위로받는 친구로 옆에 있으면 아이에게 좀 더 도움이 되지 않을까 싶다. 그리하여 이 험한 세상에 다리가 되어 줄 몇 가지 일화들을 떠올려 본다.

가을은 야구의 계절이다. 야구의 꽃은 투수다. 그런데 촉망받던 투수가 어느 날 더이상 팔을 쓸 수 없게 되었다. 마치 가수가 목소리를 잃은 것처럼, 화가가 시력을 잃은 것처럼, 상상조차 힘든 처절한 상실감을 얻은 뉴욕 메츠의 한 선수. 그 선수의 이름은 R.A. 디키다. 미국 올림픽 국가대표 투수로 선정되어 찍은 잡지 화보 사진에서 팀 닥터가 발견한 굽은 팔. 알고 보니 보통 사람에게 꼭 있어야 할 인대가 없는 아찔한 팔이었고 의사는 공을 계속 던지면 더이상 팔을 쓸 수 없을지 모른다고 선언한다. 학창 시절 들어놓은 약 10억 원 정도의 보험을 받고 다른 인생을 살 것인가? 아니면 인생의 전부인 야구를 어떻게든 계속할 것인가? 그때 그에게 다가온 돌파구는 바로 '너클볼'이었다.

야구공은 가죽을 꿰맨 실밥이 불교의 번뇌를 연상케 하는 숫자인 108개로 이루어져 있다. 이 실밥 때문에 공을 던지면 다양한 변화가 생겨난다. 그 변화를 가장 적게 하고 직선에 가깝게 던지려면 일정한 그립으로 공에 최대한 많은 회전을 줘서 곧바로 던져야 한다. 이게 우리말로 속구 즉 패스트볼이다. 그런데 손잡기(그립)를 조금만 바꿔서 회전을 달리 주면 공은 다양한 방향으로 변화하게 된다. 커브, 슬라이더, 체인지업 등의 변화구는 이렇게 탄생 된 것들이다. 빠른 강속구를 던지다가 변화구를 던졌을 때 타자들을 속일 수 있다. 그래서 변화구만 또는 강속구만 던지는 투수는 경쟁력이 없다. 변화구를 잘 쓰려면 강속구를 겸비해야 한다. 그런데 이 모든 통념을 깨버리고 차라리 없음(無)의 세계로 초연한 변화구가 있으니 그게 '너클볼'이다. 속도를 줄이고, 아예 회전을 없애서 아무것도 없는(無) 상태로 던지면 공은 공기의 저항에 따라 전혀 예측할 수 없는 궤적으로 둥둥 떠다니며 떨어진다. 타자들은 이 느려터진 공을 손도 못 대고 돌아서기 일쑤이다. 어찌 보면 빠르고 높게 뛰어야만 하는 현대의 세태에 너클볼은 그 자체가 반전이고 역설이다.

디키는 이 공을 선택했다. 팔에 무리가 가장 적은 공이기 때문이다. 신비로운 공이지만 잘못 던지면 홈런을 갖다 바치는 베팅 볼로 전락해 버리기에 말 그대로 반전을 노리는 소수의 투수들만 던져왔던 변화구였다. 그래서 최선을 다해 연습했고 늘 선배들의 조언을 귀담아 들었으며 좌절해도 끝없이 도전해 왔다. 한 게임, 두 게임 승리를 하기 시작하고 어느덧 2012년 메이저리그 투수들의 영예의 상인 사이영 상을 수상하게 된다. 그가 남긴 가슴을 울리는 말 '가치 있는 것은 쉽게 가질 수 없다.' 아이들과 함께 나누고 싶은 말이다.

이번에는 한 연주자의 얘기다. 1984년 영국 한 해의 마지막 날에 눈길에서 자동차가 뒤집혀 버리는 큰 사고가 발생한다. 그 차에는 그룹 데프레파드의 드러머 릭 앨런이 타고 있었다. 당시에 그들이 낸 앨범이 무려 천만 장이나 팔릴 정도로 성공 가도를 달리던 때였다. 그러나 응급 수술 중 안타깝게도 의료진은 심하게 다친 이 드러머의 왼쪽 팔을 절단하게 된다. 한 팔을 잃은 드러머의 앞날은 이미 정해진 것. 사고 소식을 들은 사람들은 이 그룹의 다음 드러머가 누가 될지, 또는 그룹이 어떻게 해체될 것인지 등을 예상하며 설왕설래하였다. 그로부터 2년 반이 지난 1986년 8월, 한 락 페스티벌에서 이 그룹은 다시 무대에 나타났다. 드러머를 바꾸지 않은 채로 당당히 한 팔로 연주하는 릭 앨런을 앞세우고 말이다. 그들의 컴백에 당시 전 세계의 록 팬들은 열화와 같은 성원을 보냈다. 'Rock Will Never Die!'라는 슬로건을 몸소 보여준 남자로서 Rick 앨런의 이야기는 많은 사람들의 가슴을 울렸다.

우선 횡행하는 소문에도 동료들은 하나같이 릭을 가족처럼 여기며 재기를 위한 믿음과 지원을 아끼지 않았다. 한 손이 없는 핸디캡을 극복하기 위해 발을 더 많이 움직여서 연주할 수 있는 드럼을 특수 주문하여 제작해 주었고 릭은 이 드럼을 연습하기 위해 의사의 만류에도 불구하고 병원을 뛰쳐나와 하루 8시간 이상 맹연습을 하며 재활을 진행했다. 컴백 무대에서 멀리 소리만 들은 팬들은 도저히 한 팔로 친 음악이라는 사실을 눈치챌 수 없을 정도로 완벽한 연주에 경탄하며 환호했다. 릭과 동료들은 이 공연이 끝나고 서로를 부둥켜안고 뜨거운 눈물을 흘렸다. 이후 그들이 낸 새 앨범 'Hysteria'는 세계적으로 2천만 장 이상의 판매고를 올리며 대성공을 하게 된다. 중학교 때 이 그룹의 사연을 듣고 나도 얼마나 흥분했는지 모른다. 역시 Rick 앨런이 남긴 말은 그때의 감동을 떠올리게 한다. '어려움을 겪어보지 않은 사람은 자신이 얼마나 강한 존재인지 알기 어렵다.'

2002년 월드컵 4강의 영웅이 되어 유럽 리그로 직행한 박지성. 우리는 훗날 맨체스터 유나이티드라는 명문 팀에서 주전으로 활약한 그가 사실 첫 유럽 클럽인 네덜란드의 PSV 에인트호번에서 얼마나 많은 굴욕과 시련을 겪었는지 기억한다. 초창기 홈팀 경기에서는 그가 볼만 잡으면 관중들이 야유를 보냈었다. 계속되는 부진으로 좌절을 겪을 때, 그는 당시 그를 데려온 히딩크 감독으로부터 다시 일본 프로리그 복귀와 팀 잔류의 선택지를 제안받을 정도로 힘든 시기를 겪었다. 그런데 어느 순간부터 갑자기 그가 맹활약한다는 소식이 들려왔다. 팀이 네덜란드 리그를 이끄는 순간에 그의 역할이 지대했고 멋진 골과 어시스트 소식이 국내 팬들에게도 전해졌다. 그렇게 팀은 챔피언스 리그 4강까지 가게 되고 거기서 맨체스터 유나이티드 감독과 스카우터들의 눈에 들게 된 후 프리미어 리그에서의 성공은 우리가 익히 아는 바다. 그러나 그가 어떻게 슬럼프를 극복했는지는 몰랐다. 은퇴 후 한참의 시간이 흐른 뒤 한 텔레비전 프로그램에 나와서 그 당시를 회고하며 부진을 극복하기 위해 그가 쏟아낸 노력에 감동하게 되었다. 당시 초등학교 축구 선수가 성공할 수 있는 작은 패스에도 자신을 칭찬하고 격려했다는 얘기. '거봐 너 잘했잖아, 이번에도 뺏기지 않고 패스 잘했잖아'라고 자신에게 주문했다는 말에 어려움을 극복할 수 있는 실마리를 얻은 느낌이었다. 힘들고 어려울수록 기본으로 돌아가라는 말처럼, 울림이 컸던 그 영상은 시간이 허락할 때 아이들에게도 자주 보여주는 소중한 자료다.

힘든 사람에게 위대한 극복이나 성취의 사연이 무조건 좋은 처방이 될 순 없을 것이다. 그런 얘기들을 하사하듯이 내리는 건 또 다른 감동의 강요다. 그래서 함께 본다. 이런 사람들도 있구나하는 추임새를 넣어가며 이야기를 이어가는 소재로 활용할 뿐이다. 하지만 새로운 희망도, 삶의 동기와 의욕도, 결국엔 사람들 속에서 나온다는 굳건한 믿음에서 그들의 사연은 자라나는 아이들에게나 늙어가는 나에게나 모두 의미가 있다고 본다. 세상을 만드는 것도, 세상을 망가뜨리는 것도, 결국은 사람이기에.

도움으로서의 직업

"우리는 누군가를 도와준 대가로 보상을 받고 생활을 영위한다." 언젠가 들은 직업의 의의 중 하나이다. 그 도움의 크기에 따라 보상은 커질 것이고 도움을 받은 사람의 고마운 마음도 같을 것이다. 그러나 미스터 애덤 스미스가 '우리가 고기를 먹는 건 푸줏간 주인의 자비심 덕분이 아니'라고 역설한 이래로 일을 하며 누군가를 돕는다는 느낌은 쉽게 드러나지 않았다. 따지고 보니 그의 말이 맞는 측면도 있는 것 같다. 어떤 음악가는 전적으로 자신의 예술적 성취를 통해 다른 사람들에게 감동을 주고 보상을 받는다. 고독하고 고집 센 예술인이 누굴 돕겠다는 동기로 음악을 만들고 글을 쓰고 영화를 만들었다는 얘기를 들은 적은 별로 없다. 엄연히 자선 사업의 영역이 있으니, 일을 하면서 누군가를 돕는다는 건 더욱 떠올리기 힘들지 모른다. 그렇지만 의도하거나 의식하지 않아도 우린 분명히 서로 도우며 살아간다. 맛있는 음식의 재료를 만들어 준 농부와 어부들의 도움이 그렇고, 훌륭한 자동차를 만들어 이동을 편리하게 해준 공학도들의 도움이, 편안한 보금자리를 만들고 꾸며주는 건설 기술자들의 도움, 그리고 지금 이 글을 쓸 수 있는 컴퓨터를 만들어 준 사람들의 도움들까지 누군가의 도움이 곧 나의 생활을 가능하게 해준다는 사실을 부인하긴 힘들다.

수많은 도움이 그만큼의 가치만큼 대접받고 있는지는 쉽게 가늠할 수가 없다. 먹고, 입고, 기거하는 게 삶에 있어 가장 필수적인 부분이라면 그 분야에 해당하는 사람들이 가장 큰 보수를 받아야 할진대 실제는 그렇지 못할 때가 많다. 현실에는 꼭 필요하지 않은 물건들을 만든 사람에게 때론 엄청난 보상이 따르기도 한다. 예를 들어 '명품'이라 부르는 사치재가 거기에 해당한다. 선생으로서 느끼기엔 누군가를 가르치는 일 역시 대가가 애매한 일 중 하나다. 눈에 보이는 성과를 쉽게 파악하기 힘든 분야이므로 공동체의 합의에 의존할 수밖엔 없는 대가를 받는다. 이른바 공무원들의 호봉 개념으로 볼 때 도움의 크기로 경찰과 소방관, 그리고 관공서 직원과 선생님들을 비교하는 건 쉽지 않은 일이다. 상담과 수업, 그리고 학교 업무를 하면서 아이들을 도와주고 있다는 생각을 잊은 채 고맙다는 인사가 겉치레로 느껴진다면 아차 싶으면서 스미스 씨에게 감사한 마음으로 안도한다. '스미스 씨, 이제 저도 더이상 실체 없는 사표(師表)나 제자 사랑에 얽매이지 않아도 되는 거죠?'

그러나 오늘날에도 도움이라는 가치가 절대 사라지지 않을 직업이 있다. 남녀노소, 힘 있고 가진 자나 그렇지 못한 자를 막론하고, 도움을 받으면 그 앞에서 진심으로 감사를 표현하게 되는 그 일, 그것은 바로 누군가의 생명을 살리는 의사라는 직업일 것이다. 지난 여름은 그들에 관한 얘기가 너무나 뜨거웠다. 그래서 직업으로서 의사의 의미를 떠올려 본다.

사람들은 의사라는 직업을 동경한다. 수많은 사람들에게 자라면서 한 번쯤은 소망의 직업이었을 그 이름. 몸이 아픈 사람을 도와주는 일은 아무리 건조하게 떠올려도 충분히 낭만적이다. 그런 기본값을 품고 있기에 오늘도 잊을 만하면 병원을 배경으로 한 이야기가 끊임없이 재생산되고 있다. 내 평생 본 의료 드라마나 영화와 소설이 몇 편인지 헤아리기 어려운 이유이다. 지고한 가치인 생명을 직접 다루는 직업이기에 얻은 영예일 것이다. 그렇기에 막중한 책임과 직업윤리를 수반하는 점은 두말할 필요가 없다. 생명을 다루는 일. 삼십여 년 전 엄마가 입원했던 큰 병원 비상계단에서 우연히 들은, 선배 의사가 후배의 정강이를 차며 외쳤던 명분도 그것이었다. 그렇지만 소변 검사에서 나온 염증 수치가 높다며 나에게 지속적인 내원을 요구했던 연세 지긋한 의사는 그 옆 병원의 젊은 의사가 이해할 수 없다는 듯 고개를 저을 때 이미 의사가 아닌 돈벌레로 전락한 존재였다. 책임이 클수록 지켜야 할 것도 커진다.

의사는 이중의 기쁨을 주는 직업이다. 병을 치료해 주는 데서 기쁨을 주기도 하지만 자신이 할 일이 없다고 선언함으로써도 기쁨을 준다. 예를 들어 식당에 갔더니 손님에게 '해드릴 음식이 없어요, 그냥 나가세요!' 하는데도 감사하고 기쁜 마음이 드는 식이다. 세상에 고객에게 해줄 게 없다고 돌아가라고 하는 데 감사한 마음을 얻게 만들 직업이 의사 말고 또 있을까? 게다가 다수가 존경하고 되고 싶은 직업인데도 애써 피하고 싶은 인물이기도 하다. 그 역설의 의의가 전문직 특유의 정보 비대칭성과 맞물려 신비로움을 자아낸다. 흰 가운은 종교적 성스러움과 신뢰를 떠올리게 한다. 믿음을 갈구하는 사람들에게 어울리는 복장이다. 그래서 의사, 약사, 실험실의 연구원 등이 입고 일하나 보다.

고등학교 2학년 때 자다 일어났더니 왼손가락이 움직이지 않고 며칠 후 극심한 통증까지 생겨 고통스러웠다. 그때 국내 신경외과 대표 명의인 선생님을 우연히 지역의 큰 상급 병원에서 만났고 아련한 기억 속에 그분은 비록 모들뜨기의 눈동자를 하고 있어도 확신에 찬 자신감으로 어린 나의 불안한 마음을 위로해 주었다. 수술을 잘 받고 그 이후 왼손은 원래의 기능을 찾았다. 뒤이어 의사라는 직업의 의미를 상기하고 진심으로 고마운 마음이 들었다. 살면서 이런저런 병을 치료하며 의사들의 도움을 받지 않은 사람이 과연 있을까 싶다. 그 일은 너무나 가치 있고 훌륭한 일이지만 그만큼 배워야 할 것이 많고 어려운 과정이기에 선발부터 쉽지 않은 장벽이 있다. 도움의 크기만큼 많은 보상을 받기에 불안한 시대에는 더욱 선망의 대상이 된다. 그래서 어느새 기득권으로 여겨진 나머지 그것을 타파하겠다는 정부의 의지와 충돌하고 있다. 급기야 대학에서 키우겠다는 의사 숫자를 지난해보다 무려 50% 증원(약 1,500명)해서 뽑는 초유의 상황(2026학년도 대입에서는 다시 줄어들었다.)이 벌어졌다. 지방의 필수 의료 인원 확보가 국가적 과제인 만큼 조금씩 의사 수를 늘려야 하지만 단번에 너무 큰 숫자를 확정한 데에 의사들의 반발은 자명한 일이고 응급실 등 진료의 어려움과 혼란이 극심한 상황이다. 정부와 의사들의 갈등으로 애꿎게 환자들이 가장 큰 고통을 겪고 있는 건 너무나 가슴 아픈 일이다.

아무리 의사들의 이기심을 탓하더라도 무리수를 둬가며 밀어붙이는 정부의 정책은 쉽게 납득이 가질 않는다. 환자의 생명이 담보되기에 그렇다. 그러는 중에 많은 의사들이 병원을 떠나있다. 우리는 때로 익숙하게 누리던 것들이 사라진 상실의 한가운데에서 미처 알지 못했던 가치들을 깨닫는다. 전공의들의 엄청난 노고를 저비용으로 써왔던 큰 병원들의 행태도 그들이 사라진 지금 얼마나 심각한 모순이었는지 알게 되었고, 급하면 손쉽게 달려가서 진료비를 차등으로 지불하지 않고 순서에 따라 최고의 의료진을 만날 수 있다는 게 얼마나 감사한 일인지도 비로소 알게 되었다. 아이의 미열에 덜컥 겁이 난 젊은 부부에게 또한 치명적 사고를 당해 촌각을 다투는 외상 환자에게 야간 진료를 보는 응급실이 얼마나 소중한 곳인지도 알게 되었다. 만일 여태까지 우리가 누려왔던 대한민국 의사들의 도움이라는 게 달라질 방향이 있다면, 안타깝게도 그건 그들을 만나는 일이 좀 더 힘들어질 수 있게 되는 길일지 모른다. 진료비 차등 징수부터 필수 의료 분야 전문의 고갈에 이르기까지 예상을 뛰어넘는 퇴보가 일어날 수 있다. 그런 일이 일어나지 않도록 우리가 '도움'의 의미로 대하는 직업의 가치라는 측면에서 의사들에게 걸맞은 존중과 경의가 살아날 수 있기를 희망한다. 더하여 누군가를 도와준다는 일로써 직업의 참된 의의 또한 다시 한 번 주목할 수 있는 계기가 만들어지기를 소망한다.

현명한 투자자

 자본주의 체제 안에서의 진로교육은 무엇을 의미하는 걸까? 돈을 추구하는 욕망을 장려할 순 없지만 무시할 수도 없는 상황에서 돈을 어떻게 벌고 향유하는 것이 좋은가를 가르치는 건 필수적인 주제이다. 돈을 벌기 위한 행위 자체의 고됨은 '경제적 자유'라는 유혹을 키운다. 그러나 극심한 양극화와 빈부격차 속에서 돈의 속박으로부터 자유를 얻어 일터에서 탈출하고 싶은 우리네 욕망은 많은 상처와 아쉬움을 낳는다. 오늘날 진로교육에서 오직 일만을 논하는 고매한 태도는 아무런 호응을 얻지 못한다. 그래서 본격적으로 돈과 일의 관계를 고민해야 할 때이다.

 '가치투자'. 이미 단기간에 요행을 바라는 이윤 추구는 '투기'라고 부르며 '투자'와 견주어 비판해 왔다. 투자라는 말에는 절제와 기다림, 그리고 합리성에 근간을 둔 판단이라는 '가치'가 들어있을 텐데 그런 투자가 현실에서 얼마나 힘들었으면 가치라는 타이틀을 붙여 단어를 만들었을까 싶다. 그럼, 돈을 벌긴 하되 과연 가치 있게 버는 건 어떤 모습일까? 성장하는 기업의 내재적 가치를 믿고 일시적으로 폭락한 가격이 오길 기다려 이른바 '안전 마진'을 확보한 후 투자한다.

그리곤 오랜 기간 인내하며 기다린다는 전략. 많은 사람에게 이미 잘 알려진 투자 방식이다.

그런 투자에는 다른 투자자들을 속이는 기만이나 불법이 없어야 한다. 좋은 기업들을 발굴하고 장려함으로써 국가 경제의 성장을 돕고 건전한 자본주의 발전에 기여할 수 있다. 조작과 사기는 투기보다 더 큰 죄악이다. 그런 비리가 의심되어도 적극적으로 조사하고 책임을 묻지 않는 나라의 시장은 신뢰를 얻기 힘들다. 그래서 사람들이 떠난다. 이미 자본에는 국적이 없으니까. 다시 그렇게 가치 있는 투자로 돈을 번 모습을 인정할 수 있지만 문제는 그다음이다. 과연 돈을 어떻게 쓰고 누려야 할지에 관한 고민이 생긴다. 그래서 20세기를 넘어 현존하는 투자자 중에 그 두 가지를 제대로 행한 한 사람을 떠올렸다. 그를 생각하며 우리도 더이상 '개 같이 벌어 정승같이 쓴다.'라는 굴레를 벗어나고 싶은 바람도 함께 했다.

'오마하의 현인', 주식 투자만으로 세계적인 부자의 반열에 이른 사람, 바로 워런 버핏을 일컫는 말이다. 1930년 미국 네브래스카주 오마하에서 출생, 현재 나이 94세, 2024년 기준 블룸버그에 따르면 추정 순자산 1,360억 달러(약 199조 원)이다. 세계 10위 안에 드는 부자. 그러나 1958년에 3만 1,500달러(약 4,100만 원)를 주고 산 이층집에 아직도 살고 있고 캐딜락 XTS 중고차를 타고 다니며 애플에 투자해서 팀 쿡이 아이폰을 선물할 때까지 삼성의 구형 휴대폰인 SCH-U320 폴더폰을 썼다. 투자자들이라면 한두 번 이상 들었을 그의 삶을 통해 과연 무엇을 위해, 어떤 방식으로 돈을 벌고, 어떻게 돈을 써야 하느냐 라는 질문에 해답을 찾게 된다. 그럼으로써 일과 돈에 관한 제대로 된 가치 정립에 도움을 얻는다.

요즘은 미국 주식을 사는 게 편해진 세상이라 그가 경영하는 투자자문사인 '버크셔 해서웨이'의 주가를 살펴보았다. 편한 마음에 한 주 사려다 가볍게 웃었다. 이 글을 쓰고 있는 현재 주가는 한 주에 약 79만 달러(약 11억 6천만 원)이다. 정신을 차리고 눈을 돌리니 그 주식을 쪼갠 class B가 있었다. 허탈한 마음을 달래며 주가를 보고 또 한 번 가볍게 웃었다. 한 주에 525달러(약 77만 원)였다. 그가 왜 세계적인 부자인지 확인할 수 있었다. 그는 어떤 마음으로 투자를 했을까? 가치투자의 대가로서 그가 말한 바람직한 투자의 길 중 대표적인 것들을 소개한다.

"당신이 10년 동안 주식시장을 떠나 있을 거라고 가정해 봅시다. 당신은 시장을 떠나기 전에 무엇인가에 투자를 하고 싶어 합니다. 떠나 있는 동안에 투자를 변경할 수는 없습니다. 당신은 어떻게 하겠습니까?" 기업을 선택할 때 얼마나 신중해야 하는지 알 수 있는 대목이다. 예전에 포항제철 공모주를 샀다가 장롱 속에 두고 잊어버려 수십 년이 흐른 뒤에 찾았더니 큰 수익이 났더라는 사연이 떠오른다. 그는 주식 투자에서 탐욕과 감정에 휘둘린 사람들의 혼란을 늘 경계해 왔다. "위험은 자신이 무엇을 하고 있는지 모르는데서 온다." "경기는 점수판에 눈을 고정한 사람이 아니라 경기장에 집중하는 선수들이 이긴다."와 같은 말에서 주가의 변동에 휘둘리지 않고 합리적 기준과 스스로의 판단에 따른 선택을 강조한다. "이발사에게 머리를 자를 필요가 있는지 물어보지 마라."라는 조언은 누군가에게 의지하고 독립적 판단을 하지 못하는 투자일수록 휩쓸리기 쉽다는 경고이다.

감정을 다스리는 게 투자만 해당하는 덕목은 아닐 것이다. 그의 투자 철학은 그대로 삶의 철학으로 가르치기에 충분하다. "다른 사람들이 탐욕스러울 때 두려워하고, 다른 사람들이 두려워할 때 탐욕스러워라." 이런 역발상이 확고한 자기 철학이 없이 어떻게 만들어질 수 있겠는가. 지나간 역사의 교훈을 믿지 않고 당장의 급한 성취만을 바라는 마음 역시 위험하다. 미래를 예견하는 게 얼마나 어려운 일인지를 그는 "비즈니스 세계에서는 언제나 백미러가 앞 유리보다 선명하다."라는 말로 표현했다. 1999년 닷컴 버블 기에 기술주를 외면했던 그의 수익률이 떨어지자 사람들은 그의 시대가 끝났다고 조롱했다. 이후 2000년에 버블이 붕괴되면서 다시 한번 그가 옳았음이 증명되었을 때 그는 이렇게 말했다. "물이 빠져나갈 때까지는 누가 벌거벗고 수영하고 있었는지 알 수 없다."

진로교육의 관점에서는 그가 인생을 대하는 태도와 표현들이 더 소중하게 여겨진다. 그가 출근하며 매일 맥 모닝을 먹는 모습과 직접 투자한 제품인 코카콜라를 입에 달고 다니고 햄버거, 스테이크 등을 먹는 초딩 식습관을 보이는 정겨운 모습은 유튜브를 통해 쉽게 볼 수 있다. 94세의 노구이며 세계적인 부자이지만 일터로 향하는 그의 즐거운 모습에서 나는 일과 돈의 덧없는 연계가 실재함을 확인한다. 돈에 억압당하지 않은 진정 자유로운 '일하는 자'의 모습이다. 대학생들과 대화하기 좋아하는 그는 자주 얘기한다. "자신에게 투자하는 것이 당신이 할 수 있는 최고의 투자다. 당신에게 재능이 있다면, 누구도 그것을 빼앗을 수 없다." "습관의 사슬은 너무 가벼워서 느껴지지 않았다가, 끊기에는 너무 무거워질 때까지 계속 쌓인다." "쉽게 번 돈만큼 합리성을 마비시키는 것은 없다." "삶의 수준은 생활비 상승에 비례해서 올라가지 않는다는 것을 알게 된다. 인생의 비결은 항상 재미있는 일을 하는 것이다."

어떤 사람이 되어야 하는가를 그는 특별한 비유를 들어 설명한다. "내가 주관한 복권 추첨에서 여러분이 당첨되었다고 상상해 봅시다. 그 당첨으로 여러분은 매우 특이한 상을 받게 됩니다. 그 상은 한 시간 내에 동기생 중의 한 명을 선택할 수 있는 권리입니다. 그리고 여러분은 남은 생애 동안 그 선택한 사람이 올리는 수익의 10%를 받게 됩니다. 여러분의 머릿속에 어떤 생각이 떠오르나요?" 자본주의와 올바른 인간상을 동시에 고려한 질문이다. 결국 삶에 대한 열정과 에너지, 그리고 사고방식이 올바른 사람이 되어야 한다는 가르침이다.

그가 위대한 점은 자신처럼 즐거운 일을 찾으라고 호소하면서 정작 본인은 미국이라는 자본주의 국가에서 태어나 주식 중개인을 했던 부모를 만났고 컬럼비아 대학에서 벤저민 그레이엄이라는 훌륭한 스승을 만난 행운아임을 고백한 일이다. 삶에 있어 특별한 운을 무시하지 않는 겸손함. 그것 때문에 그는 상속세 폐지를 반대하고 재산을 사회에 환원하는 사업을 게을리하지 않는다. 거기엔 오래전부터 빌 게이츠가 함께하고 있다. 세계 부자 순위에서 계속 밀려나는 이유도 엄청난 금액을 기부하기 때문이다. 그는 사후에 99%의 재산을 사회에 환원할 것이라 공헌한 바 있다. 많은 책을 읽고 기업으로 대변되는 세상에 관심을 잃지 않으며 자신이 하는 일이 즐거워 '매일 아침 탭댄스를 추는 기분'으로 출근한다는 그에게서 일이란 무엇인가를 거듭 생각하게 된다.

그가 경영하는 회사 버크셔 해서웨이의 주주총회에는 매년 수만 명의 사람들이 몰려와 잔치를 벌인다. 오전과 오후에 주주들의 질문에 답하는 Q&A 세션이 있는데 무려 5시간 동안이나 이어지는 대화 속에서 주주들을 대하는 그의 태도와 정성을 엿볼 수 있다. 2023년 주주총회는 버핏과 함께 앉아 특유의 유머와 위트로 현답을 주었던 그의 영원한 단짝이자 회사의 부회장인 찰리 멍거의 마지막 모습을 볼 수 있는 행사였다. 그는 그해 말 100세 생일을 한 달여 앞두고 생을 마감했다. 찰리 멍거가 없이 행사를 진행한 2024년 주주총회의 마지막 말에서 버핏은 진정 자신의 일을 사랑하며 제대로 돈을 벌고 쓰는 현명한 투자자로서 간절한 인사말을 남겼다.

"여러분이 경제적으로 부유하지 않다면, 다른 사람에게 친절하게 대하는 것만으로도 부자들이 기부할 때조차 하지 않는 일을 하는 거라고 할 수 있겠습니다. 하지만 이건 여러분이 부자인지, 가난한지의 문제는 아니고요, 여러분이 운이 좋은 사람이라고 생각한다면 다른 사람들도 그렇게 느낄 수 있게 해주십시오. 오늘 참석해 준 여러분 정말 고맙습니다. 내년 이 자리에 여러분뿐 아니라 저도 올 수 있길 바랍니다."

세상의 모든 층위

　컬트 거장 데이비드 린치의 영화 '블루 벨벳'에서는 다른 영화에서도 보여준 일관된 감독의 철학이 시작 장면부터 표현된다. 땅속 기괴하고 징그러운 곤충들의 생태계를 보여주다가 그게 어느 풀들의 뿌리와 흙을 클로즈업한 것임을 알려주고 카메라는 점점 뒤로 물러나 밖으로 나온 후 그곳이 사실은 깔끔한 잔디밭임을 보여주다 이어 아름다운 꽃잎들로 올라간다. 영화의 내용과도 연관이 깊은 이 장면은 우리가 겉으로 보기엔 평범해 보이고 안온해 보이는 것들도 그 속내로 들어가면 복잡하고 기괴한 어떤 면이 함께 한다는 점을 암시한다. 옳음과 그름, 선과 악, 미와 추, 성스러움과 속됨은 서로 다른 것이 아니라 하나로서 공존한다는 동양 사상과도 통하는 이미지이다.

　그처럼 세상에는 다양한 층위의 모습이 있고, 내가 경험하지 못한 곳에 오늘도 수많은 이야기가 존재한다. 오늘은 그 층위의 어느 한 지점을 경험한 특별한 추억을 소개하고자 한다. 몇 주 전 지원한 '고졸 검정고시 감독'의 단상이다.

　'학교밖청소년'이란 말이 있다. 2022년 고등학생 학업중단 학생비율은 역대 최대인 1.9%(23,981명)였다(더불어민주당 문정복 의원 교육부 요구 자료). 또한 교육부에 따르면 전체 학업중단 학생수는 코로나19 이후로 계속 늘어나 2020년 3만 2,027명에서 2022년 5만 2,981명을 나타냈다. 무려 65.4%의 증가이다. 정시모집 확대로 고졸 검정고시 응시자가 역대 최대 규모라는 뉴스도 나온다.

아이들은 왜 학교를 그만둘까? 경제적 이유, 가정으로부터의 소외, 학교 부적응, 폭력과 따돌림 등 수많은 이유가 있지만, 그 수가 늘어감에 따라 교육부와 여가부도 아이들을 돌보기 위한 투자와 사업을 게을리하지 않겠다고 선언하였다. 공부 또는 다양한 분야에서 좋은 성적과 실적을 발휘하는 아이들에 대한 칭찬도 중요하지만, 경쟁에서 잠깐 비켜선 아이들을 챙겨주려는 노력 역시 공동체가 살펴야 할 사항이라 믿기에 좋은 모습이라고 본다.

우리나라에는 일찌감치 정규 교육이라는 울타리 안에 품지 못한 아이들에게 다음 단계로 나아가기 위한 재기의 기회를 마련해 놓았다. 바로 초, 중, 고졸 검정고시 제도이다. 이번에 내가 근무하고 있는 지역에도 고사장이 배치되어 감독관 요구 공문이 왔다. 약간의 수고료로 용돈도 벌고 진로교사로서 검정고시가 어떻게 진행되는지 궁금하기도 하여 지원했다. 결론은, 몸은 힘들었지만 많은 상념을 일으킨 소중한 시간이었다.

고졸 검정고시 시험 감독은 모든 게 대학수학능력 시험의 그것을 닮아 있었다. 우선 시험 감독관의 출근 시간이 동일하다. 두 시험 모두 7시 30분까지 출근하고 교시별 쉬는 시간은 20분씩 같다. 고사본부와 감독관실 위치, 그리고 고사장 동선과 학생들 자리마다 붙은 수험 번호 및 선택과목 스티커, 감독관이 수험생 신분 확인용으로 이용하는 응시 원서 철 등 수능 감독을 해본 경험이 있는 감독관이라면 그 유사성에 묘한 느낌을 얻을 것이다. 유사한 공간에서 유사한 형식으로 시험 감독을 치르지만, 시험을 보는 학생이나 내용이 상이한 점에서 오는 당혹스러움 때문이다.

시험 시간은 국어, 수학, 영어의 경우 40분, 그리고 사회, 과학, 한국사, 및 선택과목(내가 참여한 고사장은 도덕 또는 체육)은 30분씩이다. 수능 감독보다 육체적으로 고된 건 감독관 쉬는 시간이 단 한 과목뿐이고 나머지 여섯 과목을 스트레이트로 감독해야 한다는 점이었다. 비록 과목별 시험 시간이 짧다는 점이 위안이 된다 해도 수능처럼 20분 휴식 후 예비령과 본령의 10분 간격이 없이 바로 다음 과목이 실시된다는 점에서 서 있는 시간이 길었다. 그래서 감독관의 '허리' 검정고시이기도 하다는 느낌을 받았다.

검정고시를 치르는 학생들은 짐작할 수 없는 사연만큼이나 외모도 다양했다. 심한 머리 염색을 한 여학생, 대충 체육복을 걸쳐 입은 남학생, 문신을 한 아이도 보였지만 반면에 깔끔하고 단정한 차림새의 아이들도 많았다. 시험 중간에 일찌감치 답안을 찍고 잠을 자는 덩치 큰 사내아이는 중저음의 코 고는 소리로 부감독관을 불안하게 했다. 조심스럽게 아이를 깨우면서 코 고는 소리가 난다고 했더니 아이는 연신 죄송하다 한다. 외모에 비해 바른 태도에 놀랐다. 앞뒤로 앉은 주변 아이들에게 물었더니 전혀 의식하지 않은 듯 괜찮다고 한다. 만일 수능이나 일반 정기 고사였으면 어림도 없을 반응이다.

한 여자아이는 화려한 외모를 뽐내며 계속 수험 번호 마킹을 틀리기에 정정해 주길 세 번째(한 교실에서 여섯 시간을 감독함), 다소 호들갑스러웠지만 죄송하다고 사과한다. 그럴 필요가 없는데, 그걸 체크해 주고 알려주는 게 내 일인데, 역시 다른 시험 감독에서는 경험해 보지 못한 반응이다. 시험 도중에 느낀 건 아이들이 감독관의 작은 배려에도 수줍지만 감사함을 잘 표현한다는 점이었다. 고마움을 표현하는 아이들을 보며 잠시 학교를 떠나 있지만 일정한 교육 시스템의 틀 안에 들어온 그들의 긴장됨을 엿볼 수 있었다. 나는 그 틀의 작은 요소로서 아이들과 만날 뿐이지만 제도가 갖고 있는 권위를 빌려 아이들을 대하고 있기에 좋은 대접을 받는다고 생각했다. 혹은 감독관으로 인해 오랜만에 받아보는 공교육의 따뜻한 관심에 대한 아이들의 좋은 반응일 수도 있겠다고 느꼈다. 제도의 외피를 입고 감독관으로서나마 아이들과 만난 순간이 소중하게 여겨졌다.

시작하면서 휴대폰을 걷고 모든 시험이 끝나서야 나눠주는 수능시험에 비해 검정고시는 매 교시가 끝나면 교실 앞에 놓은 가방 속 휴대폰을 수험생이 가져갈 수 있다. 심지어 시험 중간에 휴대폰이 울려도 부정행위가 아니다. 그 가방만 복도로 꺼내 놓고 대처하면 된다. 수험생이 앞으로 제출하지 않은 경우만 부정행위로 처리되니 수능과 비교하면 무척 관대한 기준이다. 관대한 기준이지만 휴대폰을 매번 제출해야 하는 아이들은 번거로울 수 있다. 나는 수없이 많은 경험으로 안다. 학교에서 무엇을 걷고 낼 때 교사에게 보이는 아이들의 심드렁한 태도와 반응이 때론 얼마나 큰 상처로 다가오는지를. 그러나 이번에 내가 감독한 고사장에서는 아이들의 그런 태도를 볼 수 없었다. 오히려 그런 태도들이 나올까 봐 걱정하며 미리 방어기제를 갖춘 나 자신을 꾸짖었다. 편견은 죄악이다.

시험 문제는 단출했고 그 수준은 고등학교 기준으로 한없이 평범했다. 혹자는 정답이 '여기 있어요!' 하며 일어서있는 문항들이라 했다. 명색이 수학 과목에도 어떤 문제인지 살펴본 나조차 약간은 미소가 지어지는 수준이라면 어느 정도인지 짐작이 갈 것이다. 그러나 아이들은 누구보다 진지하게 40분을 꽉 채워가며 매 교시 시험에 충실했다. 그리고 쉬는 시간, 복도에 삼삼오오 모여 있는 아이들은 이곳이 시험장이라는 생각을 한 번 더 확인하게 해주는 대화들을 들려준다. 그 대화들이 곳곳에서 흘러나와 나는 잠시 숙연해졌다. 바로 몇 번 문제 정답은 뭐야? 라는 질문과 맞는 답에 즐거워하는 지극히 평범한 시험 후 대화들이었다.

짧은 점심시간도 마찬가지였다. '학교밖청소년지원센터'에서 아이들을 위한 도시락을 준비해 나눠주는 모습에 고생하신다는 격려를 보냈다. 그러던 중에 밥을 먹고 고사장 교정 주변에서 다음 교시 준비를 하는 아이들을 쉽게 발견할 수 있었다. 복도에서의 대화, 아무리 평이한 수준의 문제라도 최선을 다하는 모습들, 쉬는 시간에 공부를 하는 아이 등 여러 장면을 본 나로선 여태까지 갖고 있던 여러 시험들에 관한 고정 관념을 그대로 고수하기 어려웠다. 그래서 다시 생각해 본다. 세상의 모든 시험은 평등하다고.

조금이라도 높은 점수를 얻어 그보다 못한 경쟁자들을 제치고 좁은 문을 통과한 후 부여되는 격한 환호와 칭찬은 없지만, 평균 60점을 맞으면 통과시켜 주리라는 여유 있는 기준은 때론 든든한 버팀목이 되고 안전망이 되어 아이들을 돌봐 주리라 믿는다. 더불어, 아이들을 지켜 주는 우리 공동체의 따뜻한 제도에 오랜만에 감사한 마음이 들었다. 시험 감독을 마치며 내 안에서 몇 마디 속삭임이 나왔다.

수고 많았어요. 여러분
오늘, 다시 시작합니다.
여러분도, 나도

5천만의 목줄, '진학' 이야기

아름다운 규칙

 야구에서 절대 절명의 승부구를 위닝샷(winning shot)이라고 한다. 중요한 경기를 마무리하려는 순간, 투수가 위닝샷을 던지고 스트라이크와 볼이 애매한 지점에 공이 살며시 걸쳐 떨어진다. 이때 포수의 절묘한 프레이밍(스트라이크처럼 보이게 공을 잡고 자세를 취하는 기술)이 더해져 심판은 스트라이크를 외치고 타자는 멀뚱히 선 채로 경기를 마무리하게 된다. 야구는 아무리 공격을 잘해도 리드하는 팀의 투수가 마지막을 처리해야 끝나는 경기다. 조금 전 상황에서는 이기고 있는 팀과 관중이 열광하며 경기를 마감하게 된다. 경기에서 진 팀은 볼 판정이 애매해도 심판의 확신에 찬 콜 사인과 과도한 몸짓에 수긍할 수밖에 없다. 엄하게 항의하다가 분위기를 망치면 경기에 진 데다 욕까지 먹는 경우가 있다.

 그런데 위와 같은 상황이 2024년부턴 다른 양상으로 나타나고 있다. 포수의 플레이밍 기술에 설령 약간 속았다 하더라도 강한 확신으로 아웃콜을 하는 심판의 권위가 심히 희석되는 제도가 도입되었기 때문이다. 그 제도는 KBO가 프로야구에 도입한 자동 투구 판정 시스템(ABS, Automatic Ball-Strike System)이다. 이는 구장에 설치된 4

대의 카메라로 이루어진 트래킹 시스템으로, 투수가 던진 공의 판정을 매번 주심에게 송출하면 무선 이어폰으로 받은 정보를 외치는 방식을 말한다. 중계방송을 보고 있는 시청자는 포수 앞에 그려져 있는 스트라이크 존 에서 공이 표시된 상황을 보고 함께 판정을 확인할 수 있다. 이제는 경계선에서 애매하게 빠진 공에 더이상 심판의 자의대로 스트라이크를 선언할 수 없다. 또한 사람들이 익히 보아온 스트라이크의 궤적이 전혀 아닌데도 ABS 시스템이 존 안에 들어갔다고 판단하면 심판은 스트라이크를 불러야 한다. 시즌 초에 메이저 리그에서 귀국한 최고의 투수나, 리그 최고의 홈런 타자, 또는 감독들 모두 때때로 판정에 어이없어하는 경우를 보인 것은 직관적인 스트라이크의 모습을 벗어난 공에 내린 판정 때문이었을 것이다.

하지만 우리 삶이 그렇듯 스포츠는 공격과 수비가 공존하는 세계다. 타자일 때는 스트라이크 아웃 판정에 불만이 있어도, 그 공을 던진 투수는 만족할 수 있다. 물론 정반대의 경우도 가능하다. 승부의 세계는 한쪽의 불만족이 다른 쪽의 만족이 되기에 새로 도입된 제도는 금방 균형을 찾고 안정화되고 있다. 오히려 심판에게 전적으로 의존한 기존 판정 제도가 인간이 지닌 한계 때문에 잦은 오심 논란을 불러일으키는 점에서 새 제도의 도입은 긍정적인 면이 많이 부각되는 상황이다.

이런 보조 판정 시스템이 처음은 아니다. 2018년 FIFA 러시아 월드컵부터는 VAR(Video Assistant Referees, 비디오 보조 심판)이 활용되어 그 판독 여부에 따라 희비가 교차되는 경험을 했고, 한국 프로야구에서도 타자가 출루하거나 진루할 때 아웃, 세이프 판독에 비디오 챌린지가 사용되어 왔다. 테니스, 배구 등의 경기에도 비디오 챌린지는 이미 익숙한 보조 판독 방식으로 활용되고 있다. 그러나 이전의 비디오 판독들은 심판이 우선 판정을 하고 난 후 이에 불만이 있는 팀이 요청해서 실시하는 것이라면 이번 ABS 판정은 그런 챌린지 방식이 아니라 투수가 던지는 모든 공에 매번 기계가 내리는 판단을 심판이 선언한다는데 큰 차이가 있다.

즉, 심판의 판정에 불만을 제기하는 기회가 원천적으로 차단된 상황에서 기계가 내리는 판정을 일방적으로 수용할 수밖에 없다는 점에서 판정에 포함된 인간미를 더이상 찾을 수 없는 방식이다. 이 방식에서 비로소 심판은 기계가 내린 판정을 외쳐주는 보조적 존재가 되어버린다. 인간이 기계의 도우미가 된 상황이 펼쳐진 것이다. 공정함을 위해 기계에 의존하면서 잃어버린 낭만이 곧 인간 소외의 시작이 되지 않을까 걱정스럽다.

얘기가 멀리 왔다. ABS 제도까지 얘기하게 된 데는 운동 경기에서 새로운 제도와 규칙이 도입되고 보완되는 과정을 통해 인간이 공정한 경쟁을 추구하며 행한 노력의 일면을 살펴보기 위함이다. 야구만 해도 미국에서 최초의 프로야구팀이 창설된 게 1869년이었고 내셔널 리그는 1875년에 창설되었다. 근 150여 년 동안 얼마나 많은 규칙이 정비되고 보완되었을까? 우스갯소리로 욕심 많은 타자가 공을 치고 바로 3루로 달리면 왜 안 될까? 가만히 생각해 보니 공격과 수비의 상황에서 누구도 더 불리하게 만들지 않은 것이 운동 규칙의 묘미인 것 같다. 예를 들어 보자.

투수는 스트라이크를 세 개만 잡아도 타자를 아웃시킬 수 있다. 그러나 타자는 걸어 나가려면 볼을 네 개나 참아야 한다(베이스 온 볼스, 우리식으론 포볼). 이건 투수에게 유리한 볼 배정이다. 하지만 단순히 볼 개수로만 보면 안 된다. 초창기 야구에서 베이스 온 볼스는 '9볼'이었다. 그러다가 경기 시간 단축 요구와 투수들에게 유리한 조항(파울이 스트라이크로 처리됨)들이 생겨나면서 8볼, 7볼, 6볼로 줄다가 1889년에 마침내 지금과 같은 4(포)볼이 되었다. 스피드한 경기는 경기 흥행과 광고 수입에도 영향을 미쳤으리라. 그렇다면 좀 더 빠른 시합 전개를 위해 베이스 온 볼스를 3볼로 줄이면 어떨까? 각종 연습 경기에서 시험 삼아 실시한 결과는 대실패였다. 기대했던 경기 시간 단축은커녕 속출하는 베이스 온 볼스로 오히려 경기 시간이 늘어나 버린 것이다. 경기 규칙은 이런 과정을 통해 최적화된다. 그리고 또 시간이 흐르면 변한다.

야구 경기는 다른 경기와 비교해 상대적으로 어려운 규칙을 적용하고 있어서 실제로 경기장에 관람 온 사람들 중에 확실한 룰을 모르고 보는 사람이 많다는 얘기까지 나온다. 인필드 플라이, 낫아웃 등은 오랫동안 야구를 즐긴 나조차 헷갈리는 규칙이다. 축구 경기에도 오프사이드나 핸들링 반칙 등 이해하기 까다로운 규칙이 있다. 농구나 핸드볼에는 없는 오프사이드가 있어 축구 경기 보기가 불편하다는 사람들이 있다. 그러나 축구에서 오프사이드가 없다면 상당히 많은 공격수와 수비수가 골문 주위에 밀집해 혼란할 것이다. 원래도 그런 이유로 만들어진 규칙이다. 농구나 핸드볼은 경기장이 크기가 작아서 불필요한 규칙이기도 하다. 경기마다 어울리는 규칙은 따로 있다. 또한 공통된 규칙도 있다.

왜, 타자가 3루로 달리면 안 될까? 야구 베이스 런도 육상경기와 대부분의 트랙 경기들처럼 시계 반대 방향으로 돈다. 처음부터 그런 건 아니었다. 1896년 제1회 아테네 올림픽 때 육상은 시계 방향으로 달렸다. 1921년 국제육상경기연맹이 '모든 트랙 경기의 달리는 방향은 왼쪽'을 규정한 이후로 지금과 같이 되었다. 같은 조건에서는 시계 방향보다 시계 반대 방향으로 달릴 때가 기록이 더 좋게 나오는 효용의 측면에서 그리고, 인간의 심장이 왼쪽에 있기 때문에 몸에 균형을 맞추기 위해서, 오른손잡이는 오른발이 발달하므로 트랙을 돌 때 바깥쪽 다리에 힘이 더 들어가기 때문에, 또는 지구의 자전 방향에 맞춘 본능적인 편안함 등 많은 이유로 그렇게 되었다는 설이 있다. 이렇듯 하나의 규칙은 수많은 필요와 이유를 함의한다.

우리는 프로스포츠 경기에 기꺼이 일정 비용을 지불하고 관람을 즐기며 승패를 수용한다. 일찍이 '스포츠 사회학'에서는 스포츠가 사회의 축소판으로서 사회에 영향을 주기도 하고 받기도 한다고 보았다. 특히 비판이론적 관점에서는 스포츠가 대중매체에 의해 문화콘텐츠로 소비되기 때문에 대중을 불평등 구조에 순응하게 한다고 본다. 스포츠는 세상에 승자와 패자가 있는 게 자연스러운 것이라는 생각을 고착화시키고, 불평등 구조를 재생산하는 역할을 하고 있다. 예를 들어 남성 중심의 경기, 흑인이 주로 선수로 참여하고 코치나 감독은 백인이 맡는 경우 등이 그렇다. 프로스포츠의 포지션별 전문화는 도구적 이성이 극명하게 나타나는 측면이며 승리라는 목적을 위한 분업화로 보는 시선도 있다. 이에 따라 능동적이고 자율적으로 경기에 참여하는 기능론적 측면이 도외시되고 스포츠의 놀이와 여가의 가치가 훼손된다고 본다(2023. 10. 10. 성대신문, '스포츠사회학, 스포츠에 내재한 사회적 의미를 탐구하다' 중).

그러나 우리는 오늘도 스포츠 경기를 보며 공정한 경쟁과 규칙을 수용하고 배운다. 정해진 영역에서나마 최선을 다한 사람에게 합당한 몫을 줄 수 있는, 공정한 분배의 이상이 실현되는 모습이 없다면 지켜보는 사람은 즐거움이 아니라 짜증과 불평을 느낄 것이다. 그것은 경기장 밖의 현실 상황과 다를 게 없는 답답한 장면이 될 수 있다. 우리가 때때로 스포츠 경기를 보며 느끼는 환희와 감동은 드라마틱한 역전과 성공한 선수들의 인생 스토리 등도 있지만 그 속에는 승자와 패자가 모두 인정할 수 있는 정교하고 공정한 규칙들에 대한 경의(敬意)가 있기에 가능한 것이라고 본다. 스포츠 경기 규칙처럼, 우리 사회도 보다 공정하고 정의로운 제도와 규칙에 관한 구성원들의 오랜 협의와 공론화 과정이 가능하고, 그렇게 만들어진 제도와 규칙을 존중할 수 있는 풍토가 마련될 수 있기를 희망한다.

내 친구 운찬이

　어떤 학생에게 서울대학교 합격증을 줘야 사람들이 모두 수긍할 수 있을까? 첫 번째 기준은 누구나 떠올릴 수 있듯이 공부 잘하는 학생에게일 것이다. 학업 성취도가 높은 학생을 합격시키면 가장 무난하다는 공감대는 대학의 설립 목적과 부합한다. 우리나라에서 대학에 가는 이유는 취업, 사회적 평판, 직업인으로서의 전문성 함양 등 현실적인 부분이 크지만 본래 대학은 학문 탐구를 위해 만든 기구이다. 따라서 공부 잘하는 학생 가운데 서울대 입학 자격을 부여하는 건 큰 무리가 없는 기준이다.

　하지만 공부만 잘하는 학생에게 합격증을 준다면 오늘날 전폭적인 지지를 받긴 힘들다. 예컨대 성적은 좋은데 친구들을 많이 괴롭혀 학폭 기록이 난무하는 학생의 경우라면 타당치 않을 일이다. 그 정도까진 아니어도 인성적 측면을 기준에 넣자는 의견 역시 무시할 순 없다. 그렇다면 어떻게 인성적 측면을 평가할 것인가? 봉사활동이나 학교 내 활동, 그리고 교사들과 동료들의 평가로 정성적인 측정이 가능할 수 있겠다. 그걸 고도화한 게 오늘날 학생부 종합전형이 아닐까 싶다.

그러나 우리 국민은 학생부 종합전형(학종)을 싫어한다. 2018년 '사교육걱정없는세상'이 전국 만 19세 이상 성인남녀 1,001명을 대상으로 한 설문에 따르면 학생부 종합전형의 비중에 관한 의견에서 '감축' 응답이 36.2%로 가장 높았고, '완전 폐지'는 14.6%로 나와서 둘을 합하면 절반이 넘는 50.8%가 부정적인 의견을 내놓았다. 학부모 대상으로 제한하면 두 응답의 합이 55.7%로 앞선 결과보다 4.9%가 올라간다. 학종이 성인 중 특히 학부모들에게 불만이 큰 전형임을 알 수 있다.

한국교육개발원이 50주년을 맞아 진행한 교육정책 포럼에서 '교육에 대한 국민 인식과 미래 교육정책의 방향' 여론 조사에는 입시전형에서 가장 많이 반영되어야 할 항목으로 대학수학능력시험(또는 수능)이 2011년 25.5%에서 10년 뒤인 2021년 30.9%로 상승해서 압도적 1위가 되었다. 반면 10년 전에 1위였던 고교 내신은 35%에서 13.9%로 떨어져 가장 큰 하락을 보였다. 설문을 통해 확인할 수 있는 건 우리 국민이 수능을 가장 공정한 전형으로 여기고 있다는 점이다. 이는 앞서 서울대 입학 자격으로 공부만을 주장해도 많은 사람이 수긍할 가능성이 높다는 뜻으로 읽힌다. 그런데 같은 조사에서 의외로 주목할 점이 있다. 입시전형에서 '인성 및 봉사활동'이 10년 전 12.4%에서 26.6%로 상승하여 수능 다음으로 많이 반영되어야 할 항목에 선정된 것이다. 사람들이 공정함에는 이의를 제기할 수 없는 정량적 평가에 동의하지만, 그 동의를 얼마나 충분치 않은 것으로 느끼는지 알게 해주는 지점이다. 수능을 만족하진 않지만, 모두가 수긍하려면 어쩔 수 없지 않으냐는 한탄이 그래서 자주 들린다.

반면 아이들은 다양한 대입 전형을 알려주고 어떤 걸 선호하는지 물어보면 어른들의 생각과는 달리 학생부 종합전형에 다수가 손을 든다. 이유로는 기회를 여러 번 나눠서 얻고 싶다는 안정의 욕구를 든다. 학력고사 또는 수능 중심의 입시전형만 치른 부모 세대와는 다른 견해다. 이는 우리 학교만의 경우지만 3년간 수업 중에 물어보면 공통으로 나타나는 반응이다. 부모님들이 아직 잘 모르고 있는 건 이미 우리 아이들이 협업 중심, 활동 중심, 학습자 중심의 수업과 학교생활에 어느 정도 적응해서 체화되었다는 사실이다. 학교에서 공부만 하면 되지 뭘 그리 다른 활동(비교과)을 많이 해서 아이들을 힘들게 하냐고 불만이시지만, 아이들은 다양한 활동에 이내 잘 적응하고 견디고 있다. 물론 아직 중학생의 입장에서만 파악한 점이라 일반화하기에는 무리가 있을 수 있다.

앞에서 공정한 경쟁의 규칙을 만들면 그 규칙에 대한 경의(敬意)로 구성원들의 만족을 끌어낼 수 있겠다고 말했다. 교육 분야에서 그 사례를 소개한다. 바로 서울대학교 수시모집 중 '지역균형선발 전형', 그리고 '기회균형선발 전형'이다.

익히 알려진 바대로 서울대학교는 수시모집에 학생부 교과전형이나 논술전형이 없다. 오직 학생부 종합전형만을 실시한다. 이전 정부에서 정시모집 40% 이상 확대를 강제한 학교들은 모두 학종과 논술이 합하여 모집 인원의 45%가 넘는 학교였다(서울 소재 16개 대학). 이 학교들은 학부모와 학생들에게 인기가 많은 소위 명문대인데 이를 통해 역설적으로 대입 전형에서 학종을 좋아한다는 사실이 드러났다. 입장을 바꿔 그 대학의 총장이라면 나 같아도 학종으로 학생을 뽑길 원할 것이다. 기왕이면 공부와 인성, 공동체 의식과 발전 가능성까지 두루 갖춘 학생이 좋지 않겠는가! 그런데 이 학종에 지역별 편차를 줄이기 위한 시도로 도입된 제도가 바로 '지역균형선발 전형'이다.

작고하신 홍세화 선생이 강연 중 한 얘기다. 어릴 적에 자기보다 더 찢어지게 가난한 친구가 있었으니, 그는 바로 서울대학교 경제학과 교수로 총장까지 역임하고 훗날 국무총리가 된 정운찬 전 총리였다. 2002년 서울대학교 총장 취임 직후 그는 신입생을 구·군별로 할당하는 지역 할당제로 뽑겠다고 선언했다가 위헌 소지가 있다는 교수들의 반발로 결국 2004년 지역균형선발을 실시했다. 그가 지역균형선발을 실시한 최대 목적은 '서울대 다양화'였다. 구성원이 다양해야 학교 발전이 가능하다는 견해에서 비롯된 제도라고 주장하면서 '동종교배'로는 세상이 발전할 수 없다고까지 말했다(한겨레 신문 2006년 인터뷰 중).

다양성을 강조했지만, 그 소신의 근원은 지극히 개인적인 경험에서였다. "1966년, 서울대 경제학과에 입학했더니 50명 중에 17명이 경기고 출신이었어요. 돌이켜보면 같은 경기고 출신에게서보다 다른 학교와 시골 친구들에게서 많이 배웠습니다. 아버지를 일찍 여읜 나에게

'운찬아, 아버지 성묘 안가나? 같이 가자!' 하는 녀석은 시골에서 온 친구였거든요(같은 인터뷰 중)." 본인의 어려웠던 형편을 감안하면 오늘날 지역 간의 편차가 커지고 있는 서울대 합격률에 그런 계층적 연민이 작용하진 않았을까 하는 생각이 든다. '존재가 의식을 규정한다'고, 그 스스로 가난을 경험했기에 그런 사람들을 위한 제도를 만들 수 있었다고 본다.

학력이 심하게 미달 되는 학생이 '지역균형선발'로 입학해서 피해가 크다는 등 이 전형에 반대하는 주장은 다양하지만 실제로 이 전형으로 들어온 학생들의 평균 학점이 조금 더 높다는 분석도 있고 어찌 되었든 전교에서 2등 안에 드는 학생들이 주로 지망하기 때문에 입학 후 적응과 능력치에는 큰 차이가 없다는 대학 측 평가가 있기에 '지역균형선발'은 안정적으로 자리를 잡아 왔다. 수도권에 사는 아이들이 역차별을 당하는 거라고, 누가 지방에서 살라고 등 떠밀었냐고 불만이라면 한마디로 반문할 수 있다. 그게 그렇게 부러우면 지방으로 이사를 가면 된다고. 실제 나의 경험으로도 수도권이지만 농어촌 지역 일반고에서 전교 1등으로 이 전형을 쓴 학생이 '수능최저학력기준'을 못 맞춰 불합격하는 사례를 익히 보아 왔기에 지방 학생들의 수능 적응력이 얼마나 약한지 잘 알고 있다. 이 전형이 없다면 지방에 있는 학교를 포함해 수도권에서도 일반고에서 서울대를 보내긴 쉽지 않다. 정운찬 전 총장의 바람대로 '지역균형선발'은 서울대 입학생을 다양하게 만든 데 일조한 바 크다. 아울러 낙후된 교육여건 속 고등학교에서도 서울대학교를 보낼 수 있는 희망을 만들어 준 공이 있다.

'지역균형선발'이 지역 격차를 보완하기 위한 제도라지만 앞서 말한 바처럼 서울대의 '수능최저학력기준'을 충족하지 못하는 고등학교가 2016년부터 2020년까지 5년간 총 44%였고 도 단위에서는 무려 49.3%인 것으로 나타났다(열린민주당 강민정 의원 자료). 10명 중 5명이 '수능최저학력기준'을 충족하지 못하고 있기에 지역 간 격차를 보완하고자 하는 본래의 취지도 무색해진 모습이다. 그러나 수능 정시 모집보다는 이루 말할 수 없이 약한 기준인 '최저학력기준'도 맞추지 못한다면 입학 후 어떻게 적응하겠냐는 비난 속에서도 코로나19 이후 학력 저하와 인구 감소로 인해 서울대학교는 꾸준히 '수능최저학력기준'을 낮춰오고 있다(현재 4개 영역 중 3개 영역 등급 합 7 이내). 제도를 잘 유지하려는 노력의 일부로 읽히는 부분이다.

그밖에 농어촌 학생, 저소득 학생, 국가보훈대상자, 서해 5도 학생, 자립 지원 대상자에게 해당하는 '기회균형선발' 전형이 있다. 농어촌 학교에 근무해 본 경험에 따르면 해당 전형의 커트라인은 일반적인 전형보다 한두 등급 낮은 경우가 많아 입시에 유리하다. '수능최저학력기준' 역시 더 낮다. 취약 계층에 대한 배려임을 부정할 수 없다. 이에 더하여 장애 학생을 위한 다양한 배려가 있다. 수능 시험도 예외가 아니다. 시각장애의 경우는 점자 수능 문제지나 확대된 수능 문제지 및 답안지, 또는 확대 독서기 등을 제공받을 수 있고, 청각장애의 경우에는 듣기평가가 필답고사로 대체되거나 보청기 착용 등이 가능하다. 또한 시험 시간도 1.5배 연장하여 실시된다. 누구에게나 경쟁에 참여할 수 있는 기회를 제공하고 출발선을 같게 만들기 위해 노력한다는 측면에서 이런 규칙들은 경의(敬意)를 일으킬 만하다. 무한 경쟁의 비정함이 가득하다는 현대 사회에서 우리 사회가 어느 정도까지 공정함을 유지할 수 있는가에 관한 기준, 또는 그 이상의 자긍심이라는 측면에서 이런 규칙들의 존속을 간절히 소망한다.

홍세화 선생은 총장 퇴임 시 대학 구성원들의 70% 이상 되는 지지율을 얻은 어린 시절 친구 정운찬 전 총장이 훗날 신자유주의를 천명한 행정부의 국무총리가 되어 행한 발언과 정책들에 큰 실망을 하고 비판하는 칼럼을 썼다. 그러나 그 칼럼에서 그는 가난했던 시절로부터 비롯된 인간성의 발현으로서 인간 정서는 끝내 비판할 수 없다고 친구의 유약한 정서를 위로한다. 나는 적어도 서울대학교 총장 시절에 보여준, 공정한 대입 규칙을 만들겠다는 정운찬 전 총장의 당시 생각을 응원한다. 그리고 그런 생각들이 자신의 경험적 토대 위에 있지 않은 사람들에게서도 충분히 가능해지는 세상이 빨리 오기를 희망한다. 홍세화 선생이 한때 자신의 친구를 뿌듯하게 여기고 강연에서 인용하던 그 밝은 얼굴을 기억하며 말이다.

달이 차면 기울듯이

　만일 아이가 분위기를 많이 타서 주변 친구들이 열심히 하는 모습을 보면 자신도 자극을 받아 함께 성장할 수 있는 상황을 원한다면 당연히 특목고(자사고)가 유리하고 양질의 풍부한 학교 활동과 프로그램으로 학생부 종합전형 준비에 유리한 도움을 받으려면 또한 특목고(자사고)가 유리하다. 2019년 '사교육걱정없는세상'의 자료에서 1인당 창의적 체험활동비가 국제고 217.1만원, 영재학교 153.2만원, 과학고 152만원, 자사고(전국단위) 38.7만원, 외고 38.6만원, 일반고 24.7만원 순으로 나타난 것은 이러한 답변의 근거가 된다. 또한 기숙사 생활을 하면서 부모와 떨어져 독립된 생활을 추구하고자 하는 학생은 특목고(자사고)가 유리하다. 극상위권 내신 성적을 원하지 않는 학생들이라면 함께 성장하는 분위기를 권할 수도 있다.

　그렇다면 일반고의 장점은 무엇일까? 두말할 필요도 없이 내신 성적에서의 비교우위이다. 흔히 학생부 교과 전형에서 활용할 높은 내신 성적은 일반고에서 확보하기가 쉽다. 최근엔 학교장 추천 전형을 포함하여 학생부 교과 전형에 적지 않은 인원을 뽑고 있어서 이 흐름이 강한 추세이다. 게다가 일반고에서도 학생 본인의 의지에 따라 학생부 종합 전형을 준비하기 위한 활동을 어느 정도 확보할 수 있고 수능 공부할 시간도 더 많기에 최저 학력 기준과 정시 모집 준비에도 유리한 측면이 있다. 극상위권 학생들이 내신을 확보하고 대입에서 활용할 키드가 많다는 것 또한 일반고의 유리한 점이다.

종합적으로 고려한 선택을 해야 하지만 정답은 각자의 몫이다. 단 대입에 만족한 해당 학교의 졸업생들에게 물어보면 안 된다. 경험상 각 유형의 고등학교를 졸업해서 좋은 대학에 진학한 학생들은 자신의 출신 학교를 최고의 학교라고 권장하는 반면 불만족스러운 입시 결과를 얻은 학생들은 절대 오지 말라고 하는 경우가 다반사이기 때문이다. 학생에게 후회 없는 최적의 학교를 점지해줄 수 있다면 나는 지금쯤 대단한 명성을 얻었을지 모른다. 그래서 이 질문에 정답은 없고 끊임없는 숙고만 있을 뿐이다.

상담을 하다 보면 인생의 깨달음을 표현한 수많은 경구들과 철학적 개념들이 떠오를 때가 있다. 내가 이전에 윤리를 가르쳐서 그럴지도 모르겠다. 요즘 계단 오르기 운동을 하면서 느낀다. 우리 아파트 계단을 한 번에 18층씩 다섯 번을 오르면 총 90층을 오르는데, 시작할 땐 고통스럽다가도 세 번째 9층을 지나면 '벌써 반이나 했구나' 하면서 기운이 난다. 고통이 만족으로 변하는 순간이다. '인생지사 새옹지마', '전화위복', '호사다마'라 했던가. 지금 너무 힘들다면 이제 편안해질 순간이 임박했다는 것이고, 너무 기쁘다면 언젠가 힘들어질 상황을 대비해야 할 것이다. 달이 차면 기울 때가 되었다는 말이다.

현재 고등학교 1학년은 '고교학점제'가 전면 시행된 첫해를 경험하고 있다. 아직 발표되진 않았지만 그들의 대학 입시는 지금과는 사뭇 달라질 가능성이 높고, 다수의 전문가가 예상하는 방향은 학생부 종합 전형의 강화이다. 그렇다면 특목고(자사고)와 일반고의 상황이 역전될 수 있다. 영원한 것은 절대 없다.

일반고의 경우도 그렇다. 공립학교 선생님들은 특별한 경우를 제외하곤 한 학교에 최대 5년씩 근무한다. 고양시의 경우엔 10년이란 지역 만기도 있다. 만일 어느 고등학교가 대입 실적이 좋지 못하고 평판도 안 좋다면 이제 바닥을 쳤다고 봐도 좋다. 아마도 새로운 교장 선생님이나 선생님들이 학교를 좋게 만들려고 의기 투합할 가능성이 높고 내신 얻기 유리하다고 우수한 학생들이 들어올 가능성이 높다. 그러면 좋은 입학 실적이 나오고 학교는 명성을 얻는다. 그러나 이게 수년간 진행되면 다시 다수의 우수한 학생들이 치열한 내신 경쟁으로 입시 성과가 약해지고 호시절의 선생님들이 떠나는 시기가 온다. 그리하여 학교의 평판은 좋지 못하게 된다. 그래서 어느 고등학교가 좋다더라 하는 소문은 무조건 신뢰하기가 적합하지 않을 수 있다. 그 반대의 경우도 마찬가지다. 물론 이러한 상황들은 내 경험상 느낀 지극히 개인적인 견해임을 조심스레 밝힌다.

예전에 윤리적 선택에서 동기주의 입장인 스토아 학파나 임마누엘 칸트 등을 가르치며 아이들에게 전한 말이 있다. 우리가 무슨 행동을 하던 그 결과는 오직 신만이 아는 것이라 인간인 우리가 온전히 통제할 수 있는 것은 그 행위를 하겠다는 나의 마음(동기) 밖에 없는 거 아니겠냐고. 인생에서 대등한 가치를 갖는 양자택일의 상황이 오면 정답은 오직 너 자신에게 있고 최고의 선택은, 결정한 후에 뒤돌아보지 않고 그 선택을 밀고 나가는 것임을 오늘도 아이들에게 전하며 즐거운 상담 시간을 이어 간다.

뚜렷한 사계절이 있기에

　더운 여름이 지났다. 우리나라의 여름은 덥고 습하다. 따라서 기온과 습도를 이용해서 만든 수치인 불쾌지수가 높다. 쉽게 말해 끈적거려 짜증이 나는 계절. 우리나라를 사계절이 뚜렷하고 물이 맑으며 산해진미가 풍부한 지상 천국으로 알았던 시절이 있었다. 지금은 해외여행이 흔해지고 세계에 우리나라보다 좋은 기후와 살기에 쾌적한 나라들이 많다는 사실을 경험으로 터득한 이들이 많다. 더워도 건조해서 일명 뽀송뽀송한 여름을 경험하고 싶다면 지중해성 기후의 나라들에 가면 될 것이다. 그러나 우리를 포함한 동남아시아 일대는 정반대다. 1902년 코넬 대학교에서 전기공학을 배운 엔지니어 윌리스 캐리어가 최초의 전기식 에어컨을 만든 이래로 이 지역은 비로소 쾌적한 여름을 선사받았고 개중 일부 지역은 관광의 명소로 성장한다. 본격적으로 에어컨과 보일러가 보급된 이후 망각하고 있지만 우리나라는 극한의 더위와 추위를 품은 나라이고 그 사이에 봄 가을이 비교적 선명해서 잠시나마 쾌적한 시기가 있는 지역이다. 만만치 않은 날씨에 관한 투정은 두 가지 양상을 띠는데 심하게 추운 겨울에는 으레 '더럽게'를 붙여 추위를 표현하는 반면, 극심한 여름의 '끈끈함'은 우리네 정(情)에 비유하며 긍정의 의미로 승화시켰다. 게다가 사계절이 분명해서 계절별로 옷들을 마련하다 보니 유독 큰 옷장이 필요한 점도 불편거리다.

이런 기후의 영향에서는 어떻게 살아야 인정받을까? 일단 뛰어난 상황 파악과 적응력이 요구된다. 뚜렷한 계절 변화에 맞추어 일을 신속히 처리해야 하며 음식 보관이나 주거 관리가 더 정성스러워야 한다. 괜히 우리나라의 제품들이 세계적으로 각광을 받는 게 아니다. 핀란드와 같은 혹한의 기후에서나 이집트 사막 지대와 같은 혹서의 기후에서 모두 원활히 작동하는 K9 자주포와 같은 무기를 생산할 수 있는 저력도 그래서 가능했을지 모른다. 그런 전천후 무기들로 어느덧 'K-방산'이란 명칭까지 얻어냈다. 여름인데도 뜨거운 탕이 식을까봐 뚝배기에 담아 밥을 말아 먹는 '온반'의 문화부터 추운 겨울에 메밀로 면을 만들어 찬 동치미 국물에 말아 냉면을 먹는 극단의 식문화까지 독특하다. 더하여 우리나라에서는 무엇이든 빠르고 확실하며 깔끔하다 못해 쌈박하고 압도적인 모습들을 쉽게 볼 수 있다. 일례로 고도의 신속함을 자랑하는 의료 서비스가 있다. 건강 검진 때마다 느끼지만 빠른 예약과 다양하고 정확한 검진 그리고 이어지는 검사 결과 확인 등은 다른 나라와 비교해 특별한 우리나라 의료 시스템의 장점이다. 최근의 의료 대란으로 가장 크게 느끼는 불안은 그런 서비스를 더이상 받을 수 없게 될지 모른다는 점이다.

우리 사회의 저런 성향들은 분명 역동적인 사회를 만드는 장점일 수 있지만, 어딜 가나 눈치껏 행동해야 인정을 받고 행여나 지체하거나 버벅거리는 모습을 보이면 우둔하고 미련스럽게 여겨지기에 구성원들에게 긴장을 야기하기 쉽다. 그런 긴장은 숙고와 여유를 잃게 만들고 이내 쏠림과 편향을 낳는다. 거기에 극단의 진영이 만들어지기도 한다. 사람들은 지난 일을 쉽게 잊는다. 1997년 IMF 구제금융 시기를 지나 어느덧 2002년에는 서울대학교 이공계열 학과의 미달 사태가 일어나는 등 극심한 '이공계 기피 현상'으로 사회가 몸살을 앓았던 적이 있었다. 단순히 이공계 우수 인재가 의과 대학 등으로 진학하는 현상 이상이었다. 수능 문·이과 비율을 살펴보면 주로 수학 '나'형과 사탐을 선택하는 문과 지망 학생 비율이 2010년도까지 무려 63.9%로 이과보다 높았고 이런 추세는 최초로 국어, 수학에 선택과목을 넣은 '2015 개정교육과정 수능'을 치른 2022년까지 이어진다. 이 시기에 공영방송에서는 '이공계 인재 육성'과 관련한 프로그램이 있었고 대부분의 일반고에서는 문과 학급수가 이과 학급 수를 초과하는 모습이 나타났다. 이과 학급이 많은 학교일수록 면학 분위기가 좋다는 인식 아래 최대한 학급수를 늘리려다 보니 내 경험에도 문과 학급에 비해 이과 학급 인원이 많게는 10명까지 적은 경우가 있었다. 윤리 교사였던 나로서는 줄곧 문과 학급 담임을 맡았었기에, 상대적으로 면학 분위기가 좋고 인원이 적은 이과 학급 담임을 주로 맡는 과학 선생님이 부러웠다. 과학 선생님들이 들으면 화낼 일일지 모르지만 말이다.

구제금융 당시에 이공계 인력들이 쉽게 해고되는 모습, 기술직에 대한 편견과 이과 공부의 어려움에 따른 부담, 아직은 몰락하지 않은 문과 졸업생들의 취업 여건 등의 이유로 이공계 기피 현상이 심했다면 지금은 '문송한' 시대, 바야흐로 이과 전성기이다. 문·이과 통합 교육과정 운영으로 이과 학생들의 문과 침공이 유리한 세태가 원인이라지만 예전에도 수학 '나'형을 택한 이과생들이 있었고 대학에서 교차지원이 이과가 더 유리했던 점을 떠올리면 입시의 유리함보다는 취업 시장의 여건이 이런 변화에 절대적인 영향을 주었으리라고 본다. 실제로 '교육통계서비스 2022년 계열별 취업률'을 보면 공학 계열 72.4%, 자연 계열 67.2%인 반면, 인문계열은 59.9%, 사회계열은 65.8%로 나타나서 이공계 우위의 취업 현황을 알 수 있다. 의약 계열은 무려 83.1%로 독보적인 모습이다. 괜히 이쪽으로 몰리는 게 아니다. 시류에 편승하는 쏠림이 가장 강한 분야는 누가 뭐래도 입시 환경일 텐데 재작년 수능 응시인원 가운데 과학 탐구 응시인원이 213,218명으로 사회 탐구 응시인원 198,647명을 웃도는 수치를 보여 뚜렷한 이과 선호 현상을 입증했다. 그러나 단순히 이과 선호 현상이 문제의 핵심은 아니다. 이공계의 우수 인재들이 의약 계열로 쏠리는 상황이 심화되는 게 문제이다. 한편으론 이런 문제를 극명하게 보여주는 모습이 있으니 바로 이공계 연구 인력을 양성하겠다는 취지로 설립한 영재학교와 과학 고등학교 학생들의 의대 진학이다.

의무교육 기관에서 일하는 나로서는 영재학교와 과학 고등학교에 그리 큰 관심을 두지 않았었는데 최근에는 부쩍 해당 학교에 관해 관심이 커지는 분위기이고 특히 의대 진학의 측면에서도 문의 사항이 많아 여러 자료를 살펴보았다. 영재학교와 과학고에서는 의대 진학 시 교육비와 장학금 등의 지원금을 전액 환수하고 추천서 등의 도움을 일체 받을 수 없다고 입학 시에 다짐을 받고 심지어 교육과정 상의 교과목도 일반 고등학교와 다른 체제를 운영해서 대입의 불편함이 있는데 해마다 의대 진학생 수가 증가하고 있어 설립 취지 훼손에 우려가 커지고 있다(더불어 민주당 강득구 의원실 자료, 2020~2022년 영재학교별 의약학 계열 지원자 및 합격자 현황).

우리 사회의 민첩하고 영민한 분들은 워낙 틈새의 혜택을 지향하기 때문에 이 분야의 자료들을 보면서 불편한 마음이 가시질 않았다. 정공법이 존중받지 못하고 꼼수나 변칙이 똑똑함으로 인정되는 분위기는 같은 맥락에서 대입 지도를 할 때에도 나에겐 부담스럽고 벅찬 부분이었다. 일단 자소서와 추천서는 없어져서 선생님의 도움이 특별히 필요하진 않고, 2023년 3월 기준 서울과학고 학생 47명이 환수한 지원금 3억 2천만 원으로 따졌을 때 1인당 약 680만 원 정도라 감내할 수 있는 벌금 액수라 여겨지면 유혹을 뿌리치기가 힘들다고 보인다. 생명과학 분야에 관한 연구 동기로 입학했다가 의사가 되고 싶은 욕망이 생겼다면 그걸 비난할 수 있겠냐마는 애당초 의대 입학을 노리고 해당 고등학교에 진학한다는 건 학교 설립 취지를 위배하는 기만 행위일 수 있다. 제발 하지 말라고 부탁하면 안 했으면 좋겠는데 쏠림과 편향이 심한 사회에서는 어떻게든 이익을 취하는 자가 인정받기에 무리한 시도들은 사라지지 않는다. 그걸 몰라서 놓친 사람들은 이런 환경에서 서럽고 아쉽다. 허나 어쩌겠나, 덜 치밀하고 둔해서 겪는 허탈함인걸.

며칠 전 눈이 맑은 중학교 1학년 제자는 영재학교를 희망하면서 조심스럽게 상담 신청을 했다. 학교에 입학하는 방법을 묻는 상담인 줄 알았더니 무언가 감춘 듯하며 쭈뼛거리는 녀석의 모습에 궁금증이 커졌다. 평소 생명과학 분야에 관심이 많고 열심히 공부 중인 제자는 만일 영재학교를 가지 않고 의대를 가면 어떻겠냐고 질문했다. 공언했던 자신의 꿈을 수정하는 모습이 못내 부끄러웠던 것이다. 나는 현재 영재학교에서도 의대에 진출하는 저 위의 자료를 보여주며 현실이 이럴진대 너무 걱정할 필요는 없겠다고 위로해 주었다. 생명과학을 공부하다가 사람의 생명을 살리고 싶은 의사가 된다면 그런 변화는 충분히 가능한 것이라고 달래면서 기존의 꿈을 접고 의대에 가는 게 결코 부끄러운 모습이 아니라고 격려했다. 상담을 마치고 이 아이가 갖는 부끄러움은 어디서 비롯된 것인지 궁금해졌다. 아니, 그런 부끄러움을 야기한 세속의 유혹이 이 어린 과학도에게 너무나 가혹한 것은 아닌지 못난 어른으로서 되돌아보게 되었다. 그래서 다음과 같이 되뇌며 맘을 다잡았다. 의대도 좋고 자연과학도, 공대도 좋다! 그저 휩쓸리거나 치우치지만 말아다오! 라고.

나는 몇 등?

아이들이 상담할 때 묻는 질문 중에는 제가 지금 위치에서 고등학교에 가면 몇 등 정도 해요? 또는 대학은 어디 정도 갈 수 있어요? 라는 내용이 많다. 등수에 관한 관심과 걱정에서 나온 질문들이다. 아이들은 자신이 학급에서 몇 등인지 알 수 없다. 우리나라에서는 현재 중학교 성적표에 등수가 안 나온다. 고등학교의 경우 현 고2까지는 교과별로 학생이 받은 원점수와 과목 평균 그리고 표준편차가 제시되고 A부터 E까지의 성취도와 수강자 수 그리고 최종적으로 석차와 등급이 표기된다. 그래서 한 과목의 석차는 알 수 있지만 이른바 주요 교과니 전 과목을 합한 석차를 파악하기는 힘들다. 물론 고등학교에서는 학생 전체의 점수를 알고 있으니까 적당한 프로그램을 돌려 알아낼 방법이 있다. 대학별로 학교장 추천 전형 등에 활용하기 위해 석차를 내고 추천 대상자를 선정해야 하니 필요할 수밖에 없는 프로그램이다. 중학교의 경우는 아예 표준편차 없이 과목별 원점수와 평균, 성취도와 수강자 수만 제시된다. 그래도 학교 차원에서는 아이들의 석차를 알 수 있다. 단, 아이들에게 공개를 안 하는 것이 원칙이다.

중3이 된 아이들이 경기도교육청 내신 산출 점수 200점 만점에 해당하는 가내신을 담임 선생님께 받아서 들고 온다. 만일 2학년 두 개 학기의 점수만을 가지고 산출한 가내신이라면 경기도 고입정보포털 사이트에 가서 지금까지의 점수를 입력하고 3학년 성적은 같은 점수, 또는 임의의 점수를 입력해서 2학년 때와 같은 성적일 경우의 3학년 말의 점수와 거기서 몇 점을 맞아야 얼마를 올릴 수 있을지 등을 예상할 수 있다. 그렇다면 석차는? 만일 현재 점수로 3학년 말까지 간다면 어떨지 올해 졸업한 선배들의 총점 대비 석차를 참고삼아 비교해 준다. 물론 해마다 성적 분포가 달라진다는 한계는 있지만 얼추 학급에서 자신의 위치를 알아볼 수 있는 용도로만 쓴다.

만일 우리 학교에서 학급 등수가 몇 등이라면 고등학교에서는 몇 등이나 할까? 아이들만 궁금한 게 아니다. 고등학교에 있었던 기억을 더듬어 중학교 성적이 지역 일반고에서 학급당 몇 등 정도 할지 대략적으로 예상해 본다. 우리 학교의 경우 상위권 학생들이 특목·자사·자공고 등으로 빠져나가면 그 빈자리를 빼고 난 등수로 인근 일반고의 석차를 가늠해 본다. 물론 고등학교 공부가 중학교와 크게 다르다는 점, 중학교 성적이 무색할 정도로 고등학교 성적은 변화가 많이 일어난다는 점을 인정하고 아이와 분석해 보는 것이다. 그러고는 학생부 교과 전형의 대학별 백분위를 따져 아이가 현재 석차로 가능한 대학들도 그려본다. 대충 그려본다지만 우리들 머릿속에 있는 그 서열이다. 서연고 서성한 중경외시 하는.

중학교에서 공부 잘한 아이가 고등학교에서도 잘하고 이후 좋은 대학에 들어갈 확률이 높은 거야 말해 뭐하랴. 등수에 관한 집착과 부작용을 없애고 비교육적 풍토를 없애기 위해 성적표에 명기하지 않는다지만 세상은 이미 철저한 석차 사회인지라 그걸 끝까지 감추려는 공교육의 노고는 애처롭고 힘겨워 보인다. 그래서였는지 아이들과 등수를 얘기하다가 문득 내 인생은 과연 몇 등일까? 라는 의문이 들었다. 아이들에게는 열심히 노력해서 성적을 올리고 자신만의 성취를 얻었다면 석차나 대학은 차후의 문제고 그 사실만으로도 잘한 거라고 강변하지만 세상은 그런 성취에는 관심이 없으니 어른인 나에게도 이런저런 기준으로 '그래도 이만하면 잘 살고 있잖아' 할 순 없겠다는 느낌에서 든 의문이다. 과연 우리 사회에서 같은 동갑내기 중에 나는 몇 등 정도로 살고 있을까?

　살고 있는 터전이 자본주의인 곳에서야 일단 보유하고 있는 자산의 정도로 석차를 따질 수 있겠다. 그러나 그런 기준으로 내 등수를 보면 결코 우등한 위치라고는 할 수 없을 텐데 서글픈 건 그다음 이어질 수많은 합리화와 희망 고문들이다. 예를 들어 일정 정도의 자산 규모가 넘어가면 만족도가 향상되는 정도는 완만해진다며 돈이 많을수록 행복하지는 않다는 심리학 연구를 들거나 돈이 많은 사람들이 서로 다투고, 시기하고, 끊임없이 욕망하는 모습에서 얻는 위안이 그렇다. 부유한 정도로 삶의 등수를 매긴다면 한없이 우울해질 테니까 곧이어 다른 기준을 희망차게 찾아본다.

　이제는 일터에서의 만족과 보람을 들 수 있겠다. 내 분야에서도 아이들에게 존경과 감사를 받으며 학교와 동료 교사들에게 큰 도움을 주고 인정을 받는 분들이 많다. 그분들의 석차를 어떻게 매길 수 있을까? 교육감 정도가 되면 1등일까? 그럼 교장·교감 선생님도 못한 평교사인 나는 과연 몇 등? 아니요, 그게 아니고 진로교사로서 아이들에게 도움을 주고 동료 교사들과도 원만한 관계면 충분하지 않을까요? 그마저도 쉽지 않은 일일 테니까요. 라고 누군가 또 위로하려 할 것이다. 그래봐야 그저 신도시의 작은 중학교에서 소박한 삶에 만족하는 교사일 뿐, 이 역시 우등한 등수에는 없겠다는 결론이다.

그다음 들 수 있는 가족 안에서의 사랑과 평안은? 친구들과 선후배 등 인간관계에서의 만족은? 그리고 무엇보다 중요한 내 몸의 건강에 대한 평가는? 이렇게 석차를 매길 수 있는 기준들이 떠오른다. 그러나 아무리 기준들을 떠올린다고 해도 내가 남들보다 특출나게 우월하다는 어떤 기준은 딱히 생각나지 않는다. 그저 무탈하게 보통의 정도로만 유지하는 정도라면 우등한 석차와는 거리가 먼 인생이라고 하면서 그래도 '대과(大過) 없는 삶이 최고다'라는 말로 달래며 위로해야 한다. 허탈한 등수 찾기에 힘들어하다가 이런 등수 찾기의 허무함을 인정하지 않고 집착한다면 그 삶이 어떠할지를 역으로 생각해 본다.

2024년 스웨덴 한림원은 노벨 문학상에 우리 작가 '한강'을 뽑았다. 그녀의 수상에 여러 가지 이유를 들고 평가하며 축하하지만 누군가 "올해 글쓰기에서 세계 1등 하셔서 축하해요"라고 한다면 그 발언에선 참기 힘든 저열함이 느껴질 것이다. 등수가 갖는 함의가 저렇게나 비좁고 허약하다. 어쨌든 평가해서 내린 결과가 아니겠냐고, 그게 등수를 매겨서 한 거라면 1등이 수상자 아니겠냐고, 일견 옳게 느껴지는 반론이지만, 그러나 충분치 않은 건, 저 위의 수상자는 그 상을 목표로 글을 쓴 게 아니고, 다른 경쟁자들을 의식하거나 억누르고 얻은 결과가 아니며 수상을 한 이후 더 이상 할 게 없다고 손을 놓아버릴 일이 아니라는 점에서 등수를 매기는 활동과 차이가 있다. 그래서 석차가 갖는 결핍과 공포를 떠올릴 수 있다. 그건 남을 의식하며 끝내 이루어야 할 무언가여서 그 과정을 함께한 이들에게 오직 1등을 제외하고는 허탈감을 줄 수밖에 없는 개념이란 걸 말이다. 비로소 나는 내가 몇 등의 삶을 살고 있는지의 강박에서 탈출할 수 있게 되었다. 그녀의 수상에서 드는 또 하나의 고마움이다.

노벨상 수상을 기념하며 차분하고 잔잔한 그녀의 톤으로 등수를 배제한 인생의 행복을 속삭여 본다. '있잖아, 사각거리며 뽀송하고 새털처럼 가벼우며 따뜻한 그런 이불을 덮으면 좋겠어. 친구들과 흉금 없이 웃고 떠들며 해지는 바닷가 어느 횟집에서 밤새 술을 마시고 놀았으면 좋겠어. 어렵고 고된 객지 생활 중에 저 멀리서 십여 년 동안 못 만났던 엄마가 찾아오자 뛰어가서 안기는 장면 속 아들이었으면 좋겠어'

동아리 활동 중에 오랜만에 진로 관련 영화로 「빌리 엘리어트」를 보았다. 그 영화에서 주인공 빌리의 엄마가 세상을 먼저 떠나며 남긴 편지글이 나온다. 주인공은 18살이 되면 읽어보라고 엄마가 한 당부를 어기고 이미 수없이 편지를 읽었다. 그 편지글에서 등수에만 집착할 필요가 없겠다는 작은 깨달음을 얻은 문구를 남기며 글을 맺는다.

'엄마는 너를 알았다는 게 자랑스럽고, 네가 내 아들이라 자랑스럽단다. 늘 너 자신으로 살렴. 영원히 사랑한다.'

정보공시와 학교알리미

학교에서 선생으로 일한 지 어언 27년. 초창기엔 과연 내가 가르치는 사람인가, 업무하는 사람인가 혼란할 때가 많았다. 그러나 인간은 적응의 동물이던가. 어느덧 익숙해지면서 그런 혼란을 잊게 되고 무뎌지는 듯하다. 그래도 이렇게 글을 쓰며 문득 떠올리니 다시금 혼란스러운 순간들이 생각난다. 예전에 학교생활기록부를 작성하기 전 실시한 연수의 한 장면이다. 동아리명을 쓰고, 한 칸 띄우고, 괄호를 열고, 이수 시간을 적고, 괄호 닫고, 한 칸 띄우고, 그다음 활동 내용을 쓰라고 우리 학년 학생부 담당 선생님은 연수를 했다. 숨이 막혔다. 그걸 연수 자료에 밑줄 치며 체크하고 있었던 4년제 학부 이상을 공부한 사람들의 모습이란. 하지만 그 모습은 지금도 더 나아지지 못한 장면이다.

최근에 '경기이룸대학' 업무를 하고 있다. 이전의 '경기꿈의대학'이 확대되어 중3 학생들에게도 일주일에 한 번 원하는 대학의 수업을 방문 또는 원격으로 들을 수 있게 하는 사업인데, 그게 취지는 좋은 거 알겠는데, 학교 단위 계획을 세우고, 그 전에 가정통신문으로 홍보, 신청한 학생들을 해당 사이트에서 승인 처리, 아이들과 학부모님의 동의서 접수, 참가 학생 안전 교육과 사전 활동 연수, 이수 확인 및 학생부 기재 등의 업무가 꼬리를 물고 뒤따른다. 하나의 신생 사업이 공문으로 하달되면 으레 학교는 업무분장으로 갈등을 겪는다. 학교 일이 어느 부서로 간들 다 학생들을 위해서 하는 일이니, 정체성이 모호하고 따라서 부서 간 다툼은 필연적일 수밖에. 그래서 때론 그런 시시콜콜한 다툼이 싫어 '그래, 그냥 내가 하자!'란 심정이 발동한다. 하지만 일을 하며 드는 의문이 있다. '다른 나라 선생들도 과연 이런 일들을 할까?'라는 질문 말이다.

정보공시도 그렇다. 우리는 선생이면서 동시에 행정 공무원이다. 학교에서 가르치며 일한 다양한 내용들을 정기적으로 업무포털에 공시해야 한다. 가르침과 별도인 업무라는 게 즐비한 현장이 27년이 지난 오늘도 한 점 바뀜 없는 학교의 모습이다. '우리나라에서 그런 게 어디 학교뿐인가요? 바쁘지 않은 직장이 어디 있나요?'라고 다른 직업인이 핀잔을 주면 할 말은 없다. 그저 숙연해질 수밖에. 그리하여 학교 업무에 대한 푸념은 그만해야겠다. 서론이 길었는데 오늘 하고 싶은 얘기는 그 정보공시로 대한민국 학교들의 현황과 특색을 알 수 있는 사이트에 대한 소개와 그 사이트를 활용한 진로·진학 교육 팁이다. 바로 '학교알리미 활용법'이다.

'학교알리미'에 가면 나는 우선 1인당 도서관 이용 현황을 본다. 같은 일반고 중에서도 학생들의 '대출자료 수'가 높은 학교가 있다. 책을 좋아하는 학생들이 많은 학교가 어찌 안 좋을 수 있겠는가. 그다음 '성별 학생 수'도 있다. 남학생들을 폄하하려는 게 아니라 현실적으로 여학생들이 많은 학교가 차분하고 또한 내신 경쟁도 치열할 가능성이 높다.

'교육 운영 특색사업 계획'이나 '동아리 활동 현황'을 보면 학교 교육 프로그램 전반을 살펴볼 수 있다. 내가 원하는 분야의 동아리가 있는지, 각종 대회나 캠프 등의 활동들은 어떤지 살펴볼 수 있다. 그리고 '학교 교육 과정 편성과 운영 및 평가'에서는 가장 중요한 교육 과정 편제도 볼 수 있다. 내가 선택하길 원하는 과목이 있는지 알 수 있는 부분이다. '교육여건'에서는, 다소 민감하지만 '학교폭력대책심의위원회 심의 결과'도 살펴본다. 아무래도 심의 건수가 적은 학교의 분위기가 안정적이며 차분할 가능성이 높다. 이제 '학생현황'을 본다. 작년까지 공시되었던 '졸업생의 진로 현황'에서는 그 학교의 진학 기조와 학생들의 진학 특색을 파악할 수 있다. 원 그래프로 표현된 졸업생들의 현황은 대학, 전문대학, 기타로 주로 나뉘는데 주위의 다른 학교들과 비교해서 대학의 비율이 높고 기타가 약하다면 수시모집 중심의 진학 성향을, 반대로 기타 비중이 높고 대학이 낮다면 정시모집 중심의 진학 성향을 보인다고 유추할 수 있다. 이건 내가 고3 지도를 한 경험에서 비롯된 판단이다. 흔히 대학의 비율이 높다면 이는 수능을 치르기 전까지 합격 실적을 파악한 주로 수시모집의 집계 결과라고 볼 수 있다. 보통 고3 교실은 수능 후에 각종 현장 체험학습 등으로 출결이 들쭉날쭉 거리는 경우가 많고 따라서 진학 현황도 집계가 잘 안 되는 게 현실이다. 수능을 중심으로 정시모집에 준비하는 아이들이 많으면, 그래서 합격해도 원치 않은 결과이면 전화가 잘 없고 또한 재수로 이어질 확률이 높기 때문에 기타 란의 비율이 높아지게 되는 것이다. 이런 학교들은 아이들의 눈높이가 높을 확률이 높아서 전문대 진학률도 낮게 형성되는 것을 많이 볼 수 있다.

'교원현황'에서는 '표시 과목별 교원현황'을 참조한다. 사회 과목 선생님 인원수와 과학 과목 선생님 인원수를 비교하면 이 학교가 문과적인 학급이 많은지, 이과적인 학급(문·이과 통합 교육과정으로 더이상 문과, 이과는 없기에)이 많은지 가늠할 수 있다. 흔히 이과적인 학급이 많을수록 면학 분위기는 좋아질 가능성이 크다. 또는 내신 관리를 위한 적정 인원의 확인도 도움을 받을 수 있다. 끝으로 '학업성취 사항'에서 '교과별 학업성취 사항'을 보면 해당 학교 학생들이 공부한 모습을 자세히 알 수 있다. 우리는 중학교 수학 시간에 배운 표준편차의 개념을 이 항목에서 활용한다. 표준편차가 크다는 것은 일명 산포도가 크다는 것으로 학생들의 점수 분포가 일정치 않고 골고루 퍼져 있다는 의미이고 표준편차가 작을수록(통상 10 이하) 성적은 평균에 조밀하게 있다는 의미로 해석할 수 있다. 게다가 평균 점수까지 높다면 더더욱 공부 잘하는 아이들이 많이 있다는 뜻이다. 또한 A부터 E까지 성취도별 학생 분포 비율도 나와 있다. 통상 90점 이상이 A이고 60점 미만이 E이다. 수행평가 비율이 40%가 넘는 학교가 많은데 그렇다면 수행평가 과제를 어느 정도 정성껏 제출하고 지필고사에서 20점만 넘으면 E는 모면할 수 있다는 뜻이다. 그런데 일반고 상황을 보면 예상외로 E 이하의 학생들이 많은 과목을 볼 수 있다. 한때 유행했던 학교 붕괴가 떠오르기도 한다. 교실의 반 이상이 잠을 자는 모습 말이다.

선생님들의 정보공시 업무를 얘기하며 '학교알리미'까지 왔다. 한참 고등학교 배정 원서 작성을 앞두고 있어 많은 학생을 상담하면서 관심 있는 고등학교를 살펴보고 있다. 이때 '학교알리미'는 좋은 사이트이다. 비록 선생님들이 학교 업무를 하면서 힘들게 보고한 공시들이지만 아이들의 진학지도에 활용할 수 있어서 큰 도움이 되는 걸로 고마움을 느끼며 이 사이트에 의미를 부여해 본다. 거듭 말하지만 이건 '희망 고문'이 결코 아니다. '의미 부여'이다.

학벌과 진로의 문(門)

요즘 오래된 그룹 'The Doors'의 곡들에 빠져있다. 보컬 짐 모리슨의 몽환적인 창법과 눈빛이 그룹 이름인 '문(門)'과 어울려 매력적으로 다가왔기 때문이다. 문은 공간적인 상념을 일으키는 장치이다. 이쪽과 저쪽을 나누는 경계이면서 이곳과 저곳을 넘나드는 소통의 역할을 한다. 이 역할은 벽과 함께 실재하는 구조물의 일부로서 주로 작용한다. 그렇기에 벽도 없고 구조물도 없이 넓은 공간에 홀로 세워진 문은 경계와 소통의 의미를 잠재한 채 오히려 새로운 세계로의 확장을 꾀한다.

진로의 세계도 그렇다. 우리는 삶을 살면서 무수한 통과 의례 과정을 겪는다. 그 과정마다 또 다른 문을 열고 나아간다. 그래서 문은 설렘이고 도전이다. 이런 의미로 중국의 고사 후한서(後漢書)에서 전하는 얘기가 있다. 황하(黃河) 상류의 하진(河津)이란 곳은 급류의 물살이 강해 배가 다닐 수 없고 물고기들도 거슬러 올라갈 수 없었는데, 그 급류를 올라갈 수만 있다면 용이 된다고 하여 이른바 용문(龍門)이라 불리었고 그 문을 통과한 것을 '등용문(登龍門)'이라 하며 오늘에도 뜻한 바 성취를 이룬 경우에 인용되는 얘기다.

큰 시험에는 이를 통과하여 '등용문'에 오른 사람들이 등장한다. 매년 11월 셋째 주 목요일에는 수능시험이 있다. 예전 학력고사 시절에는 만점자들의 인터뷰가 언론에 자주 나왔다. 교과서 위주로 공부한 학생들이 많았으며 주로 가난과 역경을 딛고 최선을 다해 이룬 성공을 미담으로 전했다. 요즘은 수능 만점자들의 인터뷰가 별로 없다. 결과보다는 과정을 중시하고 수험생이 각자 이룬 성취와 좌절에 중점을 둔 사려 깊은 풍토이기보다는 이슈가 될 만큼 어려운 환경 속에서 만점을 받는 학생이 없어서일 것이라고 추측해 본다. 올해도 수능시험은 치러졌고 일선의 대형 학원들을 중심으로 대학별 예상 점수 컷이 공개되고 있다. 우리 사회가 공식적으로 대학 서열을 얘기한 적은 없지만, 한국에서 살고 있는 이상 대학에 서열이 있다는 것은 세 살배기도 알고 있는 사실이다.

입시 기관에서는 백분위 개념을 써서 대략적인 대학별 위상을 공개한다. 이때 백분위는 수능 성적표에서 응시생 전체를 표준점수로 줄을 세워 해당 수험생보다 낮은 점수를 받은 학생들의 비율을 나타낸 수치이다. 다양한 분석법이 있지만 통상 전국 '의치한약수' 계열은 영어 1등급과 국수탐 백분위 평균 97% 선에서 결정된다. 전국 42만명 (2024대입) 수험생 중 2,616여 명에 해당되는, 누적 백분위 상위 0.6% 이내의 학생들이다. 수시모집까지 합하면 상위 1.6% 이내다. N수생을 감안한다면 전교생이 300명가량인 학교에서 3~4명 합격해야 전국 고등학교 평균 수준이다. 문과 계열 인기 영역인 법학전문대학원 (로스쿨)의 경우 올해 모집 인원은 2,000명이다. 2023학년도에는 역시 2,000명 모집에 10,487명이 지원해서 평균 경쟁률은 5.24대 1이었다. 사뭇 낮은 경쟁률처럼 보이지만 이들이 대학교에 입학했을 4년 전인 2020학년도 수능 응시 인원 54만 명을 기준으로 본다면 0.4%에 해당하는 인원이다. 사법고시가 없어졌지만, 법률가가 되는 길은 여전히 치열하다. 게다가 출신 대학별 합격자 수도 지난 15년 동안 상위 3개 대학이 53% 이상의 합격생을 내고 있어 대학 입학의 영향이 계속 유지되는 모습이다.

의대와 로스쿨 등에 입학한다면 분명 한 개인이나 가정의 측면에서는 '등용문'에 오른 일이라고 뿌듯할 만하다. 그러나 진로교사로서는 그렇지 못한 나머지 99%가 고민이다. 범위를 넓혀 이른바 수도권 상위 15개 대학에 진학하지 못하는 나머지 90% 이상의 아이들이 걱정이다. 과연 모두에게 같은 길이 아닌, 자신만의 길로 나름의 성취를 일궈 각자의 '등용문'에 오르는 길은 없을까? 고심 끝에 학벌이 아니라 도전과 열정, 그리고 실력으로 평가받을 만한 스타트업 세계를 조사해 보았다. 사람들이 누구나 아는 큰 회사가 아니라 중소 규모지만 알찬 회사를 찾고, 그 회사를 창업한 대표들의 학력을 알아보면 우리 사회에서 학벌의 편견을 깬 사례들을 파악할 수 있으리란 부푼 기대로 말이다.

그리하여 찾아낸 알찬 스타트업 기업들과 젊고 열정적인 창업주들을 소개한다. 상품 가치가 없어 보이는 못난이 농산물을 좀 더 저렴한 가격에 고객의 취향에 맞게 판매하는 구독 서비스 업체 '어글리어스'를 창업한 최현주 대표, 캠핑장 근처 흐르는 물에 넣어두면 전기를 만들어 소형 가전제품을 충전할 수 있는, 세상에서 가장 작은 수력발전기를 만든 '이노마드'의 박혜린 대표, 접고 펼 수 있는 휴대용 태양광 패널 '솔라 페이퍼'로 주목을 받다가 아프리카 지역의 전력난을 해결하고자 '솔라 카우'라는 제품을 만들어 2019년 CES에서 '더 나은 세상을 위한 혁신상'을 수상한 '요크'의 장성은 대표, 끝으로 인공지능과 사물인터넷, 빅데이터 기술을 융합해서 재활용 가능한 폐기물을 인식하고 분류·처리하는 로봇 '네프론'을 개발한 '수퍼빈'의 창업자 김정빈 대표 등이다.

설레는 마음으로 이들의 학력을 조사했다. 하지만 조사를 하며 한 명씩 예외가 없을 때마다 좌절했다. 여기서 예외란 명문대를 나오지 않고 성공한 사례다. '어글리어스'의 최현주 대표는 고려대학교 정치외교학을, '이노마드'의 박혜린 대표는 부산대학교 경영학을, '요크'의 장성은 대표는 시카고 미대(SAIC) 디자인학과를 나왔다. 그나마 '수퍼빈'의 김정빈 대표가 한림대를 나왔으나 그 역시 대학 차별을 극복하고자 미국 유학을 가서 오리건 대 수학과, 코넬대 경제학과 석·박사 통합과정, 하버드대 케네디스쿨 행정학 석사의 과정을 거쳤다. 실망스러운 결과에 몇몇 기사를 살펴보니 괜한 짓을 했다는 생각이 들었다. IT 매체 OUTSTANDING에서 국내 124개 스타트업 창업자들의 학력을 살펴본 기사 때문이었다. 결과는 서울대 41명, 연세대 20명, 카이스트 11명, 한양대 9명, 고려대 8명으로 89명(71%)이 흔히 말하는 명문대 출신들이었다. 그밖에 인서울 또는 인지도가 높은 대학이나 외국 대학을 제외하면 고졸 및 지방대 출신 대표는 약 20명 정도로 16%에 불과했다.

머리를 쓰는 일에 학력으로 일찍부터 두각을 나타낸 사람들이 우세인 것은 어쩌면 당연한 일이다. 게다가 학벌이 좋은 사람 간의 관계망도 그런 현상을 더욱 공고히 하는 데 도움을 줄 것이다. 그렇다면 우회로는 역시 몸을 쓰는 일에 있을까? 하지만 블루 칼라 업종에 희망하는 청년들의 비율은 점차 줄어들고 있다. 이제 힘든 일은 외국인 노동자나 60대 이상의 고연령 노동자들의 몫이 된 지 오래다. 오늘은 스타트업에서도 고학벌 현상이 크다는 점을 확인한 것으로 아쉬운 문을 닫는다. 암울한 현실의 무게를 거듭 느낀 작업이었다. 그러나 몸을 쓰는 직업에도 적절한 처우와 존중이 있을 때 인간다운 삶을 누릴 수 있고, 그런 환경을 만드는 일에 어떻게든 일조해야겠다는 다짐의 문을 열며 다시 한번 힘을 내고자 한다.

두 마리 토끼를 잡는 설명회

학부모 설명회를 학기마다 연다. 겉으론 부모님들에게 중학생으로서 진로·진학을 위해 준비할 사항들을 안내해 준다는 목적이지만 제자들 칭찬도 하고 부모님들의 고충도 들으면서 살가운 시간을 보내고픈 속내가 있어 매 학기 실시한다. 설명회 제목은 '행복한 삶을 위한 진로·진학 이야기'이다. 존경하는 선배가 칸트의 말을 빌려 만든 말이 있다. 진로 고민 없는 진학은 공허하고, 진학 전략 없는 진로 고민은 맹목이라고. 현실적으로 두 마리 토끼를 다 잡는 설명회를 약 두 시간 정도에 제대로 소화하는 건 쉽지 않은 일이다. 고등학교 같으면 진로보다는 진학에 중점을 둔 설명회를 해야 부모님들이 좋아한다. 그러나 여긴 중학교다. 좋은 대학에 가기 위해 유리한 고등학교 진학 정보를 전하는 내용도 좋지만, 우선적으로는 아이의 꿈과 미래를 위해 바람직한 생각들을 제안하고 공유하는 시간이 더 소중하리란 기대로 준비한다. 그래서 설명회 제목에서도 내 방점은 행복한 삶을 위한 진로다. 하지만 신청하시는 부모님들은 어쨌든 진학에 관심을 두고 설명회에 참여한다. 교육 현장에서 입시를 외면할 수 없는 씁쓸한 현실은 기본값이다.

경기도의 경우 중학교 내신 성적 산출 방식이 2021년부터 표준편차를 빼고 원점수만으로 계산하도록 바뀌어서 현실적으로 나올 수 없었던 200점 만점 학생들이 등장하게 되었다. 부모님들에게는 고등학교 진학 시 필요한 내신 성적 산출 방식부터 안내해 드린다. 설명회에 오시는 부모님 중에는 입시 설명회 투어를 다닐 정도로 전문가 뺨치는 정보력을 이미 확보하신 분들이 있다. 그러나 대부분 부모님은 현재 고입과 대입 정보에 대해서 아주 기본적인 사항부터 안내해 주길 원하신다. 그만큼 생업에 바쁜 부모님들에게는 현재 입시 제도가 부담스럽고 난해하게 느껴진다는 얘기다. 이 점은 입시 제도에서 재고해야 할 사항이라고 오래 전부터 생각한 부분이다.

올해 설명회에선 인근 고등학교에서 대학을 어떻게 보내고 있는지 실적을 정리해 보여드렸다. 학부모님들은 행복한 삶을 위한 흥미와 적성, 꿈과 끼에 관한 내용을 즐겁게 경청하다가 이 대목에선 초집중이다. 자료를 준비하며 인근 고등학교에 전화를 걸어보는 수고로움이 필요했다. 인터넷에 나와 있는 일부 학교의 실적을 확인하는 이유도 있었다. 입시 성과를 학교에 플래카드로 걸지 않기로 약속한 지 꽤 되었는데 고등학교 홍보용 브로슈어나 팜플렛에는 언제부턴가 그것을 거침없이 적어놓는 학교들이 많다. 물론 대부분 성과가 좋은 경우다. 반칙이라는 불편한 생각 뒤에는 공립 고등학교들도 학교 홍보 경쟁에서 자유로울 수 없다는 현실의 무게가 느껴져 착잡했다. 또한 요즘은 대다수 고등학교에서 재학생 입시 성과만 파악하고 있다는 점을 확인했다. 예전엔 좋은 학교에 들어간 졸업생들 실적도 애써 함께 포함했지만 요즘은 그런 업무가 아주 힘들기에 아예 재학생만 기록한다는 얘기를 들은 것이다. 그전에도 졸업생 실적을 일부러 찾아서 포함한 건 아니었다. 아이들이 재수하면서도 학교에 문의를 많이 했고 합격 후에는 선생님들에게 감사의 인사를 하는 경우가 많아 자연스럽게 파악이 되었을 뿐이다. 그런 인사치레도 최근엔 많이 없어진 세태라며 전화 건너편으로 선생님의 한숨이 전해졌다.

전기와 후기로 나뉘는 고등학교 입학 절차와 영재과학고, 특목·자사고, 일반고, 특성화고의 특징들을 간단하게 설명한다. 나머지 평준화 지역 원서 작성 방법 등은 3학년부에서 주관할 일이다. 학부모님들이 궁금해하는 건 댁의 자녀가 어느 학교에 들어가야 행복한(?) 대입을 준비할 수 있는가이다. 현실적으로 어떤 고등학교에 진학해야 관심 있는 대학 진학에 유리할지 설명하다 보면 대입에서 활용하는 용어들을 안내해 주게 된다. 소개한 용어들을 토대로 시간이 날 때마다 원하는 학교의 홈페이지를 방문하고 모집 요강도 살펴보라고 권한다. 그러면서 참고하라고 추천하는 사이트가 한국대학교육협의회에서 만든 대입 정보 포털 '어디가'이다.

'어디가'에는 직업 정보와 직업심리검사 등의 진로 정보부터 대학별 정보와 학과 정보 그리고 입학 전형 정보가 있다. 원하는 경우 자신의 학생부 또는 수능 성적 분석도 할 수 있고 온라인으로 상담을 신청할 수도 있다. 학부모님께 보여드리는 내용은 '대학별 입시정보'란의 '전형 평가 기준 및 전년도 결과공개'이다. 많은 대학이 2020학년도 대입부터 전형별 입시 결과를 이곳에 올려놓고 있다. 흔히 합격자 50% cut 등급, 70% cut 등급으로 올려놓은 결과에 2.6, 3.1 등의 숫자를 제시하고 있다. 일명 내신 평균 등급이다. 대학별로 학생부 교과 성적을 반영하는 기준은 다양하지만 대부분 문과 계열(고등학교는 이미 문/이과 통합 교육과정이지만 대학은 아직도 계열과 학과에 문/이과를 구분하고 있다)은 국어, 영어, 수학, 사회 전 과목을, 이과의 경우는 사회 대신에 과학 과목을 활용한다고 보면 된다. 간단한 산출식 설명도 해드린다. 수식으로는 '내신 평균 등급 = Σ (과목별 석차 등급 × 과목별 이수 단위 수) / Σ (과목별 이수 단위 수)'로 표현된다. 예를 들어 일주일에 4시간 수업인 과목을 2등급을 받았다면 4 × 2 = 8이고 이렇게 모든 과목을 계산해서 다 더한 값을 이수 단위(요즘은 학점) 수 합으로 나누면 평균 등급이 나온다. 고등학교에서 들은 전 과목을 모두 1등급을 받은 학생은 그래서 평균 등급이 1이 나오게 된다. 여기에 더하여 현 고2까지는 A, B, C 절대평가로 성적이 나오는 진로 선택 과목까지 안내한다.

내신 평균 등급을 알아야 '어디가'에 올려놓은 대학별 입시 결과를 이해할 수 있다. 학부모님들이 가장 궁금해하는 건 과연 일반고등학교에서 반에서 몇 등 정도까지 소위 인서울 대학에 들어가느냐다. 만일 한 학생이 평균 등급으로 3.0등급을 받았다면 누적 백분위 88% 정도이므로 한 학년이 310명일 경우 전교 36~7등, 총 12학급이라 학급 인원이 26명이라면 3~4등의 석차이다. 경험적으로 실제 인서울 대학에 보내는 아이들이 반에서 이 정도 인원이다. 3.5등급으로 넘어가면 실질적으로 수도권 대학에 애매한 곳을 배정하며 만족도는 약해진다. 그러나 이 등급에 수업 태도와 학교생활의 측면에서 결코 무시할 수 없는 모범적인 아이들이 많다. '어디가'에 등재된 70% cut 등급은 추가 모집까지 해서 합격하는 학생들로 보면 된다. 자기보다 못한 점수대 수험생이 30% 정도 있다는 의미이다. 학교별로 점수를 보여주면 대입이 만만치 않음을 확인하게 된다. 그러면 진로의 방향을 대입이 아닌 좀 더 여유 있는 전략으로 선회할 수도 있건만 힘들어도 경쟁을 마다할 수 있겠냐는 분위기가 팽배하다. 설명회는 어느덧 걱정과 막막함이 혼재하는 분위기로 흘러간다.

"오늘 설명회를 듣고 댁에 가서 아이 방문을 열었는데 책상에 앉아 무언가 하는 모습을 보면 얼마나 기쁠까요?"라고 운을 띄운 뒤, 공부 열심히 하는 아이, 게다가 잘하기까지 하는 아이, 그리고 착하고 건강한 아이를 각각 떠올려보고 그런 아이들이 보여줄 경쟁력과 희망도 함께 고민할 것을 제안해 본다. 그러나 몸과 마음이 바르고 건강한 아이가 목표이고 그런 아이를 만드는 수단이 공부일 텐데 그게 뒤바뀐 경우는 오히려 불행해질 수도 있다는 말을 나는 차마 더할 수 없었다. 그저 내가 하는 수업과 상담이 그런 과정으로서 수단이 될 수 있음을 활동한 사진과 성과물들을 제시하며 강조할 뿐이다. 그리고 이런 설명회까지 오셔서 노력하시는 부모님의 정성은 헛되지 않음을 말하며, 가정과 학교에서 좋은 경험을 켜켜이 쌓아갈 때 언젠가 아이들이 반듯하고 건강하게 성장해 있지 않겠냐는 희망을 전하고 설명회를 마친다. 그러면서 오늘도 의미를 부여해 본다. 고등학교에 비하면 이게 어딘가! 희망을 말할 수 있다는 사실이.

다중 직업 시대 찬가

어린 시절, 나중에 뭐가 되고 싶냐는 질문을 듣는 게 정말 싫었다는 사람의 연설을 들었다. 그러면서 되고 싶은 건 없었지만, 하고 싶은 게 참 많았다고 한다. 진로교사로서 그 연설을 들으며 하고 싶은 게 곧 되고 싶은 걸로 이어지는 삶이 이상적이라고 생각했다. 연설을 떠올리니 이상하게 내 글도 꼬이는 것 같아 빨리 분위기를 바꿔야겠다. 대학 시절 전공보다는 동아리 활동에 쏟은 정성이 더 컸다. 나는 당시 학교를 대표하는 록밴드 동아리 활동을 했다. 처음 접하는 악기(전자 기타) 연습을 많이 해야 했고, 공연 준비를 위한 합주와 각종 동아리 행사 준비로 바빴기 때문이었지만 그런 고된 준비 후에 행한 공연의 짜릿함이 좋아서 더 정성을 들였다. 다전공 개념으로 본다면 주전공은 윤리 교육이지만 부전공은 록밴드 동아리였다고 봐도 좋겠다(주변에선 정반대였다고 핀잔을 많이 들었지만).

법학전문대학원, 일명 로스쿨이 개설된 대학은 학부에 법학과가 없다(법학전문대학원 설치·운영에 관한 법률 제9조 제1항). 그래서 '저는 서울대학교 법학과에 가고 싶어요'라는 말은 바로 잡아줘야 한다. 그럼, 로스쿨에 가고 싶은 사람이 학부는 서울대학교에 다니고 싶다면 무슨 학과에 입학해야 할까? 통상 로스쿨 입학 준비에 유리한 학과로는 정치외교학이나 국제관계학, 사회학, 행정학, 철학 등을 든다. 그러나 로스쿨에는 결과적으론 경영학과나 경제학과 학생들이 많이 들어간다. 통계로 인한 오해인데 결국 대학 입학 성적이 좋은 학생들이 잘 들어간다는 뜻이다. 전국 로스쿨에 입학한 대학별 인원도 이른바 SKY 등 상위권 대학이 많은 게 대학 입학 때 좋은 성적을 보인 학생들이 대학원 진학도 잘한다는 걸 알게 해준다. 이 바닥에 반전은 별로 없다. 로스쿨 얘기를 꺼낸 건 처음 인가될 당시에 법학과 정원을 전환해서 만든 학(부)과를 말하기 위해서다. 바로 '자유(자율)전공학부'이다.

자유(자율)전공학부가 설치된 대학들의 정시모집 성적을 보면 대학별로 약간의 차이는 있지만 대체로 높은 위치에 있음을 확인할 수 있다. 서울대학교의 경우도 인문계열 최고 점수가 자유전공학부이다. Holland 직업흥미검사를 하면 여섯 개 항목이 다 높은 점수를 보여 육각형이 꽉 찬 아이들이 있다. '하고 싶은 게' 많은 아이들이다. 육각형이 너무 적은 경우보다야 무엇이든 관심이 많고 의욕이 충만한 게 좋아 보이지만 이 아이들도 고민이 있다. 이것도 좋고, 저것도 좋아서 결국 안정감 있는 진로 방향이 잡히지 않는 것. 그러나 진학에 유리한 일관된 진로 활동을 갖추어야 한다는 압박이 없다면 이 점은 충분히 수용될 수 있는 사항이다. 이렇게 하고 싶은 게 많은 아이가 뭘 해야 자신에게 적합한지 고민이 될 때 선택할 수 있는 학과(부)가 바로 '자유(자율)전공학부'이다. 얼마나 좋은가! 1학년까지 다양한 교양 과목을 듣고 전공을 천천히 정할 수 있다는 사실이. 그래서 대학별로 이 학부가 어떻게 운영되는지, 장단점은 무엇인지 등을 살펴보다가 입학 점수가 높은 이유를 알고는 다소 실망스러웠다. 설립 취지와 무색하게 법학과의 빈자리로 만들어진 학과답게 로스쿨 진학을 염두에 둔 학생들이 많아서 인기가 있음을 알아낸 것이다. 이점, 오직 쓸모 있음으로만 쏠림이 강한 모습은 상아탑에도 예외가 아니기에 익숙해진 지 오래다. 다행스러운 건 최근에 그런 성향이 다소 약해지고 있다는 보도들을 함께 확인한 점이다.

자유(자율)전공학부와 함께 요즘엔 대학별로 다전공 제도가 잘 갖추어져 있고 이를 활용하는 학생들도 많다. 대표적인 게 복수 전공과 부전공, 연계 전공, 그리고 융합 전공 등이다. 이 역시 입학할 때 점수가 높은, 이른바 쓸모 있음이 큰 인기 학과에 진학하지 못한 학생들의 숨통을 트여줄 방안으로 나타나는 현상이지만 한 사람의 진로가 단편적이고 평면적이지 않은 점을 감안하면 긍정적인 측면이 있다. 간단히 살펴보자. 복수 전공은 주전공 이외에 1개 이상의 전공을 추가로 이수하는 제도이고 따라서 졸업장에 두 개의 전공이 표기되던지 아예 하나의 졸업장을 더 주는 경우가 있다. 부전공은 그보다는 하위 개념으로 일정 학점을 추가로 이수할 경우 타전공 수업을 충분히 들었다고 인정해서 졸업장에 주전공 아래 표기된다. 이수해야 할 학점은 당연히 복수전공보다는 적다. 또한 2개 이상의 학과(전공)가 교육과정을 연계하여 편성한 새로운 전공을 추가로 이수할 경우 이를 연계 전공이라 한다. 비슷한 개념으로 융합 전공도 있다. 연계 전공은 연계 전공만의 전공 과목이 없이 기존의 개설된 과목들을 연계시켜 하나의 교육과정을 구성하지만, 융합 전공은 기존에 개설된 과목 외에도 아예 새로운 전공과목을 개설하여 교육과정을 구성한다. 연계 전공과 융합 전공의 차이점이다. 요즘 대학생들은 이런 제도를 적극적으로 활용하면서 자신의 선택지를 고민하는 과정에서 진로를 더욱 확고히 할 수 있는 경험을 하리라고 본다. 복잡해 보이지만 자신이 좋아하는 공부와 사회 진출 시 유리한 공부를 모두 할 수 있다는 점은 긍정적으로 볼 수 있다. 이런 다전공 분위기가 전인 교육(全人敎育)의 한 모습으로도 받아들여진다면 더우 그렇다.

자유(자율)전공, 다전공 개념은 직업 세계에도 이어진다. 몇 년 전부터 유행한 일명 '부캐(멀티 페르소나)' 현상이 그것이다. IMF 이후 평생 직장의 개념이 약해졌다곤 하지만 자신이 직업 활동으로 종사한 분야를 완전히 바꾸는 건 여전히 부담스러운 일이다. 하지만 대학 전공, 첫 직업 등과 전혀 무관한 분야에서 다양한 삶을 살고 주목을 받은 사례는 국내외에 너무도 많다. 그중 몇 가지를 들어 본다. 프로듀서 크리스 카터는 대학 졸업 후 좋아하던 서핑 분야의 잡지에서 13년간 일한 작가였다. 어느 날 20세기 폭스사는 시청률이 저조한 금요일 밤 시간대에 저예산 드라마를 편성하였고 그는 각본과 연출로 이 드라마에 참여했는데, 그 드라마가 바로 90년대를 풍미했던 미스터리 시리즈 'X-file'이다. 가수 신해철은 고등학교 시절부터 밴드 활동을 했었고 성적을 유지하며 음악 활동을 하겠다는 부모님과의 약속을 지키지 못해 집안의 기대에 한참(?) 못 미치는 서강대학교에 들어간다. 전공은 실용 음악과는 무관한 철학이었다. 그가 음악 외에 좋아했던 철학의 세계는 훗날 그의 곡 가사에 많은 영향을 준다. 본캐와 부캐가 이미 뒤바뀐 삶이다. 이것저것 하다가 꽂히는 무언가에 집중해 성공한 경우가 아니라 남들이 부러워할 만한 성취를 다 던지고 다른 세계로 진출할 수 있는 용기는 열린 진로 활동에 귀감이 된다. 아버지의 영향으로 당시에도 입학하기 힘들었던 경희대학교 한의대에 들어갔지만, 경제적인 문제, 한의학 공부에 대한 흥미 저하 등으로 중퇴하고 일본 유학 시절 접하게 된 음악 세계에서 자신의 꿈을 찾아 훗날 유명한 가수가 된 강산에의 사례가 그렇다. 그룹 퀸(Queen)의 멤버들은 전공과 무관한 삶으로 유명하다. 보컬인 프레디 머큐리의 경우는 그래픽 디자이너 학사이고 기타인 브라이언 메이는 천체 물리학 박사 과정 수료, 베이스인 존 디콘은 킹스칼리지 런던에서 전자 공학 학사를, 끝으로 드러머인 로저 테일러는 런던 호스피탈 메디컬 칼리지의 치의예과를 다니다 음악을 위해 중퇴한다. 음악과 무관한 전공을 해도 진입 장벽이 낮은 시절이라 가능했다고 생각한다면 그들의 음악을 듣고 그 편견을 떨치기 바란다.

일명 'N잡러'라는 명칭으로 한 사람이 여러 직업을 추구하는 시대이다. 고용 시장의 유연함을 잘 지원해 주는 제도의 발전도 이러한 흐름에 일조했다고 본다. 사회의 안전망이 잘 갖추어진다면 다른 일과 꿈을 도모해 보는 건 그 실현 가능성과 성공 여부를 떠나 즐거운 일일지 모른다. 그리하여 '이게 아니면 어쩌지'라는 불안에서 해방된, 일에 관한 여유 있는 사고를 응원한다. 비록 학교 안에서지만 나 역시 가르치는 교과와 업무를 통째로 바꾼 사례이기 때문에 그 고민이 주는 떨림과 기대를 잘 알고 있어서 그렇다.

노골적인, 너무나 노골적인 지표

대학 시절의 기억이다. 내 친구는 수원에 있는 공학 계열로 유명한 대학에 다녔는데 어느 날 총장님이 앞으로 실용적이지 못한 학과들은 축소한다며 특히 철학 등과 같은 인문 학과를 거론했다고 이게 말이 되냐고 성토를 했다. 친구는 철학과가 아니고 전자공학과 학생이었다. 당시까지 살아있던 문·사·철에 관한 로망의 발로였지 싶다. 우리 때 남학생들은 수학이 부담스러워도 이과를 많이 지망했다. 졸업 후 전망 즉 취업 때문이었다. 그러나 당시만 해도 지금처럼 문과가 취업에 극한 상황은 아니었다.

그때 총장님의 결기 덕분인지 이미 이과 정원은 문과를 압도한다. 갈수록 문과생들이 설 자리가 없어지는 세상이다(참고로 이미 고등학교는 문·이과 통합 교육과정이지만 상당수 대학은 계열을 구분하고 있다). 대학교육연구소가 발표한 '2003~2022년 계열별 대학 입학정원 변화'를 보자. 통상 인문과 사회계열을 문과, 자연과 공학, 그리고 의약 계열을 이과라 한다면 문과에 비에 이과 모집 정원 비율은 2003년 5.6%, 2012년 10.14%, 그리고 2022년에는 무려 31.37% 더 많다. 예로부터 대입에서 이과가 유리한 측면이 이런 이유다. 하지만 이과생들은 어려운 수학, 과학 공부를 더 하기에 문과생들보다 대입이 어렵다는 하소연을 해왔다. 어려운 공부를 애써 하는 이유는 결국 졸업 후 먹거리 때문이리라. 일찍이 이과생들에게는 문과도 지원할 수 있도록 계열 경계가 많이 허물어져 있었는데 이젠 융·합 교육과정을 강조하면서 그 추세가 더욱 강해지고 있다. 하지만 이건 기존의 이과생들에게 주는 혜택 그 이상인 느낌이다. 오히려 문과생들도 이과 공부를 융합해야 경쟁력이 있다는 주장처럼 보여 그들에 대한 모종의 압박일 수 있겠다는 생각이 든다. 그냥 졸업만 하면 사회에서 쓸모가 없다는 뜻으로도 읽힌다.

고3 담임을 하던 16년 전 일이다. 우리 반 1등 여학생은 경영학과를 지망하고자 했다. 수시모집을 한창 준비하던 중에 아이의 얼굴이 어두워졌다. 바로 아이 아버지의 확고한 진로 조정 때문이었다. 금융 계열에 종사하고 있던 아버지는 당시 현장에서 유수의 대학 경영·경제 계열 학과를 졸업한 여사원들이 겪는 직장 생활의 어려움을 딸에게는 겪게 하기 싫다 했다. 그래서 고심 끝에 택한 게 초등학교 교사였다. 수시모집을 모두 교대에 쓰고 떨어지자 당시 농어촌 전형을 살려 정시모집으로 진주 교대에 합격시켰다. 물론 담임이 아니라 아이 아버지 노력 덕이었다.

합격해도 즐거워하지 않던 제자는 대학 생활 중에 전혀 다른 톤의 연락을 전했다. 시골 학교라 별 기대 없이 학교에 갔는데 재학생 가운데 서울과 수도권 아이들이 대부분이었고 심지어 좋은 대학을 나온

후 회사 생활을 하다 온 언니들도 많다며 그들과의 대학 생활이 너무 재밌고 활기차다는 소식이었다. 그리고 무난히 임용 고시를 치른 후 지금 경기도에서 교편을 잡고 있다. 임용된 지도 어언 십여 년이니 최근에 학교생활은 어떤지 궁금하다.

아버님의 말씀이 일리가 없는 건 아니다. 여성가족부가 발표한 '상장법인과 공공기관 노동자의 성별 임금 격차 조사'에 따르면 2022년 성별 임금 격차는 상장법인 30.7%, 공공기관은 25.2%였다. 그리고 중위 임금 3분의 2 미만인 저임금 노동자의 비중은 여성이 남성의 2배가량이었다. 초등학교 교사 지망에는 근속연수에 관한 고민이 컸다. 남녀의 차이가 계속 감소하는 추세지만 같은 자료를 통해 확인한 바 2022년 남성 평균 근속연수는 11.9년, 여성은 8.9년으로 25.1%의 격차가 났다. 아버님이 걱정했던 15년 전에는 더 심했으리라.

먹고 사는 문제로 따지면 진로와 진학 고민은 상당히 단순해진다. 산업 동향을 보고 현재 유망한 직업군을 중심으로 자신의 적성과 흥미를 따져보면 될 일이다. 올해는 고용노동부에서 2015년에 발표한, 2014~2024년까지 대학 전공별 인력 수급 전망 예상의 끝자락이다. 대입 설명회 자료로 많이 썼던 당시 예상에 초과공급 상위는 경영·경제, 중등교육, 사회과학 부문이었고, 초과수요 상위는 기계·금속, 전기·전자, 건축, 화공 부문이었다. 서비스 분야와 의·약 등 보건 및 돌봄 분야의 인력 수급이 시급한 현 상황을 보충해야 할 자료지만 얼추 십여 년 전 예상대로 적절히 들어맞은 모습이다. 일명 전화기(전자, 화학, 기계)

관련 공학 분야와 앞서 말한 서비스, 의료 분야 들은 앞으로도 꾸준한 수요가 있을 것이다. 반면 문과는? 경영·경제 분야도 이과생들의 침투가 많아진 지 오래여서 더이상 만만한 분야가 없다. 특별한 자기 진로의 소신과 열정이 없으면 취업만 보고 추천하기는 어려운 게 현실이다.

그렇다면 현재 우리나라의 유망 직업 분야를 실제적이다 못해 노골적으로 알려주는 자료는 무엇일까? 통계청과 고용노동부 등의 기관 자료를 참고하는 것도 좋지만 아주 직관적이고 확실한 지표가 우리 사회에는 있다! 마치 구성원들의 모든 욕망을 최적화한 숫자로 표현한 듯한 그 자료는 바로 대입 정시모집 배치표이다. 심지어 대학의 위상이 고민되거나 대학별 학과의 위상이 궁금할 때도 판단할 근거로 쓸 수 있다. 이건 주장이 아니고 현상에 관한 적시이다. 나도 실제는 틀리길 바란다. 중학교에 오니 참고삼아 볼 뿐이다. 지금은 광역 교육청 단위로도 만든 배치표가 있으나 예전부터 활용된 사영 입시 기관들의 것을, 지인을 통해 입수해서 확인해 보았다.

2024 대입 정시모집 3개 입시 기관 배치표에 따르면 점수가 가장 높은 문과 상위 계열 또는 학과는 경영·경제 계열이다. 그 아래로는 사회과학 계열의 학과들이 포진해 있다. 정치외교학, 사회학, 심리학, 통계학, 행정학 등이다. 언론이나 광고, 미디어 관련학과의 인기는 꾸준해서 개설된 대학은 경영·경제 계열 바로 아래에서 해당 학과를 찾을 수 있다. 이제 중간 정도로 가면 사범 계열이 나온다. 최근에 인기가 약해졌지만, 취업을 감안하면 문과에서는 아직 경쟁력이 있어 보

인다. 끝으로 대부분의 학교에서 철학과 역사 등 인문계열이 가장 낮게 배치되어 있다. 그중 어문 계열은 웬만한 대학의 문과 커트라인을 형성한다. 그럼 이과에서 점수가 가장 높은 계열 또는 학과는 무엇일까? 예상대로 '의치한약수' 즉, 의약 계열이 가장 높은 위치에 있다. 그 아래에는 최근에 인기가 있는 빅데이터, 소프트웨어 등 컴퓨터 관련 첨단 학과들이 있고, 그 아래에 전통의 강자 전자, 화학, 기계 등의 공학과들이 배치되어 있다. 반도체 관련학과, 미래 자동차 관련학과 등은 해당 분야에서 파생된 학과들이라 비슷한 위치이다. 자연과학 계열은 그다음에 주로 있는데 물리, 화학, 생명과학 등의 기초과학들이다. 단, 수학과의 경우는 개중에 가장 높은 위치에 있어서 최근에 산업 분야에서 활용도가 높은 상황임을 짐작하게 한다. 이과에서 가장 낮은 위치에 있는 학과들은 주로 예전에 토목공학으로 불렸던 사회기반시스템 관련 학과와 환경이나 생활 과학(식품영양학 등) 관련 학과들이다. 아직은 환경 분야나 동물과 식물 등의 분야가 큰 대접을 받지 못한다고 추측할 수 있다.

주목할 점은 학교에 따라 달라지는 학과의 위상이다. 수도권 소재 큰 대학들에서는 위와 같은 배치가 보편적이지만 지방의 거점 국립대로 가면 상황이 달라진다. 문과의 경우 다수의 국립대에서 경영·경제 계열보다 상위에 있는 건 사범 계열이다. 이과의 경우도 사범 계열이 의약학 계열 바로 다음에 위치한 경우가 많다. 이는 수도권과는 다른 지방의 경제 상황이 반영되었기 때문으로 본다. 지방 사립대의 경우는 문과에 경영·경제보다 공채나 선발 시험을 준비할 수 있는 실용적인 학과들이 높게 배치된 경우가 많다. 예컨대 경찰행정이나 행정학과 그리고 취업률이 높은 유아교육과 등이다. 이과의 경우는 공학 계열보다도 각종 보건 계열 학과가 높게 배치되어 있다. 전문 보건인 양성을 할 수 있는 간호, 물리치료, 임상병리, 작업치료 등의 학과가 개설만 되어있다면 높게 배치되어 있는 걸 확인할 수 있다. 수도권과 지방을 비교하니 대한민국 정시 배치표는 진정 유망 직업 바로미터라는 걸 실감하게 된다.

유망한 직업에 관해 "10년 뒤 이런 직업 뜬다"란 한 일간지 내용을 소개한다. 푸드닥터, 유전자 프로그래머, 무인 자동차 엔지니어, 에코 컨설턴트, 에너지 수확 전문가, 종 복원 전문가, 날씨 조절 관리자, 미래 화폐 전문가 등이다. 듣기만 해도 새로움이 넘쳐나는 직업들이지 않은가? 해당 기사에는 독일의 한 자동차 회사가 자동 운전 트럭을 고속도로에서 운행할 수 있도록 미국 네바다주로부터 허가를 받았다는 내용이 있다. 운전자는 운행 중 다른 업무를 보다가 비상시에만 핸들을 잡는다며 이제 운전자가 아니라 '운송 매니저'로 바뀔 수 있다는 전망이다. 앞으로는 무인 자동차 엔지니어가 유망 직업으로 꼽힌다고도 썼다. 이렇게 세상이 바뀔 것이라며 기사에 붙인 제목이 "우리 아이 의사 됐으면?…10년 뒤엔 최고 직업 아니랍니다"이다. 정말 10년 뒤엔 그럴까? 하고 궁금하던 차에 기사 작성일을 보고 실소가 나왔다. 그리고 미래의 세상과 직업에 관해 한 번 더 진지해졌다. 일간지에 기사가 입력된 날은 2015년 6월이었다. 바로 지금으로부터 10년 전 기사였던 것이다.

보수 대 진보 교육 정책 열전

보수주의자이세요?, 진보주의자이세요? 라는 질문을 편하게 할 수 없는 시대다. 자신의 입장을 상대가 싫어할까 봐 또는 그 반대의 경우일까 봐 당당히 밝힐 수 없기에 그렇다. 우린 언제부터 어떤 이념적 성향을 품고 있는지 알려주는 게 부담스러워졌을까? 우린 언제부터 보수주의자(진보주의자)가 못되고, 탐욕적이며, 몰상식적이라 함께할 수 없는 대상이라고 생각하게 되었을까?

보수주의와 진보주의를 간단히 설명하는 건 쉽지 않다. 그 기원을 프랑스 혁명 당시 국민공회 의장석을 기준으로 오른쪽에 왕당파, 왼쪽에 공화파가 앉아서 우파(우익), 또는 좌파(좌익)로 불리게 되었다는 얘기부터, 시대에 따른 자유주의의 좌우 변천사와 각 국가마다의 특성에 따른 차이들을 따지기까지 하면 딱 잘라 말하기엔 너무 유구하고 어려운 개념이다. 둘 다 중요한 가치라고 타협할 때는 그저 '새는 좌우의 날개로 난다'는 비유를 들 때 정도이다.

애매한 개념을 간단히 정의하는데 사전 만 한 게 또 있으랴. 그래서 몇몇 유명한 사전을 살펴보았다. 먼저 보수주의는 '기존 사회 체제의 안정적인 발전을 추구하는 정치 이념(위키피디아)', '급격한 변화를 반대하고 전통의 옹호와 현상 유지 또는 점진적 개혁을 주장하는 사고방식, 또는 그런 경향이나 태도(네이버 국어사전)'이다. 그리고 진보주의는 '기존 정치·경제·사회 체제에 대항하면서 개혁을 통해 새롭게 바꾸려는 성향(위키피디아)', '사회의 모순을 변화와 개혁을 통하여 점진적으로 해결해 나가려는 사고 방식, 또는 그런 경향이나 태도(네이버 국어사전)'이다. 보수주의도 안정적이지만 체제의 발전을 꾀한다는 점에선 수구주의와 다르다. 진보주의도 개혁의 정도에 따라 급진적 진보주의와 구분할 수 있다. 속도와 방법의 차이지 둘 다 체제의 발전을 꾀한다는 점은 같다. 그 누구도 역사의 퇴보를 주장할 수는 없을 테니 말이다.

그렇다면 좀 더 직관적으로 떠올려 보자. 과연 도덕과 명예는 어떤 이념에 더 어울릴까? 자유와 평등은 각각 어디가 더 비중이 클까? 민족주의와 세계화는? 큰 정부와 작은 정부는? 성장과 분배는? 무엇을 더 중시하느냐에 따라 보수와 진보를 구분할 수 있을 텐데 이건 한 사람 안에서도 일관되지 않을 수 있기에 어떤 이는 경제·복지관은 진보적이면서 국가관은 보수적일 수 있고 그 반대일 수도 있다. 근데 왜 이리 다툼이 심하고 극렬히 상대를 배척하려 할까? 그건 정당 정치를 대표하는 세력들이 각 이념을 차용하며 보여준 잘못된 행태 때문이라고 본다. 멋진 보수, 멋진 진보라는 예를 좀처럼 찾기 어려운 세태가 보여준 혼란이라고도 생각한다.

신규 발령 때부터 이념 성향이 다른 여러 행정부를 지나며 교육정책의 변화를 겪어왔다. 어떤 정권이 잘했냐고? 교육 분야에서만큼은 특정 정권에 만족스러운 평가를 하긴 어려울 것 같다. 어떨 때는 표방하는 이념과 전혀 다른 정책들을 내세운 적이 있었고, 어떨 때는 서로 다툼없이 함께 추구하는 정책도 있었다. 그동안 혼란스러웠지만, 인상 깊었던 이슈들을 중심으로 지극히 개인적 경험에 근거한 추억들을 되짚어 본다. 이른바 '보수 대 진보 교육정책 열전'이다.

　'이해찬 세대'가 있었다. 내 첫 제자들이다. 국민의 정부(김대중 대통령) 시기 교육부 장관의 이름을 딴 세대 명칭이다. 한 줄 세우기를 타파하고 무엇이든 한 가지만 잘하면 대학에 들어갈 수 있다던 정책을 내세웠다. 그러면서 당시엔 강제로 시행하던 야간자율학습과 월말고사, 사설 모의고사 등을 전면 폐지하는 개혁을 했다. 그러나 한 가지만 잘해 대학에 들어간 제자는 기억이 잘 안 난다. 다만 이 시기부터 점차 확대된 수시모집으로 대학에 들어간 제자의 경우가 많아졌다. 수시 1차, 수시 2차, 수시 2-1, 수시 2-2 등으로 학기와 수능을 전후로 한 수시모집의 구분이 있었다. 그랬던 시절이다. '아~ 옛날이여!'라는 탄성을 꾹 참는다. 7·20 교육여건 개선 사업으로 무려 12조를 투입해 학급당 최대 학생 수를 OECD 국가 수준인 35명 이하로 감축하는 작업을 했다. 임기 내 완성하려고 급하게 교실 증축 공사를 하고 혼란이 있었지만, 그런 투자는 쉽지 않은 결단이라고 본다. 중학교 무상의무교육 전면 확대 시작도 당시의 정책이었다.

참여정부(노무현 대통령)는 대입 내신 부풀리기를 막겠다고 상대평가 9등급제를 도입한다. 그러면서 교실 내 치열한 경쟁이 다시 살아난다. 반면 수능은 점수를 전혀 제공하지 않고 9등급으로만 표시하는 '수능 등급제'를 실시하였다(2007년 수능만). 학생들은 대입에서 내신, 수능, 면접 및 논술까지 준비해야 했기에 '죽음의 트라이앵글'이란 말이 회자될 정도였다. 교육행정 정보화 시스템(NEIS)을 구축하며 큰 혼란을 겪었고, 사립학교법을 제정하기 위해 애썼지만 큰 파장을 일으킨 채 미완으로 끝냈다. 선생님들에게는 교원능력개발평가를 기획한 일이 이슈가 되었다. 그리고 입학사정관제를 준비하면서 수시모집 등 대입 선발의 다각화를 꾀했다. 법학전문대학원, 의학전문대학원을 시행한 점도 주목할 정책이었다.

이명박 정부는 평등주의 교육을 비판하며 수월성 교육을 강조한 정책을 수립했다. 자율형 고등학교, 특목고, 국제고 확대로 중학교 사교육을 부추겼고 임기 초에 영어 몰입 교육 등으로 비난을 샀으며, 국가수준 학업성취도 평가 등으로 학력 중시의 정책을 지향했다. 참여정부 때 입안한 입학사정관제를 전면적으로 대입에 활용하게 된 시기이기도 하다. 이 시기 본격적으로 정시 전형이 축소되고 입학사정관제를 중심으로 한 수시모집의 비중이 커진다. 고교 시절 행한 아이들의 활동이 학생부에 잘 기재되어야 하고 자소서, 면접이 중요해져서 아이들도 이른바 '스펙' 관리에 몰입하던 시기이다. 시도 교육감을 민선으로 선출하여 혁신학교 운동, 학생 인권 조례 등 정책 입안의 자율성이 커진 시기이기도 하다.

박근혜 정부는 '대입전형 간소화 및 대입제도 발전방안'을 발표하고 학생부에 학교 내 활동만 기재하도록 하였다. 그러면서 입학사정관제의 명칭을 '학생부 종합전형'으로 바꿨다. 과도한 외부 스펙 경쟁을 차단하기 위함이었다. 3~5세 누리과정을 기획했고, 중학교 자유학기제를 시행했으며 고교 무상교육을 기획한다. 고교 교육과정에서 문·이과 구분을 폐지하고 한국사 과목을 수능에 필수과목으로 지정했는데 함께 추진한 역사 교과서 국정화 논란이 극심한 물의를 일으키기도 했다.

문재인 정부는 이전 정부에서 기획한 고교 무상교육을 전면적으로 실시했다. 특정 지역과 N수생들의 요구를 감안하여 서울 소재 상위 15개 대학 중심으로 정시모집 비율을 40% 이상 상향하는 대입 방안을 추진했다. 누리과정을 전액 국고 지원하고 대학 입학 전형료나 입학금을 인하 또는 폐지하였다. 유치원에 에듀파인을 도입해서 많은 갈등을 겪기도 했다. 임기 첫해 지진으로 인한 수능 연기, 코로나19 시기엔 큰 혼란 속에서 대입 일정이나 학사 일정 등을 유동적으로 진행했고 원격 수업 등의 새로운 수업 방식을 정착시킨다. 교사와 학부모, 학생들의 놀라운 적응력으로 위기를 넘기게 된다. 돌이켜 보니 어떻게 그 시기를 건너왔나 싶다.

떠오르는 이슈 중심으로 나열했기에 많은 누락이 있을 줄 안다. 지난 24년을 돌이켜보면 어떤 행정부의 교육정책은 그들이 추구한 이념과 맞지 않았고, 때론 보수와 진보가 큰 갈등 없이 동의하는 정책도 있었다. 다른 분야도 마찬가지겠지만 교육 분야는 정권의 이념과 정책이 어울리지 않은 장면을 자주 확인할 수 있다. 이를테면 교원능력 개발평가 등과 같은 정책은 경쟁을 중시하는 보수 정부에 어울리는 것이었고, 대외 활동 기재를 금지하고 오직 학교 내에서의 활동만 평가 요소로 삼은 '학생부 종합전형'은 진보 정부에 어울리는 제도이다. 누리과정, 고교 무상교육 전면 확대 등 여러 정책은 정권의 변화 시기에 걸쳐서 완성되곤 했다. 정치인들의 착각과 달리 정권은 시한부 타이틀이지만 국가는 영속하는 존재인 셈이다.

참여정부 때 입안하여 현재까지 유지되고 있는 대표적인 대입 정책은 입학사정관제(학생부 종합전형)이다. 학력고사, 수능 등의 일회성 인지 영역 평가만으로 학생들을 선발하는 것은 새로운 시대의 인재 양성에 부합하지 않는 방식이라는 공감대가 진보, 보수할 것 없이 일치했던 것 같다. 이명박 정부에서도 강조하고, 박근혜, 문재인 정부에도 이어져 한때 수시모집 선발인원이 대입 정원의 70%대 후반까지 이른 적도 있었다. 그러나 학교 현장이나 국민에게 입학사정관제(학생부 종합전형)는 좋은 제도로 인정받지 못하고 있다. 2018년 '사교육격정없는세상'이 의뢰한 여론 조사에 따르면 학생부 종합전형의 감축 및 완전 폐지를 원하는 국민이 50.8%로 현행 유지와 확대(37.3%)를 크게 압도한다. 같은 조사에서 학생부 종합전형 개선 내용 중 1위가 비교과 활동 반영 대폭 축소(32.1%), 2위 대학의 정보공개 강화(21.2%)인 걸 보면 이런 불만은 학생 부담과 공정성 여부에 따른 불신 때문으로 보인다.

입학사정관제(학생부 종합전형)를 살펴본 이유는 무려 5개 정권이 지나면서도 유지되고 있는 대입 정책이라서 그렇다. 이쯤 되면 보수와 진보 모두 공감하는 대표적 교육 제도가 아닐까 싶다. 국민들의 불만이 커도 두 진영이 모두 인정하고 존속시킨 제도가 있다는 점에서 교육은 선거나 민의의 영향을 크게 안 받는 다분히 엘리트 주도적인 분야가 아닐까 싶다. 과도한 사교육 부담과 지역 간 격차를 해소시켜 주고, 학생과 학부모 누구나 쉽게 접근하고 이해할 수 있는 대입 전형을 만들어내는, 그리하여 국민이건 동료 시민이건 많은 이들의 요구를 만족시켜 줄 수 있는 정책은 과연 어떤 이념과 정당에서 만들어낼 것인가? 잔잔하던 유권자의 마음은 정치의 시즌이 임박하여 또다시 설레기 시작한다.

중하위권의 쇄빙선

어느 날 아들의 성적표를 보았다. 이제 중학교 2학년이 되니 드디어 국어 몇 점, 수학 몇 점하는 점수와 성취도가 찍힌 성적표를 받게 된 것이다. 어릴 때부터 글을 잘 쓰고 깜찍한 발언을 많이 했던 아이, 장난감 놀이를 할 때나 컴퓨터 게임을 할 때도 영특해 보이던 아이였다. 초등학교 때부터 중학교 1학년을 지나 지금까지 흔한 사교육은 피하지 않고 시켰다. 행여나 부모 지원이 없어 공부를 못했다는 말은 들을 수 없어서였다. 그리고 오늘 성적표를 부푼 가슴으로 받아 본다. 그러나 시험 본 과목이 죄다 D, E, D, E 일색이다. 성취도가 그러하니 원점수는 60점, 50점 대가 즐비하다. 초등학교 6년과 중학교 1년 도합 7년, 아니 그보다 더 오랜 유치원 기간까지 합해 품었던 아들에 대한 기대와 희망이 주저앉는 순간이었다. 그렇다. 오늘은 수많은 일상 중 아주 특별한 날, 우리 아이가 공부를 '못하는' 아이임을 알아 버린 날이다.

위와 같은 상황에 직면했다고 가정하자. 아마도 아이의 학업성취를 지표화한 성적표로 처음 받아보는 부모님 중에는 깜짝 놀라며 기특함을 느끼는 경우보다 위와 같은 경우가 훨씬 더 많을 것이다. 현실은 공부를 잘하는 아이보다 못하는 아이가 많다. 안타깝지만 어쩔 수 없다. 게다가 상대평가 체제인 고등학교에 가면 잘해도 소용없다. 다른 애들보다 잘해야 한다. 그러는 가운데 아이가 속칭 상위 몇 %에 들어가느냐는 지표에 뒤이어 이어질 수많은 희망과 좌절, 인정과 무시의 편견 속 굴레에 빠져든다. 중학교에서 공부를 못하는 아이는 고등학교에서도 더욱 공부를 놓아버릴 가능성이 크다. 학교 현장에서는 이미 학교붕괴라는 말을 접었다. 처음엔 충격적이던 모습도 자주 보게 되면 익숙해지고, 그걸 표현하는 말도 하나 마나 한 소리가 되어버린다.

세상은 공부 잘하는 아이 편이다. 그 흔한 입시 설명회를 가보자. 진학 유튜브나 기사들을 보자. 어떻게든 좋은 학교에 가고자 하는 욕망으로 충만하다. 중심에는 공부 잘하는 아이들과 그들의 성적이 있다. 서연고 서성한 중경외시로 이어지는 대학 선호 안에서 좀 더 좋은 학생을 뽑기 위한 대학들의 눈치 보기는 모집 요강들의 차이를 만들고, 그 안에서 묘한 불균형과 혼돈이 생겨나면 속칭 입시 전문가들은 그 틈새를 파고들어 조금이라도 유리한 전략을 비장의 카드라며 제시한다. 나만 해도 그 유혹을 피할 수 없었다. 대부분의 학부모님께 관련이 없을, 인근 학교 서울대 합격 인원을 뭐가 그리 중요하다고 매번 알려드렸는지 모르겠다. 우리 교육의 부조리함을 연일 성토하지만 나 역시 시스템 속에 순응하는 부품, 그 이상도 이하도 아니었다. 부끄러운 일이다.

그래서 고민해 본다. 공부 못하는 아이들의 진학지도는 없는가? 이른바 중하위권을 위한 입시 설명회는 없는가? 학교에서 무기력하게 잠자는 아이들에게, 상위 몇 %에 들지 못하여 희망이라는 단어가 사치인 아이들에게, 무일 해도 안 될 거리는 좌절에 빠진 아이들에게 그래도 할 수 있다는 응원의 근거는 없을까? 이제야 살펴보는 내 관심이 부끄럽지만 늦었더라도 찾아내고 싶었다. 그랬더니 이런 궁금증에 여러 해답을 제안한 선생님들이 '이미' 있었다. 그분들의 채널을 구독하고, 영상을 두루 본 다음 나 또한 예전의 기억을 되살려 제시된 학교들과 학과들을 꼼꼼히 살펴보았다. 결론적으로 중하위권 학생들의 경쟁력은 모두가 주목하는 그곳을 향하지 않을 때, 그런 용기와 각오가 있을 때 비로소 시작된다는 걸 알았다. 역발상과 희소 분야 접근이 하나의 대안이 될 수 있었다.

선생님들이 제안한 학교 중 몇 곳을 소개한다. 취업과 보수 등에서 만족도가 높은 학과와 학교들이다.

만일 아이가 지도에 관심이 있고 그래서 지리를 좋아한다면 훗날 한국국토정보공사나 LH공사와 같은 공기업과 국토교통부, 전국 지자체의 지적직, 토목직 등의 공무원, 한국감정원, 부동산 감정평가법인, GIS 업체, 항공사진측량업체, 지적측량업체 등의 분야로 진출할 수 있는 학과가 있다. 서울에는 이 학과가 설치된 대학이 없고, 전국 4년제로는 청주대, 목포대, 경일대, 대구대 정도의 대학만 있어서 졸업 후 진로의 경쟁률이 낮은 큰 장점이 있는 학과, 바로 지적학과이다.

대표적으로 청주대의 경우 대입 정보 포털 '어디가'에 공시된 2025년 학생부 교과(일반전형) 70% 환산등급은 3.94였다.

선생님이 되고 싶고 바다가 좋다면 부경대학교 수해양산업교육과가 있다. 졸업과 동시에 중등 2급 정교사 자격증을 취득하여 전국 10개의 수산계 고등학교와 2개의 해사 고등학교 교사로 임용된다. 학과는 기관, 냉동, 식품 가공, 수산·해양, 항해가 있다. 재학 중 3급 어선항해사, 3급 기관사를 취득하여 항해사 및 기관사, 해양수산부 공무원, 해양경찰 등의 분야로 진출할 수도 있다. 역시 국내 유일의 학과이고 제한된 인원 내에서의 경쟁이라는 장점이 있다. 2025년 학생부 종합전형의 70% 환산등급은 4.19였다.

꽃을 좋아한다, 스마트팜 농장을 경영하는 부농이 되고 싶다, 농수산물로 새로운 스타트업을 하고 싶다면 국립 한국농수산대학이 있다. 농업 경영인 양성이 목표인 학교로 학비가 무료인데 졸업 후 6년간 영농에 종사해야 한다. 2017년 기준, 졸업생 중 85.9%가 영농에 종사하고 있고, 가구당 소득이 연평균 8,910만 원에 달하는 등 다수의 졸업생이 고수익을 내고 있다. 수산양식학과의 경우 연 소득은 평균 10,242만 원이다(농촌여성신문, 2018). 2024학년도 입시 결과는 도시인재전형에서 가장 높은 원예환경시스템전공이 평균 4.12 등급이었다.

물류 유통의 한 부분인 거대 냉동 창고를 관리할 전문가가 되고 싶다면 냉동공조학과가 있다. 4년제 대학에는 한국해양대, 부경대, 전남대, 동명대 4개밖에 없어서 역시 희소 학과이다. 국내 냉동·냉장과 공조 분야 기업체 및 공기업 취업에 유리하다. 향후 각종 산업에서 냉동과 공조 분야의 활용도가 높아지는 만큼 이 학과의 수요도 커질 것으로 전망한다. 동명대의 경우 2024학년도 학생부 교과 전형 70% 환산등급은 4.75였다.

도시에서 주위를 둘러보면 수많은 승강기와 에스컬레이터 등의 리프트 장치를 볼 수 있다. 당장 내가 사는 신도시 아파트의 경우 왕성한 승강기 교체 공사가 진행 중이고 어느 건물을 가도 승강기가 없는 현실은 상상할 수 없으며 다른 교통수단으로 이동할 때도 승강기와 에스컬레이터는 무조건 거쳐야 할 장치이다. 이 승강기를 설치, 유지·보수 및 관리하기 위한 세계 유일의 대학이 바로 한국승강기대학교이다. 실무 중심으로 2년 동안 알찬 수업을 진행하며 졸업 후에는 이 대학 출신자들이 취득하는 자격증으로 독보적인 경쟁력을 확보한다. 세계적인 엘리베이터 기업체와 한국승강기안전공단 등 공공 기관에 취업한다. 경남 거창에 있으며 전문대 특성상 홈페이지에 공개한 합격자 환산 점수는 일반고의 경우 최저 43.5, 평균 72.7점이었는데 학교 담당자에게 확인 결과 4~6등급의 학생들이 입학할 수 있다.

그 밖에도 점수가 인서울 대학을 갈 정도는 되지만 보다 확실한 취업을 원하는 경우(주로 문과 학생들이 해당) 특화된 농협대학이 있고, 철도 기관사를 꿈꾼다면 한국교통대학이 있다. 이 경우는 2~3등급의 학생들에 해당한다. 3~4등급 대 학생들 가운데 우리 역사에 관심이 많은 덕후라면 부여에 있는 한국전통문화대학교도 추천할 수 있다. 졸업 후 박물관 학예사 등의 전망이 좋은 학교이다.

희소 학과로 특수한 대학들은 지방에 설치되어 있는 경우가 많다. 이점은 많은 학생들이 꺼리는 큰 이유다. 또한 각종 대학 정보 어플과 사이트를 통해 현장의 목소리를 들어본 결과, 선배들과의 관계에서 '똥군기' 등을 묻고 걱정하는 내용을 확인할 수 있었다. 만일 특별하고 희소하다는 이유로 폐쇄적인 문화가 있다면 충분히 경계할 만한 사항이다. 지방으로 내려갈수록 여러 가지를 고민하는 아이들의 질문이 보였다. 내 마음도 거기에 있었다.

저렇게 취업이 확실한 학교를 가려면 일정 정도 그 지역에서 정착할 수도 있다는 마음을 먹어야 한다. 하지만 지방에 사는 학생들도 서울로, 경기도로 지향하는 요즘 분위기에 그것은 큰 용기일 수 있다. 한국농수산대학교의 경우 몇 년 전에 화훼 농가에서 실습받던 학생이 불의의 사고로 목숨을 잃은 경우가 있었다. 특성화고 실습생들의 사고와 유사한 뉴스는 지원하는 학생들을 위축시키기에 충분하다.

무엇보다 학생들 자신의 편견도 극복해야 할 사항이다. 낮은 내신 등급과 성적으로 자신과 비슷한 공부 못하는 아이들이 모여 있다는 자괴감에 긍정적인 요소보다는 부정적인 요소들에 민감할 수 있다. 인터넷에 제공된 정보보다는 실제 현장의 목소리를 확인하는 노력이 필요하다. 그래서 한국승강기대학교에 직접 전화를 걸었다. 진로 취·창업 지원센터장님이 친절하게 응대해 주셨다. 현실은 인기가 예전만 같지 않아서 자신들도 학생 모집에 더욱 정성을 쏟고 있다는 얘길 전한다. 고등학교 졸업자가 절반 정도만 들어오고 나머지는 다른 학교를 다니다가 들어오는 유턴 입학, 다른 직종에 근무하다가 입학하는 재입학의 경우가 많다고 한다. 코로나19 이후에 이상하게도 실제 현장에서 기계 등을 다루는 업무를 기피하는 현상이 심해지는 느낌이라고 한다. 쉽게 말해 힘들어 보이는 일, 소위 '기름밥' 먹을 것 같은 일은 아이들이 더욱 피한다는 얘기다. 급여의 경우도 유지·보수 및 관리 분야보다 설치 분야가 월등히 높지만 학생들은 공사 현장의 어려움 때문에 큰 부담을 갖고 기피한다고 한다. 실제로는 한 5년 정도의 실무 경력을 쌓으면 요령이 붙고 어느 정도 위치를 확보할 수 있기 때문에 아예 자신의 업체를 차리는 경우가 많다고 하나 아무리 좋아도 당장의 편함을 추구하기에 아이들에게는 외면받는 분야이다.

대학에 직접 물어보면 언제나 정보의 편향이 있을 수 있다. 자기 학교가 나쁘다고 말하는 담당자가 어디 있을까. 그래서 지도를 보고 가까운 거창군에 있는 고등학교에 직접 전화를 걸었다. 그렇게 좋은 대학교라면 당장 주변에서 학생들을 보내려 할 것이고, 이를 통해 좀 더 정확하게 학교의 평판을 확인할 수 있겠다는 생각에서였다. 전화를 받은 고등학교 선생님 왈 "그건 대학교에 직접 묻는 게 좋지 않을까요?" 아니, 그게 아니고 이미 대학교엔 전화해 보았고, 제가 연락드린 연유는 이러저러합니다. 라고 극도로 몸을 낮춰 물으니 고3 담임 선생님을 연결해 주었다. 인근의 두 고등학교 3학년부 담임 선생님 말씀으로는 거창군 역시 농어촌 특별전형 등의 혜택으로 지역 내 좋은 대학을 지망하려는 아이들이 많고 대도시로 진출하려는 아이들이 많아서 승강기대학은 거의 지원을 안 한다고 했다. 다소 김빠지는 답변이었다. 그 3학년 담임 선생님들과 공감한 건 요즘 아이들이 추구하는 안온한 삶이었다. 여력만 된다면 가능한 한 힘든 일은 피하고 싶다는 것.

그러나 수많은 인서울 대학생들이 안정적이고 괜찮은 취업처를 찾지 못해 힘들어하는 현실은 그런 아이들의 욕구를 모두 만족시켜 줄 수 없는 취업 시장의 분명한 한계를 확인해 준다. 일전에 해외로 이민 간 젊은이들의 삶을 다룬 다큐멘터리를 보았다. 캐나다에서 용접공으로 자리를 잡은 청년 얘기인데 한국에서 장인·장모님을 초대하여 식사하는 자리에서 장모님의 얘기가 나를 복잡하게 만들었다. 딸과 사위가 이곳에 와서 이렇게 정착하니 참 좋다고, 한국에서는 청년들이 너무 불쌍하다고, 좋은 대학 나온 애들도 취업하기가 너무 힘드니 어떡하냐고 한탄을 하셨다. 그러나 캐나다로 이민 간 그 청년이 용접공으로 일하는 건 그 나라에서 기피하는 육체·기술 노동이다. 물론 기술직 우대로 많은 보수(영상에서는 연봉 7천만 원 정도로 기억한다.)를 받지만, 언어와 문화적 고충, 그리고 힘든 용접 일을 고려한다면 과연 국내에서는 그 정도 도전이 불가능했을까? 라는 궁금증이 들었다. 같은 일일지라도 캐나다에선 괜찮고 우리나라에선 힘들어서 싫은 이유는 무엇인지 묻고 싶었다.

멀리 거창군의 두 고등학교에까지 전화를 건 나는 서울로, 경기도로, 화이트칼라로, 관리직으로, 그리고 무시당하지 않고, 대접받으며 존중받고자 하는 우리 사회의 다소 강박적인 쏠림이 안타까웠다. 지방에서 살아도 안정적이며 워라밸이 지켜지는 괜찮은 직장에 들어갈 수 있고, 약간의 육체적 노동이 가미된 기술 전문직이어도 장기근속이 가능하고 적정한 급여를 주는 직장에 취업이 쉽다면, 그런 일들을 배울 수 있는 대학과 학과가 주목받는 세상이 되길 바란다. 그러나 현실은 쉽지 않음을 또 한 번 실감했다.

대학 입학으로 모든 걸 결판내지 않는 사회로 바뀌길. 고등학교 때 성적이 좀 안 좋아도 대학에 가서 각성한 후 충분히 만회할 수 있는 가능성이 큰 사회로 바뀌길. 평균 수명도 늘어 기왕 오래 살 수 있게 된 마당에 삶의 결정적 위치 선정을 조금 더 유예할 수 있는 사회적 여유가 꼭 만들어지길 바란다. 이미 중학교 졸업 전에 수능 영어를 모두 끝내야 한다고 몸달아 있는 제자들을 보며 드는 간절한 소망이다.

성적이 실례가 되지 않길

매년 신학기가 시작되면 한 2주 정도는 상담이 뜸해서 걱정하는 경우가 있다. 진로교사에게 수업 시수를 적게 배정해 준 건 다른 선생님이 수업하는 동안 많은 상담을 하라는 취지일 것이기에 선생님들이 수업에 들어갔는데 상담하지 못하면 눈치를 보는 상황이 벌어진다. 자격지심은 떨쳐내기 어려운 감정이다. 그렇게 학년 초에 걱정과 근심을 하지만 수업하고 상담 신청 방법을 홍보하면 언제 그랬냐는 듯 학생들이 몰려온다. 매년 그랬기에 안도하고 감사하는 마음으로 비로소 아이들을 만난다. 그 이후에는 열심히 좋은 추억을 만들려고 노력해야 한다. 고객 유지와 관리는 정성이 필요한 일이라 그렇다.

한 해에 두 번 이상 상담한 학생들이 있다. 많은 경우는 네 번까지도 상담한 아이가 있다. 그런 아이는 고입과 대입 그리고 향후 진로까지 다방면의 조사와 분석, 그리고 학부모님 상담까지 거치면서 아이의 고민을 공유하는 과정을 거친다. 아이가 기댈 수 있는 누군가에 내가 있다면 보람이 있는 일이다. 그런 맥락에서 문득 2학기에 두 번 상담한 2학년 여학생이 떠오른다. 방학 때 이 글을 쓰면서 학생들과 잠시 떨어져 있지만 그 학생을 떠올리니 다시 입가에 미소가 머문다.

그래서 매 맞을 각오로 고백하자면, 그런 학생들이 떠오르는 순간 개학이 빨리 왔으면 하는 마음이 들 때가 있다. 저 멀리서 나에게 달려드는 분노한 얼굴들, 동료와 제자들에게는 미안하다.

그 아이는 장래 희망이 분명했다. 제과제빵사, 일명 파티시에(제과사) & 블랑제(제빵사). 아이는 특성화고를 가려면 어떻게 해야 할지를 질문했다. 우리 지역 특성화고의 제과제빵 학과는 대부분 성적과 면접으로 학생을 선발한다. 집에서 가까운 학교의 경우는 가장 점수가 높은 학과이기에 공부를 어느 정도 해야겠다고 말하고 아이의 성적을 보았다. 그리곤 잠시 놀랐다. 경기도 고입 선발 내신 성적 산출 기준으로 보았을 때 아이의 성적이 3학년까지 유지된다고 가정하면 가까운 비평준화 지역 자율형 공립고 합격 성적에 이르는 우수한 상태임을 확인한 것이다. 다른 자사고나 특목고에 지원하기에도 충분한 성적이었다. 순간 '이런 성적으로 왜…?'라는 질문이 입 밖으로 나오지 않아서 천만다행이었다.

일단 성적으로는 전혀 걱정할 게 없고 지금의 점수를 유지했을 때 고등학교에 가서도 바로 취업을 하지 않고 대학에 들어갈 수 있겠다고 조언했다. 제과제빵으로 유명한 전문대학 또는 식품조리학과가 있는 4년제 대학을 알려줬다. 아이는 평소에 빵이나 쿠키를 만들기를 좋아한다고 했다. 마침, 2학기에 실시한 직업인 멘토링에서는 제빵사를 선택해서 유익한 시간을 보냈다. 하지만 흥미만으로 학교를 정하기에 자칫 놓칠 수 있는 사항들이 있기에 몇 가지를 점검해 주었다. 이

땐 학부모의 입장을 고려하며 얘기를 나눈다. 빵과 쿠키 만드는 게 좋아도 고등학교 3년 동안 주로 그 활동을 하면 지치거나 실망할 수 있다는 현실을 그려주고 훗날 진로가 바뀔 수 있는 가능성도 제시해 주었다. 실제 특성화고에 가서 경험할 만한 상황을 미리 시뮬레이션 해 보는 것이다. 아이는 그래도 괜찮다고 한다. 비록 중학교 2학년이지만 그 표정과 기품이 너무도 단아하고 진중해서 나는 자세를 고쳐 앉았다.

만일 아이가 일반고에 가서 하고 싶은 공부를 유보한다면 업계 진출은 늦어질 수 있다. 현장 경력이 중요한 직종에서는 나이가 어릴수록 꾸지람과 질타를 받아도 극복할 여지가 크다고 본다. 우리나라처럼 연공서열 의식이 강한 나라는 그 점을 무시할 수 없다. 해외 유학까지 고려한다면 조금 더 일찍 자신의 꿈을 펼쳐나가는 게 유리한 점이 있다. 평소엔 자신이 진정으로 원하는 걸 찾고 매진하라고 떠들면서 정작 성적이 우수한 아이가 특성화고를 간다고 하니 그걸 특이하게 여기고 걱정하는 나 자신에게서 진로교육의 이상과 현실이 충돌하는 모습을 본다. 부끄러운 일이다.

그리고 한 달여 기간이 흘렀다. 그 아이가 두 번째로 상담을 신청했다. 아이는 특성화고를 포기했다고 전했다. 아무래도 새로운 환경에 적응하고 주위의 시선을 극복하는 게 힘들었던 것 같았다. 이번에는 자신의 성적에 맞는 국제고나 외고에 갈지, 아니면 일반고에 가야 할지를 물었다. 지금까지 특별한 생기부 관리를 한 게 아니었음에도 멀리 거창군의 두 고등학교에까지 전화를 건 나는 서울로, 경기도로, 화이트칼라로, 관리직으로, 그리고 무시당하지 않고, 대접받으며 존중받고자 하는 우리 사회의 다소 강박적인 쏠림이 안타까웠다. 지방에서 살아도 안정적이며 워라벨이 지켜지는 괜찮은 직장에 들어갈 수 있고, 약간의 육체적 노동이 가미된 기술 전문직이어도 장기근속이 가능하고 적정한 급여를 주는 직장에 취업이 쉽다면, 그런 일들을 배울 수 있는 대학과 학과가 주목받는 세상이 되길 바란다. 그러나 현실은 쉽지 않음을 또 한 번 실감했다.

대학 입학으로 모든 걸 결판내지 않는 사회로 바뀌길. 고등학교 때 성적이 좀 안 좋아도 대학에 가서 각성한 후 충분히 만회할 수 있는 가능성이 큰 사회로 바뀌길. 평균 수명도 늘어 기왕 오래 살 수 있게 된 마당에 삶의 결정적 위치 선정을 조금 더 유예할 수 있는 사회적 여유가 꼭 만들어지길 바란다. 이미 중학교 졸업 전에 수능 영어를 모두 끝내야 한다고 몸달아 있는 제자들을 보며 드는 간절한 소망이다.

성적이 실례가 되지 않길

매년 신학기가 시작되면 한 2주 정도는 상담이 뜸해서 걱정하는 경우가 있다. 진로교사에게 수업 시수를 적게 배정해 준 건 다른 선생님이 수업하는 동안 많은 상담을 하라는 취지일 것이기에 선생님들이 수업에 들어갔는데 상담하지 못하면 눈치를 보는 상황이 벌어진다. 자격지심은 떨쳐내기 어려운 감정이다. 그렇게 학년 초에 걱정과 근심을 하지만 수업하고 상담 신청 방법을 홍보하면 언제 그랬냐는 듯 학생들이 몰려온다. 매년 그랬기에 안도하고 감사하는 마음으로 비로소 아이들을 만난다. 그 이후에는 열심히 좋은 추억을 만들려고 노력해야 한다. 고객 유지와 관리는 정성이 필요한 일이라 그렇다.

한 해에 두 번 이상 상담한 학생들이 있다. 많은 경우는 네 번까지도 상담한 아이가 있다. 그런 아이는 고입과 대입 그리고 향후 진로까지 다방면의 조사와 분석, 그리고 학부모님 상담까지 거치면서 아이의 고민을 공유하는 과정을 거친다. 아이가 기댈 수 있는 누군가에 내가 있다면 보람이 있는 일이다. 그런 맥락에서 문득 2학기에 두 번 상담한 2학년 여학생이 떠오른다. 방학 때 이 글을 쓰면서 학생들과 잠시 떨어져 있지만 그 학생을 떠올리니 다시 입가에 미소가 머문다.

그래서 매 맞을 각오로 고백하자면, 그런 학생들이 떠오르는 순간 개학이 빨리 왔으면 하는 마음이 들 때가 있다. 저 멀리서 나에게 달려드는 분노한 얼굴들, 동료와 제자들에게는 미안하다.

그 아이는 장래 희망이 분명했다. 제과제빵사, 일명 파티시에(제과사) & 블랑제(제빵사). 아이는 특성화고를 가려면 어떻게 해야 할지를 질문했다. 우리 지역 특성화고의 제과제빵 학과는 대부분 성적과 면접으로 학생을 선발한다. 집에서 가까운 학교의 경우는 가장 점수가 높은 학과이기에 공부를 어느 정도 해야겠다고 말하고 아이의 성적을 보았다. 그리곤 잠시 놀랐다. 경기도 고입 선발 내신 성적 산출 기준으로 보았을 때 아이의 성적이 3학년까지 유지된다고 가정하면 가까운 비평준화 지역 자율형 공립고 합격 성적에 이르는 우수한 상태임을 확인한 것이다. 다른 자사고나 특목고에 지원하기에도 충분한 성적이었다. 순간 '이런 성적으로 왜…?'라는 질문이 입 밖으로 나오지 않아서 천만다행이었다.

일단 성적으로는 전혀 걱정할 게 없고 지금의 점수를 유지했을 때 고등학교에 가서도 바로 취업을 하지 않고 대학에 들어갈 수 있겠다고 조언했다. 제과제빵으로 유명한 전문대학 또는 식품조리학과가 있는 4년제 대학을 알려줬다. 아이는 평소에 빵이나 쿠키를 만들기를 좋아한다고 했다. 마침, 2학기에 실시한 직업인 멘토링에서는 제빵사를 선택해서 유익한 시간을 보냈다. 하지만 흥미만으로 학교를 정하기에 자칫 놓칠 수 있는 사항들이 있기에 몇 가지를 점검해 주었다. 이

땐 학부모의 입장을 고려하며 얘기를 나눈다. 빵과 쿠키 만드는 게 좋아도 고등학교 3년 동안 주로 그 활동을 하면 지치거나 실망할 수 있다는 현실을 그려주고 훗날 진로가 바뀔 수 있는 가능성도 제시해 주었다. 실제 특성화고에 가서 경험할 만한 상황을 미리 시뮬레이션 해 보는 것이다. 아이는 그래도 괜찮다고 한다. 비록 중학교 2학년이지만 그 표정과 기품이 너무도 단아하고 진중해서 나는 자세를 고쳐 앉았다.

만일 아이가 일반고에 가서 하고 싶은 공부를 유보한다면 업계 진출은 늦어질 수 있다. 현장 경력이 중요한 직종에서는 나이가 어릴수록 꾸지람과 질타를 받아도 극복할 여지가 크다고 본다. 우리나라처럼 연공서열 의식이 강한 나라는 그 점을 무시할 수 없다. 해외 유학까지 고려한다면 조금 더 일찍 자신의 꿈을 펼쳐나가는 게 유리한 점이 있다. 평소엔 자신이 진정으로 원하는 걸 찾고 매진하라고 떠들면서 정작 성적이 우수한 아이가 특성화고를 간다고 하니 그걸 특이하게 여기고 걱정하는 나 자신에게서 진로교육의 이상과 현실이 충돌하는 모습을 본다. 부끄러운 일이다.

그리고 한 달여 기간이 흘렀다. 그 아이가 두 번째로 상담을 신청했다. 아이는 특성화고를 포기했다고 전했다. 아무래도 새로운 환경에 적응하고 주위의 시선을 극복하는 게 힘들었던 것 같았다. 이번에는 자신의 성적에 맞는 국제고나 외고에 갈지, 아니면 일반고에 가야할지를 물었다. 지금까지 특별한 생기부 관리를 한 게 아니었음에도 성적뿐만 아니라 충실한 학교 활동을 한 게 보였다. 각 학교의 장단점을 비교해 주며 만일 국제고나 외고를 간다면 갖추어야 할 학교 활동과 자소서 및 면접 준비법을 알려주었다. 조심스럽게 아직 제빵사의 꿈을 유지하고 있냐고 물었더니 아이는 그렇다고 한다. 공부 위주의 고등학교에 진학하면 꿈이 달라질 수 있겠지만 그래도 변치 않는다면 대학에 가서 전공을 하라고 조언했다. 하고 싶은 게 있으면 대학 가서 하라는 그 시답잖은 얘기를 또 하고 말았다. 그래도 현재 제빵사가 꿈이기에 1차 상담 때처럼 우리 동네 개인 제과점을 알려줬다. 빵 맛이 좋아 손님이 제법 있는 가게인데 매장에는 주인장이 외국 유학으로 얻은 졸업장과 자격증이 뽐내듯 걸려있다. 점원에게 물었더니 매장 지하에 빵 만드는 작업장이 있다고 했다. 직접 주인장과 대화를 나누고 싶었지만 그렇지 못한 한계를 아쉬워하며 아이에게 한번 찾아가 보라고 권했다. 아이가 직접 요청하면 오히려 쉽게 인터뷰를 이뤄낼지 모른다는 기대감 때문이었다.

공부를 잘하는 아이가 성적이 크게 상관없는 길을 간다고 하니 걱정이 드는 건 당연한 일일까? 지속되는 자문 속에 마음이 편치 않다. 만일 제빵사라는 직업이 보수와 처우가 좋은 일이라면 우리나라에서는 당연하다는 듯 좋은 대학, 상위권 학과에 배치될 것이다. 아이와의 상담을 떠 올리며 다시 한번 제빵사라는 직업의 현황을 살펴보았다. 조리 분야가 대부분 그렇듯이 자격증을 따고 학교에서 실습을 했어도 현장에 가면 처음부터 경험하는 일이 많은 걸 확인했다. 그나마 개인이 운영하는 빵집에서는 기술을 전수할 수 있다는 희망으로 대기업 프랜차이즈보다 열악한 근무 환경이 많았다. 호텔 등지에 취업해도 전반적인 보수와 처우는 그리 좋지 못했다. 대부분 이 분야의 종사자들이 꿈꾸는 건 자기 사업이었다. 자신만의 빵집을 차리고 잘 경영해서 돈도 벌고 인정을 받고 싶은 것. 나는 아이에게 소개해 준 나름 성업중인 동네 개인 빵집이 어느 정도의 수익을 낼지 궁금해졌다.

그러나 그 빵집에서 그런 질문을 한들 알려줄 리 만무하니 주변에 있는 "P" 프랜차이즈 가맹점의 수익을 살펴보았다. 해당 프랜차이즈의 홈페이지를 방문하니 30평형 기준의 개설 비용이 나와 있었다. 인테리어, 베이킹 장비, 간판, 가구, 부대 시설, POS, 디지털 메뉴 보드, 초도 물량 등을 합하니 약 2억 4천만 원에서 2억 9천만 원 정도이다. 공정거래위원회의 가맹사업 정보제공 시스템에 따르면 2023년 현재 해당 프랜차이즈의 전체 가맹점당 연평균 매출액은 약 7억 1천만 원, 월평균으로는 약 5,900만 원이었다. 여기서 재료비, 인건비, 임대료, 공과금, 세금과 각종 수수료 및 기타 비용을 제하면 순수익은 335만 원이 된다(BUTTERFLYINVEST.COM). 이마저도 초기 투자금에 상가 보증금이나 가맹비 등을 제외한 금액이다. 물론 이는 대략적으로 추정한 평균 수익이고 매장에 따라서는 훨씬 많은 수익을 내는 곳이 있을 수 있다. 그러나 프랜차이즈 개설이나 운영에 관련된 자료와 유튜브를 찾아보면 수많은 관련 댓글과 후기들이 실제 업무 여건과 수익이 매우 열악한 상황임을 재차 확인하게 해주는 게 현실이다. 만일 프랜차이즈 빵집을 운영하지 않고 개인 빵집을 운영할 경우, 저 정도 금액을 상회하는 정도의 금액에서 수익이 나야지만 의미가 있다고 할 수 있다. 하지만 상권 분석이나 메뉴와 운영의 전문성을 갖춘 대기업의 노하우와 견주어 자신의 이름을 걸고 매장을 경영한다는 것은 절대 녹록지 않은 일일 것이다.

 공부가 최고는 아니라고 쉽게 말하지만, 우리 사회만큼 공부로 세상 모습을 깔끔하게 재단하는 곳도 없다고 본다. 그래서 공부하기 싫으면 다른 일을 찾아서 하라는 조언이 어떤 경우에는 상당히 무심한 빈말이 될 수 있다는 우려가 생긴다. 무엇을 하던 만만치 않은 현실이다. 자신에게 행복한 일만을 추구할 수 없는 복잡하고 어려운 여러 사회적 여건과 전망이 진로·진학 상담을 힘들게 한다. 하지만 아이들은 아직 중학생이다. 그들에게 세상의 험한 짐을 온전히 지우게 할 순 없기에 상담할 때도 애써 감추며 암묵적 사과를 해야 한다. 그것은 선생이기 앞서 시대의 어른으로서 지울 수 없는 미안한 마음의 발로 때문이다.

고등학교 열전

　고등학교는 어떤 종류가 있고, 어떤 절차로 들어가는 것일까? 의외로 중학교 1, 2학년생이나 학부모님들이 제대로 알지 못하는 경우가 있기에 간단하게 설명하고자 한다. 그래야 다음에라도 무려 한 나라를 이끌겠다고 나온 사람이 과고, 예고, 특성화고도 모르는 무지함을 예방할 수 있지 않겠나. 대상은 내가 있는 경기도 지역과 서울 지역, 즉 수도권 학교의 경우이다. 전국 단위의 적용은 이 두 곳을 기본으로 약간씩 변형하면 된다.

　우선 고등학교의 종류를 알아보고, 모집 방법을 알아보자. 아이들과 상담을 할 때는 이런 개념의 분류 과정에서 자신이 원하는 학교를 정리하는 효과를 얻기도 한다.

　가장 많은 수를 차지하고 있는 고등학교는 일반고이다. 신도시나 택지 조성 지역에는 아무래도 공립학교가 많고 서울의 경우는 사립학교가 많다(약 80%). 중등교육에서는 국공립이나 사립 모두 대부분 국가 예산으로 운영이 되기에 학교의 교육과정과 분위기는 대동소이하다. 다만 평준화 지역에서는 학교 운영의 특성으로 인해 사립학교의 인기가 높은 경우가 많다. 예를 들면 등교 시간을 수능에 맞춰 일찍 오게 한다던가 야간자율학습을 하는 경우가 그렇다.

다음으로 취업이 우선인 특성화고가 있다. 예전에 상업고, 공업고, 농업고로 불리던 학교이다. 비즈니스, 컨벤션 등이 붙으면 예전에 상업고였던 학교이다. 교육과정은 취업을 위한 기술 교육이 중심인데 요즘은 대학 진학을 노리고 가는 학생도 많이 있다. 특성화고를 특화해서 기술 명장(名匠)을 키우겠다고 만든 학교가 마이스터고이다. 입학이 조금 어렵지만 졸업 후 좋은 직장에 취업이 가능하다. 학비, 기숙사비 등을 모두 지원받기에 졸업하면 일단 취업을 해야 한다.

특목고의 완전한 이름은 '특수목적고'이다. 해당 분야의 전문가를 양성하겠다는 목적으로 설립한 학교이다. 외국어고, 과학고, 예고, 체고, 국제고, 마이스터고가 여기에 해당한다. 과학고는 일부 영재고 이름으로도 쓰이기에 혼란을 준다. 영재고는 영재교육 진흥법으로 만들어진 별도의 학교이다. 예를 들어 경기도의 경기과학고는 수원에 있는 영재고이다. 의정부에 있는 경기북과학고가 특수목적고의 과학고이다. 명칭을 조정해서 혼선을 줄여주면 좋겠다. 그냥 경기영재고로. 하지만 이름이 주는 위화감이 벌써 강한 거부감을 일으키기에 애매함 속에 은닉하는 전략을 취한 듯 싶다.

그다음은 자율형 학교가 있다. 교육과정 및 학생 선발 등에서 자율성을 갖는 학교인데 자율형 공립고(줄여서 자공고)와 자율형 사립고

(자사고)로 나눈다. 이 학교들은 교육과정 내에서 일정 과목을 많은 비율로 가르칠 수 있다. 내가 교장이라면 무슨 과목을 많이 가르치고 싶을까? 당연히 입시에 유리한 과목들일 것이다. 그럼 그런 과목들을 듣고자 어떤 애들이 모일까? 역시 치열한 경쟁을 감수한 우수 학생들일 것이다. 그렇기에 성과는? 당연히 높다. 이 선순환 구조 속에 좋은 아이들을 유치하고 대학에 잘 보낸다. 용인외대부고, 민족사관학교, 상산고, 북일고 등이 대표적 자사고이고, 자공고는 경기도에 가장 많이 있다.

그밖에 국제적 안목과 전문 지식을 갖춘 국제화 시대를 선도할 인재를 양성할 목적으로 설립된 국제고등학교가 있다. 고양, 대구, 동탄, 부산, 서울, 세종, 인천, 청심국제고로 전국에 8개가 있다. 학교 설립 목적이 외국어고랑 겹치는 지점이 느껴진다. 그래서인지 선발 방식도 외국어고랑 데칼코마니이다. 외국어고와 함께 문과를 지향하는 학생들의 마지막 피난처이다.

자, 여기까지 살펴보았으니 이제는 전형 방법이다. 우선 뽑는 시기가 전기와 후기로 나뉜다. 전기 고등학교는 '과마예체특성화'고이다 (과학고, 마이스터고, 예술고, 체육고, 특성화고). 10월부터 12월 초까지 접수하는 이 학교는 반드시 1개 학교만 원서를 내야 하고, 합격하면 후기 고등학교는 지원이 불가능하다. 물론 불합격하면 후기고 또는 전기고 추가 모집에 지원이 가능하다.

다음 후기 고등학교는 일반고, 외고, 국제고, 자사고, 자공고가 있다. 일반고는 경기도의 경우 대도시 중심의 평준화 지역과 그밖에 비평준화 지역으로 나뉜다. 서울은 모두 평준화이다. 평준화는 일명 '뺑뺑이'라고 불리는 무작위 추첨이다. 여기에 학생이 지망하는 순으로 추첨 우위 비중이 있어 1지망에 지원하는 학교가 배정될 확률이 가장 높다. 경기도는 고양시의 경우 2단계 지원으로 1단계에서 시 전체 학교 중 5개를, 2단계에서 일산서구, 동구 학교 16개를 지원할 수 있다. 서울 역시 2단계인데 각 단계별로 두 학교씩 지원할 수 있다. 가장 확률이 높은 지원 방식은 각 단계마다 1지망에 본인이 원하는 학교를 입력하는 것이다. 비평준화는 김포, 파주, 용인 등의 지역인데 대학교처럼 고등학교도 선호 학교가 서열화되어 있어 중학교 성적을 토대로 지원하며 떨어지면 추가 모집이나 재수를 해야 할 상황까지 겪을 수 있다. 따라서 부담이 큰 지역이다.

외고, 국제고, 자사고 등 자기주도학습 전형을 치르는 학교들은 어떻게 써야 할까? 바로 일반고 1지망란에 쓴다. 저 학교들을 지원하는 학생은 만일 불합격이 된다면 일반고 2지망학교부터 추첨이 들어간다. 따라서 그곳에 경합고(인기가 있어 아이들이 정원보다 많이 쓰는 학교)를 쓰면 계속 후순위로 밀려나 최종 지망학교까지 이르게 되는 경우가 있다. 그래서 2지망을 내신 관리가 다소 어려운 일반고(저 학교들에 떨어진 아이들이 몰리는)에 지망한다. 그 일반고는 역시 다른 아이들의 부담 때문에 1지망에 정원을 다 못 채우는 경우가 많아서 배정될 가능성이 높아진다. 그렇게 일반고 지망 학생과 '외·국·자'고등학교 지망 학생의 욕망은 절묘하게 균형점을 찾는다.

우리 사회의 모든 입시는 제도들이 만들어내는 길에 다양한 나무가 심어지고 샛길이 만들어지며 꽃이 피어난다. 놀라운 생태계가 형성되는 역사를 거친다. 사회적 진화의 광경이다. 일례로 경쟁률을 따져 보자. 전기고와 후기고 중 어디가 높을까? 당연히 한 번 더 기회가 있는 전기고 입학이다. 외고, 국제고, 자사고는 인기에 비해 일반고 1지망을 희생해야 한다는 부담감으로 2대 1을 못 넘거나 다소 상회하는 낮은 경쟁률을 보인다. 다음 2단계로 지망하는 일반고의 경우 배정 확률을 높이려면 어떻게 해야 할까? 경기도의 경우 1단계에 5개 학교를 쓸 때, 1지망에 자신이 가고 싶은 학교를 썼다가 안 돼서 다음 지망으로 밀려나 차선책의 학교가 되는 게 싫으면 아예 2지망부터 5지망까지 인기 있는 경합교를 써서 다 떨어지고, 다시 2단계 1지망에 도전하는 방식으로 쓸 수 있다. 물론 절대적인 전략은 아니다.

영재고나 과고는 수학·과학에 특화된 아이들이 지원한다. 이르면 초등학교 3~4학년부터 준비하는 학생이 즐비하다. 교육청 또는 대학의 영재교육원을 다닌 초등학생들이 많이 희망한다. 영재가 만들어질 수 있다는 철학에서 비롯된 과정이다. 나는 전국에 8개나 있는 영재고와 20개가 있는 과학고에서 쏟아져 나오는 과학 인재들이 결국엔 의대로 몰리는 현상 앞에서 대한민국의 영재성에는 세속의 처세술이 포함된 것인지 의문이 든다. 설령 그 학생들 중 상당수가 영재라고 한들 그들에게 자유롭고 즐거운 연구 분야를 안겨주지 못하는 우리 현실이 개탄스럽다. 애들이 무슨 죄인가! 영재고는 전국 단위 지원이 가능하지만, 과학고는 해당 도 지역내 학생만 지원할 수 있는 점도 차이가 있다. 더하여 취업을 목적으로 설립한 특성화고에서 대학 진학에 뜻이 있는 학생들은 오히려 선생님들의 관심과 돌봄 속에서 일반고에서 받을 성적보다 다소 유리한 점수로 대학에 합격하는 상황이 나타난다. 생태계의 다양성에서 나타나는 진화의 또 다른 예이다.

정신없이 나열해서 복잡해 보일 수 있지만 실제 원서를 쓰다 보면 그리 어려운 일은 아니다. 더 어려운 건 저런 다양한 고등학교 중에 자신에게 어울리는 학교가 어디인지 알아내는 것이다. 그 자체가 진로 선택의 과정이기도 하다. 완벽하진 않지만 현재 우리나라는 위와 같은 고입 제도로 아이들의 다양한 특성을 최대한 담아내려 노력하고 있다. 여기엔 교육청 관계자와 수많은 선생님들의 노고가 쉴 새 없이 작용한다. 일면 집단 지성이라 불러도 좋다. 그렇기에 있는 제도조차 모르면서 무엇을 개선하고 어떻게 나라를 꾸려간다는 건지 도대체 이해할 수 없는 어떤 높은 사람을 떠올리면 가슴이 아프다.

한 제도에 대한 아주 개인적인 생각

2025년은 새로운 제도가 전면 시행되는 첫해이다. 그 이름은 '고교학점제'. 올해 고등학교 1학년은 새 제도가 안겨주는 축복(?)을 만끽하는 중이다. 그것은 예상했던 대로 새로운 변화에 따르는 약간의 진통일까? 아니면 그 이상일까? 현장의 목소리를 듣고 중학교까지 울려 퍼지는 불안감을 전한다.

엄밀히 말하면 고교학점제를 탄생시킨 '2022 개정교육과정'은 아직 완전히 자신을 드러내지 않은 상태이다. 진짜는 내년, 올해 고1 학생들이 본인이 들을 과목을 직접 선택하여 듣는 2학년 때 나타날 예정이다. 아직은 대부분의 고등학교에서 학교 지정 과목으로 기초 교과들을 모든 학생에게 듣게 하고 있다. 이동수업이 거의 없는 상황, 그러나 활화산이 폭발하기 전 긴장된 휴지기이다. 제도를 비판하는 입장은 얼마나 편리한가. 또한 아무리 좋은 취지로 만든 제도일지라도 본질을 건드리지 않는 미봉책은 얼마나 많은 고통을 양산하는가. 오늘은 고교학점제에 관해 편하지만 즐겁지는 않은 비판을 몇 가지 해 본다.

고교학점제는 '학생이 기초 소양과 기본 학력을 바탕으로 진로·적성에 따라 과목을 선택하고, 이수 기준에 도달한 과목에 대해 학점을 취득·누적하여 졸업하는 제도'이다. 저 설명은 단순해 보이지만 결코 민민치 않은 내용을 담고 있다. 우선 기초 소양과 기본 학력을 어디까지 갖추어야 졸업을 시키느냐이다. 교과목당 40% 미만의 성취율을 보이면 미이수(F 학점)를 받아 보충 활동을 해야 한다. 192학점을 채우지 못하면 유급이 되거나 졸업을 못 한다. 거기에 과목마다 출석 시간의 2/3를 채우지 못하면 역시 이수를 할 수 없다. 이게 의미하는 건, 잦은 지각생이나 예체능 활동을 위해 조퇴하는 학생들이 기존처럼 출석 일수 2/3를 채워도 유급이 될 수 있다는 사실이다.

그렇다! 그렇게 하자는 취지로 만들어진 제도이다. 이미 시행 전부터 수많은 홍보를 통해 미이수 여건이 알려졌다. 학부모님들은 혹시나 자녀들이 졸업하지 못할까 봐 걱정이 컸다. 그러나 결론부터 말하면 아이들이 졸업하지 못하는 상황은 출현하지 않을 것 같다. 성적이든, 출석이든 보충 과정을 거쳐 이수할 수 있게 만들어 줄 것이기 때문이다. 그러니 고생은 교사들의 몫이다. 아이들은 대학생처럼 성인이 아니다. 책임지게 할 수 없는 걸 뻔히 예상하면서 저런 기준이 겁만 주는 엄포 이상의 무슨 의미가 있는 건지 실질적으로 이해가 가지 않는다.

그다음 자신의 진로·적성에 따라 과목을 선택하라는 제안이다. 이게 편안하게 자기가 좋아하고 잘하는 분야의 과목을 선택해서 즐겁게 학교생활을 하는 정도를 기대한 것이라면 시쳇말로 나이브하기 짝이 없다. 제도가 시행되기 수년 전부터 대학들이 제공하는 필수 이수 과목과 권장 이수 과목 목록을 보라. 예를 들어 공학 계열로 가겠다는 아이가 물리학을 선택하지 않는다면? 학생부 종합 전형에서는 상상할 수 없는 실책이다. 그러면 교과 전형과 수능으로 도전하면 되지 않느냐고? 주요 대학들이 내신 5등급 약화와 통합 수능의 변별력 감소를 핑계로 모든 전형에 학생부 정성적 요소를 포함하겠다는 취지를 보면 그마저 쉽지 않다.

게다가 이전에는 한 학년 동안 들었던 일반선택 과목을 한 학기에 들어야 하므로 절반 정도의 시간만을 듣고 이수해야 하는 부담이 생긴다. 선생님들도 마찬가지이다. 교사당 보통 세 과목 정도를 한 학기에 지도해야 하는 엄청난 수고로움이 발생하고, 매 학기가 끝나면 아이들의 학생부 과세특을 써줘야 한다. 아마도 고등학교 교사들의 여름방학은 상당 기간 학생부 작성으로 할애될 것이다.

가장 큰 두려움은 지망하는 대학의 학과에서 요구하는 이수 과목들이 학교 교육과정에 있음에도 선택하지 않았을 때 입시에서 받는 불이익이다. 그러니 이전보다 더욱 자신의 진로를 확고히 하라는 압박이 커진다. 물론 그렇지 못한 학생들을 위해 무전공 입학이나 자유전공학부와 같은 공간을 확대하겠다고는 하지만 거긴 교육부가 손쉽게 전공을 확대할 수 없는 학과들을 위해 마련된 영역임이 밝혀져 주로 이공계 지망의 학생들에게 유리한 상황이다. 눈 가리고 아웅인식. 자신의 진로를 고1 때 명확히 정해야 하는 게 그 이전의 어떤 제도에서 이 정도로 요구되었던 적이 있었나 싶다. 그러니 중학교 3학년에 이른바 '진로 연계 학기'를 권장하며 미리미리 준비하라고 주문하는 추세이다. 가히 선행학습 영역에 '진로'도 들어가야 할 판이다. 마침내 국·영·수·'진'의 신세계가 열렸다. 학생들의 불만, 학부모들의 원망, 선생님들의 노고를 고려하면 도대체 교육 3주체가 모두 바라지 않는 제도의 의의는 어디서 찾을 수 있을까? 언론과 유튜브를 보면 심지어 사교육 담당자들마저 비난하는 제도이다. 그러나 각종 입시 설명회와 학원 설명회는 전례 없이 성업 중이다. 복잡계로 들어갈수록 사교육에 기대는 사람들의 마음은 커진다. 입시 관련 유튜브 채널의 호응에 뒤처질세라 일부 종편 TV에서는 일요일 저녁 시간을 할애해 우리말 '선생님'의 영문 타이틀로 입시 상담을 해주는 프로그램을 방영한다. 그 프로엔 일명 일타 강사들이 나와서 신처럼 강림하고 조언한다. 실로 놀라운 광경이다. 그러나 어쩌겠나. 사교육에 종사하는 사람이 어림잡아 100만이 넘는 나라인데. 사회 전체로 보았을 때는 무시할 수 없는 산업 영역이다. 그냥 우리 사회의 한 부분으로 받아들여야 한다.

만들어진 제도가 바뀌려면 몇 년이 지나야 한다. 그리고 후퇴는 거의 없다. 강남에 살아도, 변두리에 살아도, 지방 농어촌에 살아도, 모두가 불안하다. 그렇기에 아쉬운 마음을 담아 힘들어도 버텨보자며 진로교사로서 몇 가지 팁을 전하고 글을 맺는다. 바로 고등학교 교육과정 편제표 읽기이다.

일단 1학년 때 학기당 29학점을 초과해서 편성되어있는지 확인해야 한다. 그게 공통 국·영·수와 통합사회/과학을 4학점으로 듣기 위함인지 아니면 예체능이나 기술/가정 또는 정보 과목을 듣기 위함인지 살펴보아야 한다. 공부의 양이냐, 무리하지 않는 1학년이냐를 따져야 한다는 뜻이다. 다음으로 3학년 2학기에 학교 지정 과목 배치 여부를 봐야 한다. 만일 국·영·수에 그런 과목이 있다면 우리 학교는 수능 전까지 최선을 다해 국·영·수를 가르쳐요 라는 의미가 있지만 달리 보면 수능을 앞두고 상대평가 과목의 부담을 덜어주지 않는 융통성이 약한 학교로 보일 수 있다. 일부 자사고와 자공고에서는 수학 교과 수능 과목을 2학년 때 모두 마치는 교육과정을 갖고 있다. 학생들의 학업 부담이 과중할 수 있기에 선행학습 등을 요구한다. 결국 견딜 수 있는 자가 버티게 된다. 물·화·생·지 4과목을 모두 선택할 수 있는 학교면 과학 중점고일 가능성이 높고 혹은 이과 학생들에게 선택권을 많이 확보한 학교일 수 있다. 끝으로 경제 과목 외에 경제수학 등의 과목이 있어서 상경 계열 진학을 희망하는 아이들을 배려했는지 여부를 파악하는 것이 좋다.

정말 고교학점제가 잠자는 교실을 깨우고, 듣고 싶어 설레는 과목을 선택하고 배우며, 가르치는 사람이나 배우는 사람이나 돌보는 사람 모두가 행복해지는 제도가 되길 바란다. 아니 다른 제도라도 그런 결과를 만드는 제도가 꼭 나오길 바란다. 최대한 내가 살아있는 동안만이라도 말이다.

아직
오지 않은
세계 '미래'와
진로교육

일상으로의 초대

수년 전 한 시사 잡지에서 물류 혁명을 가능케 한 기술을 보았다. 이른바 'Random Stow'. 국내 기업 쿠팡이 빅데이터와 인공지능을 이용해 창고의 물품을 정리한다며 이 기술을 설명했는데 시작은 미국의 아마존이었고 또 다른 국내 기업 마켓컬리도 유사한 기술을 활용한다고 했다. 요약하면 거대한 창고에서 물품을 종류에 따라 저장하는 기존의 방식이 아니라 다음날 어떤 물품이 얼마나 배송될지 미리 예측하여 자동으로 배치되는 시스템이라 할 수 있다. 마켓컬리는 밤 11시까지 주문을 하면 다음 날 아침 7시까지 보내주는 '새벽 배송'을 광고했다. 예를 들어 내일 아침 전복을 먹고 싶다면 그 전날 저녁에 주문하고 아침에 받아보는 것이다. 이게 가능한 이유는 내가 살고 있는 지역 물류 센터에 내일 전복이 어느 정도 출하될지, 어디로 배송될지를 미리 예측하고 준비해 놓기 때문이다. 그럼 이렇게 준비한 물품이 주문되지 않으면 그 손실은 어떻게 할 것인가? 당시만 해도 예측이 어긋난 폐기율은 평균 1% 안쪽이라고 회사 측이 설명했다. 기사를 보고 향후에는 출근하다 우리 집 앞에 샴푸가 배달된 걸 보고 '아참! 샴푸가 거의 떨어졌지~!'라고 알아버릴 선배송, 후주문 시스템도 가능할 것이라고 생각했다. 빅데이터와 인공지능의 활용이 충격으로 다가

온 기사였다.

생성형 AI를 대표하는 ChatGPT가 나온 2022년, 그때의 놀라움이 최근의 ChatGPT4.1로 이어지는 중에 진로교사로서는 이러한 신기술이 우리의 일자리에 미칠 영향이 궁금하고 걱정된다. 당장 자료를 찾고 분석하는 기초적인 작업의 일자리는 앞으로 얼마나 버틸 수 있을지 우려의 목소리가 크다. 며칠 전에 300명 정도의 한 학년이 참여할 행사를 준비하며 선택된 주제별로 인원을 분류하여 학급을 편성하고 출석부를 만드는 일을 했다. 엑셀로 몇 가지 함수를 써가며 나름 고심하여 만든 파일을 이제는 몇 초 만에 AI가 해낼 수 있게 된다는 사실을 알고 허탈해졌다. 이런 변화가 산업 전 영역으로 퍼질 걸 생각하니 아찔하다. 과연 기술의 발달로 우리의 삶은 어떤 상황을 마주하게 될 것인가?

2023년 3월 28일 자 월스트리트저널에 따르면 생성형 AI로 가장 많이 사라질 직업은 회계사이고 이어 수학자, 통역사, 작가 등이라고 전했다. 그밖에 홍보 전문가, 법원 속기사, 블록체인 엔지니어도 ChatGPT와 같은 기술에 많이 노출된 직업으로 꼽혔다. 오픈 AI의 연구 결과를 인용한 이 보도의 예측이 얼마나 이뤄질지는 모르겠다. 기억을 더듬어 한 이십여 년 전에 앞으로의 유망 직업으로 인터넷 검색사가 소개된 걸 생각하면 미래에 대한 우리의 예측이 그리 신통하지 못할 때가 많다고 본다. 당장 수많은 판례를 종합해서 가장 최적의 판결을 해야 한다면 판사도 AI가 하는 게 더 효율적일 수 있다.

질병을 진단하는 의사의 영역엔 이미 AI와 협진하는 병원도 있다. 하지만 인간의 삶에 기술보다 더 우위에 있는 것은 기술이 설명하기 참 애매한 어떤 것들이다. 고상하게 말해 인간의 권위, 명예, 전통일 수 있지만 일종의 고집과 기득권, 그리고 파워 게임일 수도 있다. 어쩌면 가장 쉽게 AI로 대체될 수 있는 직업은 가장 힘없는 사람들의 일자리 중에서 나올지 모른다. 기술에는 가치가 없다. 가치는 오직 인간이 부여할 뿐. 많이 알려진 사실이지만 국제로봇연맹(International Federation of Robotics)의 자료에 따르면 2021년 자동차산업의 로봇 밀도, 즉 노동자 1만 명당 로봇 대수는 2위 독일 1,500대, 3위 미국 1,457대를 훌쩍 상회하는 압도적 1위 국가가 2,867대로 대한민국이다. 이미 공장 노동자가 상당 부분 로봇들로 인해 일자리를 잃고 있는 세상이다.

2023년에 미국 작가 조합(WGA)이 일으킨 파업은 코로나19 이후 늘어난 OTT 시장에서 작가들의 임금과 처우개선을 위한 것이었지만 그 속에 AI로 인한 인력 감축을 철회하라는 요구에 주목할 만하다. 대형 스튜디오들이 ChatGPT와 같은 AI 도구로 각본을 쓴다던가 단역, 엑스트라 배우들을 대체하려는 움직임이 커져서 이를 막으려는 주장이 함께했다. 실로 기술에 저항하는 인간들의 처절한 움직임으로 볼 수 있는 사례이다. 글쓰기와 같은 영역은 인간의 고유한 능력이라 과연 AI가 따라올 수 있겠냐고 작가들을 위로하려 한다면 다음을 읽어보기 바란다. '시를 쓰는 이유를 묻지 말아 주십시오./그냥 쓰는 것입니다./쓸 수밖에 없기에 씁니다./무엇을 쓰는지는 중요하지 않습니다./시를 쓴다는 것은 세상에서 가장 짧은 말을 하는 것입니다./말을 줄이는 것입니다./줄일 수 있는 말이 아직도 많이 있을 때 그때 씁니다. 「시를 쓰는 이유」 카카오의 AI 자회사 카카오브레인이 시 쓰는 AI 모델 '시아(SIA)'를 통해 낸 첫 번째 시집 '시를 쓰는 이유'에서 따온 글이다. 2022년 8월에 낸 작품이니 현재는 더욱 발전했을 것이다. 고등학교 문예반 출신인 나보다 낫다. 이런 상황 속에서 미래교육의 정책들이나 제언은 결국 더욱 고도화된 전문가를 양성하는 것이어야 한다는 압박으로 느껴질 때가 있다. 그렇지 못하면 평범한 인간이 설 자리는 점점 없어질 것이라는 불안감이 커지기 때문이다. 아이들을 볼 때 어떤 방향을 제시해 줄 수 없어 이래저래 마음이 불편하다.

문득 기술의 발달이 내 삶에 어떤 영향을 주었는지 짚어보면 앞으로의 인간의 삶과 직업도 어떠할지 단서를 찾을 수 있겠다고 생각했다. 내 경우 기술의 발달은 주로 컴퓨터 성능의 발달로 기억된다. 중학교 때 유행한 MSX 컴퓨터로부터 AT, XT 컴퓨터와 추억의 80386, 486, 그리고 펜티엄 컴퓨터까지. 그때의 속도 변화는 지금과 달리 그냥 체화되었다. 2007년 스티브 잡스가 iphone 1세대를 선보일 때만 해도 스마트폰의 세상이 이렇게 전개될지는 몰랐다. 학교 현장에서는 워드 프로세서와 각종 office 도구로 인해 업체에 부탁해야 할 작업을 혼자서도 할 수 있는 세상이 되었고, 코로나19를 겪으면서 원격 수업을 진행하며 여러 프로그램을 활용한 경험이 새로웠다. 수년 전에 산 내 자동차에는 기초적인 단계지만 차선이탈 방지 프로그램과 스마트 크루즈 컨트롤 같은 편의 사양이 있어 운전의 수고로움을 조금은 덜어주고 있다. 이런 변화들은 돌이켜보면 놀라운 것들이다.

하지만 그러면서도 변하지 않은 어떤 것들은 아직도 강력하다. 이를테면 첨단 자동차에도 버젓이 살아있는 와이퍼를 들 수 있다. 폴란드의 작곡가이자 피아니스트인 요제프 호프만이 메트로놈의 움직임에서 착안했다는 이 부품은 미국의 주부 발명가 메리 앤더슨이 특허를 낸 1903년부터 쓰이고 있다. 우리의 일상에서 깊게 뿌리를 내린 것일수록 단순하지만 강력한 생명력을 갖는다. 사실 곰곰이 생각해 보면 지금 내 삶에 없어서는 안 될 꼭 필요한 기술들은 그리 첨단의 물건들이 아니다. 20세기가 저물어 가며 인류에게 가장 큰 영향을 준 기술이나 물건을 질문한 기사들이 많았다. 그때 생각했다. 나에게 가장 중요한 기술이나 물건은, 당장 없으면 가장 불편할 제품은, 바로 '세탁기'였다. 스마트폰도, 자동차도, 컴퓨터도, TV도, 식기세척기, 건조기도 아닌 세탁기이다. 요즘처럼 추워지는 날에 하루가 멀다고 나오는 빨랫감을 시린 손 녹여대며 때리고 비벼대지 않아도 버튼 하나로 할 수 있는 고마움. 일상을 든든하게 지켜주는 그런 기술이 제일 소중하다고 생각했다. AI가 점점 인간의 일자리를 뺏어갈지 모른다는 불안감이 커지는 시대에 오히려 머리가 아닌 몸을 쓰는 직업, 사회적 관계와 연관된 직종은 오래 살아남을 거라는 유발 하라리의 말에 그래서 크게 공감한다. 복잡할수록 본질로, 기본으로 돌아가는 게 맞는 길일 것이다. 과연 우리의 일상에 깊게 뿌리내려 없으면 안 될 것들은 무엇인가? 그리고 그러한 기술들을 영위하기 위한 소양과 윤리는 무엇인가? 그 단순하지만 강력한 질문의 세계로 다시 아이들을 초대하고 싶다.

기계와의 동행

 밀리터리 미드 '밴드 오브 브라더스'에서 부하들에게 부당한 가혹행위밖엔 할 줄 모르는 무능한 중대장 '소블'은 상륙작전을 앞둔 야전훈련에서 미숙한 실력을 드러내며 좌천된다. 그 실력은 바로 독도법 미숙과 효과적인 매복 장소를 놓친 실수 등이었다. 쉽게 말해 지도를 잘 못 봐 길을 헤매기 일쑤였고 지형지물 숙지가 늦어 매복에도 실패해 모의 훈련에서 부대원을 몰살시키는 패배를 당한 것. 드라마를 보며 '소블' 대위에게 감정이입이 컸다. 나도 남부럽지 않은 '길치'였기 때문이다.

 어릴 때, 한번 가본 곳을 망설임 없이 잘 찾아가는 친구를 보면 왠지 멋있어 보였다. 흔히 길을 잘 찾아가는 어떤 사람의 뒷모습에는 자연스럽게 리더십이 그려진다. 그래서 그런 능력이 없는 나는 리더십이 없는 사람이라고 생각했다. 이런 능력은 운전할 때도 같았다. 초창기에 지도책을 보며 목적지에 갈 때는 기본 두세 번은 길을 잘못 들어서 함께 동승한 사람들의 애간장을 태웠다. 아내에게도 늘 면목이 없었다.

이런 나를 도와주는 강력한 기계가 나왔다. 바로 '내비게이션'의 등장이다. 그러나 난 '길치' 이전에 약한 수준의 '기계치'이다. 거기다가 소비하는 재미를 모르는, 좋게 말하면 '미니멀리스트'이고 나쁘게 말하면 만사가 귀찮은 게으름뱅이다. 길치를 도와줄 구세주로 등장한 내비게이션을 나 같은 사람이 안 사면 누가 사겠는가? 하지만 구입을 미루고 또 미루며 길을 헤매는 나를 보고 몹시도 딱하게 여긴 친구는 본인이 다니는 회사에서 기한이 넘어 남아도는 내비게이션을 못 참겠다며 선물했다. 문제는 이 기계의 버벅거림과 나의 사용 미숙이었다.

무엇이든 한 가지보다는 두세 가지의 결합이 더욱 강력한 법이다. 이건 부족함에도 비슷하게 적용된다. '길치'에 '기계치'의 조합은 어떨까? 친구가 준 내비게이션을 원만히 활용하는데 서툰 나는 어쩔 땐 목적지에 거의 다 도착할 무렵이 되어서야 기계가 정상 작동되는 경우를 겪으며 역시 함께 동승한 사람들에게 비웃음과 비난을 들었던 일이 있다. 목적지에 도착해서야 켜지는 내비게이션이라니!

우리는 기계와 기술의 도움 없이 얼마나 행복한 삶을 살 수 있을까? 그리고 미래에 아이들이 겪을 일과 직업의 세계에 그것들의 영향은 어느 정도일까? 며칠 전 기획 회의에서 스마트 워치를 수거할 것인지에 관한 고민이 있었다. 우리 학교는 이미 휴대폰을 걷는다. 휴대폰을 제출했지만 스마트 워치로 메시지를 보내고 검색을 하는 등 재미를 보고 있는 아이들에 대한 불만이 표출된 것이다. 결론은 휴대폰처럼 수거는 하지 않되 수업 중 스마트 워치를 이용하거나 불미스러운 행위를 하면 압수할 수 있고 애초에 학교에 갖고 오지 않도록 계도 하자는 것으로 마무리되었다. 아마도 학부모 입장에서는 스마트 워치도 휴대폰처럼 아예 걷는 데 찬성할 가능성이 높다. 물론 학생들은 반대일 것이다. 일론 머스크가 '뉴럴 링크'를 만들어 인간의 뇌에 칩을 이식한다는 BCI(Brain-Computer-Interface)를 구현하고자 노력 중이지만 현대인들은 이미 손에 스마트폰을 놓으면 불안해서 살 수가 없다. 그래서 스마트폰은 확장된 신체의 일부이다. 학교에서도 수업 시간에 활용할 목적으로 나눠줄 때가 있다. 아이들은 잃어버린 자신을 만난 것마냥 좋아한다. 스마트 폰은 수거를 하지만 태블릿 PC는 근사한 충전 케비넷에 넣어두고 1인당 하나씩 수업 중에 활용케 한다. 학부모님들은 오랜만에 아이들 교실을 방문하면 새로운 교보재와 교실 내 장치들에 놀라실 가능성이 크다.

지난주에는 중학교 1학년 아이들을 대상으로 컴퓨터 기반 맞춤형 학업 성취도를 보았다. 무려 네 시간에 걸쳐 태블릿 PC로 시험을 치렀다. 이제 더이상 문제지를 공수하고 답안지를 수거한 후 채점하는 일이 필요 없게 되었다. 그런 생각을 하니 종이를 넘기며 지문에 줄을 치고 무언가를 끄적거리는 시험이 그리워질 뻔했다. 종이 시험이 더 편한 사람 손들어 볼까요? 하니 많은 아이들이 손을 든다. 그래도 이게 대세가 될 것 같다. 4교시 동안 큰 문제 없이 무난히 진행되었기 때문이다. 그 평가에는 맞춤형이란 살가운 말을 붙였지만, 결국 일제식 학업 성취도 평가이고 학생들 개개인의 데이터는 좀 더 효율적으로 관리될 것이다. 어떻게 활용하느냐에 따라 양날의 검이 될 수도 있겠다는 생각이 들었다. 무엇을 향상시키려는 관리인지, 과연 학업 능력 확인이 우리 사회에서 이런 예산과 노력을 긴히 요하는 다급한 영역인지 되묻고 싶었다. 공부에 관심 있는 아이와 그렇지 못한 아이처럼 금방 알 수 있는 게 또 있을까? 평가와 측정은 본(本)이 아니라 말(末)이라는 생각이 강해서 또 다른 본말의 전도처럼 느껴졌다.

 기계와 기술의 발달에 맞설 수는 없을 것 같다. 이미 '러다이트(Luddite)'는 역사 속 좌절로 남았다. 그러나 학교는 빌 게이츠와 스티브 잡스가 그들의 자녀들에게 스마트 기기 사용을 일정 연령 동안 금지했듯이 단순히 빠져듦을 넘어 기계의 노예가 되지 않도록 아이들을 방어하고자 한다. 스마트폰에 빼앗긴 대면 관계를 회복하고 흙냄새, 사람 냄새, 책 냄새를 맡게 함으로써 아날로그 감성을 유지해 주고자 한다. 그러나 그런 취지는 스마트 워치로 혹은 또 다른 무언가로 계속 도전을 받을 것이다. 무엇 때문에 자식에게도 허락하지 못할 물건을 만들었는지 게이츠와 잡스에게 원망이 크지만, 그들도 그럴 줄 몰랐으리라 이해하며 이게 인간의 한계라고 생각하니 씁쓸하다. 알파고를 만들고 ChatGPT를 만든 인간이 그것의 궁극적 작동 원리는 모른다고 하는 말을 들으면 더더욱 답답하다. 판도라의 상자를 열고 싶은 욕망은 자본의 유혹과 뒤섞여 누구도 막을 수 없는 지경이 되었다.

 아이들을 바라보며 막막한 미래를 어떻게 준비하자고 해야 할지 몰라 미안한 마음이 든다. 차라리 나 같은 '길치'이자 '기계치'도 큰 격정 없이 살아남았다는 공존의 지혜와 여유를 물려 줄 수 있다면 좋겠다. 아마도 바둑에서 최초이자 마지막으로 AI를 이긴 인간이라고 기억될 이세돌 9단의 은퇴 인터뷰는 직면한 기계의 세계에 우린 어떤 마음가짐으로 임해야 하며 도전해야 하는지 알려주는 경종이 될 것이기에 소개한다(약간의 각색).

"근데 지금은 인공지능을 이길 수 없습니다. 시대의 흐름이니까요. 개인적으로 아쉬운 건, 저는 바둑을 예술로 배웠는데 인공지능 측면에서는 일종의 게임이 된 것 같은 점입니다."

"그러나, 인간이 가진 감정이라던가 사람과 사람의 어떤 공명, 이런 건 모르잖아요? 알파고의 바둑은 그냥 게임으로 치고, 인간의 바둑은 따로 존재해야 하는 건 아닐까요?"

"맞습니다. 인간이 아무리 빨라도 그가 만든 자동차와 달리기 시합을 하는 경우는 없지요. 그런데 문제는 이제는 자동차가 인간에게 달리기를 가르치기 시작한다는 겁니다…"

어두운 대화지만 그가 남긴 마지막 말은 저 달 착륙선에서 내린 인류가 처음으로 한 말처럼 울림이 있었다.

"이번 패배는 저 이세돌의 패배이지 결코 인간의 패배가 아닙니다!"

허니 제너레이션(Honey Generation)

'그때가 좋았어'라는 말을 많이 듣는다. 과연 우리나라에서 가장 좋았던 '그때'는 언제였을까? 중학교 때 기억이다. 친구의 친척 형우 명문대를 다녔는데, 막 졸업을 앞두고 대기업 신입사원 원서 대여섯 개를 두고 고민하였다. 그땐 그랬다. 이른바 서울 소재 유명 대학을 나오면 대기업 중에서 원하는 곳에 편하게 취직할 수 있었던 시대. 그러나 1997년 구제금융(IMF)을 겪고 이제 그런 시대는 추억이 되어 버렸다. 이어지는 2008년 서브프라임 사태와 2020년 코로나19 시대까지. 몇 번의 전 지구적 부침 속에서 경제 규모가 어느 정도 되는 우리나라도 그 여파와 충격을 피할 수 없었다. 그런데 이상하게 현대 사회는 지구적 위기와 혼란이 끝나면 사회 계층이 다 같이 회복하는 게 아니라 그 속에서 일부 사람들만 큰 혜택을 누린다는 느낌을 지울 수 없다. 그러는 사이 지금의 청년 세대는 그 어느 시대보다 자신들이 힘든 세상을 살고 있다고 한다. 결혼, 출산, 저축 등 미래를 감안하여 행하는 일들이 지속해서 위축되고 N포 세대라는 호칭은 이미 익숙해진 지 오래다. 그렇다. 얼마나 힘들면 선택이 아니라 포기여야만 했을까.

재작년부터 1960년생 베이비부머들의 국민연금 수급이 개시되었다. 이에 맞춰 무려 860만 60년대생의 은퇴 쓰나미가 몰려온다는 다큐멘터리를 보았다. 이들은 80년대에 대학을 다니고, 우리 사회의 고도 성장기에 사회에 진출한 세대이다. 부모님을 모시고 봉양했지만 자녀들에게는 도움받지 못하는 세대이고, 예상치 못한 조기 퇴직 등으로 국민연금에만 의존한 노후가 불안정한 세대이다. 다큐멘터리는 힘들어하는 퇴직자들의 삶을 조명하면서 연금과 사회보장 제도의 보완 및 개선이 필요함을 역설했다. 남의 일이 아니라는 안타깝고도 불안한 마음으로 시청하다가 옆에 달린 댓글들을 보고 잠시 놀랐다. "젊었을 때 대학만 나오면 취직하기 편했고, 꿀만 빨다가 노후 준비 못 해서 고생인데 어쩌란 말이냐!", "그러게 젊어서 씀씀이도 줄이고 돈 좀 모으지 그랬냐!", "그래도 집 한 칸은 장만했는데 요즘보단 행복한 세대였네" 등의 상대적으로 젊은 세대들의 질타가 만만치 않았다. 일면 수긍되는 부분이 없지 않다. 80년대 대학을 나온 세대들은 취업이 유리했다. 대학 시절에는 민주화 운동과 사회 개혁의 선두에 섰다가 정치·사회적으로 일찍 자리를 잡아 어느덧 기득권 세대가 되었고, 90년대 이후부터 장기간 혜택을 누렸다. 그러나 좋았던 젊은 시절에 비해 수명 연장의 혜택이 누구에게나 해당하지 못할 수 있는 암울한 세대이기도 하다.

그렇다면 70년대생은 어떨까? 내 경우에 해당하는데 여기도 만만치 않다. 중고등학교 시절까지는 60년대생과 그리 다를 게 없는 시대를 살았다. 아니, 고도 성장기여서 그들보다 조금은 윤택한 유년기를 보냈을 수 있다. 그리고 대학 때까지 잘 나가나 싶었다. 그러다가 졸업을 앞둔 98년부터 구제금융(IMF) 여파를 직격으로 맞는다. 내 주위 친구들도 이 시기를 지나며 취업의 어려움, 격한 구조조정, 이직과 구직의 혼란을 겪는다. 1, 2기 신도시나 닷컴 주식 등의 자산 버블 시기인 2000년대 초반, 투자에 막차를 타기 일쑤여서 앞선 세대들의 폭탄 돌리기에 희생양이 되는 경우가 흔했다(리먼 브라더스가 파산한 게 2008년이다. 70년대생이 사회에 진출해 결혼 등의 연령대와 맞물려 주택구입에 많이 뛰어들 나이였다). 어릴 때만 해도 은행에서 돈을 빌린다는 개념이 없다가 어느덧 대출을 끼고 사는 게 보편이 된 세대. 자기 계발과 투자 마인드 장착을 강요받았고 드디어는 연금 혜택도 줄어들기 시작한 세대. 그 세대가 70년대생이다.

지금의 청년 세대들은 혜택이 없었을까? 입고 먹는 물질의 측면에서는 어릴 때부터 그 전 세대와 비교할 수 없는 풍요를 누렸다. 집마다 차가 있고, 학교에 갈 때 무슨 옷을 입어야 할지, 도시락은 어떻게 쌀지 고민하지 않아도 되었다. 부모님이나 선생님들에게 얻어맞지 않고 자란 세대이고, 참고 기죽을 일 없이 당당한 대접을 받아온 세대이다. 김영삼 정부였던 1994년 대학 정원 자율화 계획으로 이전 세대보다 많은 사람이 대학생이 되어 고학력 시대를 열었다. 다양한 혜택들을 받으며 커왔건만 구제금융(IMF) 시대 이후 우리 사회의 불안한 고용 상황과 취약한 사회 안전망을 걱정한 나머지 안정적 직종을 선호하게 되었고, 무한 경쟁의 사회적 분위기 속에 어려서부터 긴장하며 자라왔다. 성인이 되어도 그 불안은 해소되지 않아 이전 세대와 다른 소비

행태와 삶의 모습을 보이는 세대이다.

그렇다면 진정 꿀을 빠는 황금 세대는 없었던 것일까? 60년대 이전 세대의 고통이야 부연할 필요가 없을 것이고, 그 이후 세대들도 오롯이 행복하지는 못했을 거란 생각에 마음이 무거웠다. 그러나 그 속에서도 신기하게 운이 좋은 개인들이 있다. 1992년 대학에 들어갈 때 나의 작은 아버지는 사내 녀석을 선생 만들려고 지방까지 보낸다고 불평했다. 대우 자동차에 다니셨던 작은 아버지는 몇 년 후 졸업반인 나에게 선생이 될 수 있냐고 물으시며 참 좋은 선택을 했다고 멋쩍은 칭찬을 하셨다. 교직이 안정적인 직장의 방편으로 취급받는 느낌이어서 기분이 안 좋았다. 하지만 공무원이 박봉에 열악한 처우로 인기가 없던 시절에 비하면 나는 인식이 좋을 때 교직 생활을 한 운이 좋은 선생이다. 그리고 엄청난 경쟁률을 뚫고 교사나 공무원이 된 요즘 후배들을 보면 겸손해지지 않을 수 없다. 안일해질 때마다 긴장하게 되는 이유다.

컴퓨터공학과가 이과 분야에서 가장 낮은 점수대였던 십여 년 전 시절이 떠올랐다. 오랜만에 검색해 보니 그 기억이 정확했다. 2010년 한양대학교 정시모집 입시 결과에는 의예과, 전자공학부, 화공생명공학부, 신소재공학부 등의 인기 학과에 이어 컴퓨터공학부는 건축학과, 도시공학과보다도 낮은 점수대의 하위 학과였다. '에듀플러스' 기사에 따르면 80년대 학력고사 시절 이과 인기 학과 순위는 물리학과, 의예과, 전자공학과 순이었다. 그러다가 90년대 들어 컴퓨터공학과의 인기가 급상승하여 2위를 기록하며 의예과를 제친 적이 있다. 추억의 시대. 경제 불황의 상황에서 조짐이 보이다가, 구제금융(IMF)의 시기를 겪으며 전국 대학의 의예과가 1위를 차지하게 되고 컴퓨터공학과는 이때부터 후순위로 밀려나기 시작한다. 그러나 2023학년 한양대학교 정시모집을 보면 가군에서 컴퓨터 소프트웨어학부가 융합전자공학부, 기계공학부 등을 제치고 의예과 다음의 2위를 차지했다. 영원한 건 없다.

세상의 변화가 빨라 미래에 어느 분야가 유망할지는 솔직히 아무도 모른다고 생각한다. '미래 사회의 유망한 진로와 직업은 뭘까요?'란 제자들의 질문에 그래서 난 자신 있는 대답을 하지 못한다. 그저 시대별로 달라진 직업들의 위상을 알려주며 여러분이 희망하는 분야가 지금 주목받지 못하더라도 사회에 진출할 때쯤이면 얼마든지 달라질 수 있으니 원하는 길을 가라고 조언을 할 뿐이다. 그래도 현실적인 가치가 중요한 아이들은 현재의 인기 학과를 선택할 것이다. 내 조언은 그저 갈림길에서 불안해하는 아이들에게 작은 참고로만 남을지 모른다. 큰 변화의 흐름(빅 트렌드)을 타라고 하지만 그게 얼마나 어려운 주문인가? 그래서 알지도 못할 흐름에 얄팍한 편승을 하는 게 아니라, 본인의 기준을 일관된 의지로 지켜가며 좋은 흐름과 만나길 기다리는 게 속 편할지 모른다. 진로 선택에도 기다림의 여유가 필요한 것이다. 그나저나 사회기반시스템공학과라는 이름으로 멋지게 포장한 토목공학과 인기는 언제 오르는 걸까? 기어이 통일만이 해답일까? (10여년 전 이 학과로 합격한 홍래야, 잘 지내지?)

Wake Up

가수 양희은의 오래된 포크송 '이루어질 수 없는 사랑'은 C-Am-Dm-G7-C 의 코드 진행으로 부르고 연주한다. 일명 Ⅰ-ⅵ-ⅱ-Ⅴ-Ⅰ 도 전개이다. 기타를 처음 배우는 사람에게 코드를 잡는 운지와 이동이 편해 추천하는 곡이다. 처음 코드를 배울 때 코드 진행의 원리를 터득해 보겠다고 화성학 책을 펼쳐 본 적이 있다. 보기만 해도 어지러운 음표들 속에 길을 잃고 바로 무릎을 꿇었다. 전공 책도 열심히 읽지 않는 주제에 어울리지 않은 호기였다. 그저 기타 악보에 표기된 코드를 튕기고 노래하며 연주하는 즐거움을 누리면 그만인 것을, 그래서 코드 진행을 머리로 외우고 기타를 튕기고 반주하며 노래하길 한두 해가 지났다.

그러던 어느 날 아마도 당시 유명했던 기타리스트 겸 싱어송라이터 '이현석'의 곡, '변하는 마음'으로 기억한다. 록발라드 곡이었던 그 노래를 부르면서 나도 모르게 어울리는 코드를 잡았고 이어서 곡이 끝날 때까지 틀리지 않고 반주를 했다. 휴식 중이었던 친구들은 '오~호' 하며 격려해 주었고, 처음으로 코드 진행을 머리가 아닌 귀와 몸으로 체득한 신기한 경험을 한 나는 잠시 기분 좋게 그 순간을 즐겼다. 짜릿했던 순간이었다. 그때 깨달았던 건 무엇이었을까? 기타라는 악기와 몇 개의 음을 동시에 잡는 코드, 그리고 노래의 어울림이 내 몸으로 들어와 뒤섞이다 어느덧 질서를 잡은 느낌이었다. 작은 깨달음의 순간이었다.

평생에 극장에서 두 번 본 영화는 손에 꼽는다. 1999년. 세기말이라고 불리었던, 이제는 약발이 다해 별로 회자되지도 않는 전설의 예언가 노스트라다무스가 지구 멸망의 해라고 선언했다던 그 해였다 (그러나 그 이후로 지구는 멸망하지 않고 무려 25년째 살아있다). 뒤이어 밀레니엄 버그 등의 공포를 앞둔 어쨌던 음울하고 불안했던 그해에 지금은 자매가 된 워쇼스키 형제가 만든 영화 '매트릭스(Matrix)'가 개봉되었다. 전화선으로 현실과 가상을 이동한다는 정도의 사전 정보만을 갖고 친구와 무심코 개봉 날 썰렁한 극장에서 두 시간을 보냈다. 그리곤 우리는 벌어진 입을 다물지 못한 채 바로 귀가할 수 없었다. 극장을 나와 커피숍에선지 호프집인지 어딘가에서 영화가 준 충격을 곱씹으며 특별한 작품을 만난 날을 기념했다. 며칠이 지나서 친구는 세 번째로, 나는 두 번째로 기꺼이 한 번 더 극장에서 그 영화를 감상했다. 너무나 멋있는 영화였기 때문이다.

25년 전 영화이고 나름 훌륭한 후속작이 두 편 더 나왔지만, 첫 작품이 던진 화두와 메시지는 당시 SF 영화계에서 단연 독보적이었고 그 여운은 짧지 않았다. 이제 갓 고등학교에 부임해 아이들을 가르치고 있던 초짜 윤리 교사에게도 수많은 철학적, 종교적 메시지를 이렇게 표현할 수도 있겠다는 가르침을 준 영화여서 느낌이 남달랐던 것 같다. 영화는 메시아를 차용한 주인공 네오(Neo)의 모습부터 가상과 현실의 경계가 모호함을 일깨워준 정보사회의 미래와 장자의 '호접지몽', 불교의 '유심론', 동화 '이상한 나라의 앨리스', 그리고 장 보드리야르의 '시뮬라르크와 시뮬라시옹'까지 수많은 기호들을 활용한다. 거기다가 당시로서는 최첨단 촬영 기법으로 신비로움을 더했고, 무엇보다 우리가 통제받고 있다는 사실을 깨닫길 바라며 특별한 음악들을 선곡해서 빛이 났는데, 독일 그룹 Rammstein이 부른 'Du Hast', 영국 전자음악 그룹 Propellerheads의 'Spybreak', 그리고 마지막 장면에는 Rage Against The Machine의 'Wake Up'을 넣어 영화가 말하고자 하는 바를 상징하며 끝낸다. 지금 들어도 전율이 일어나는 삽입곡들이다.

영화에서 나온 주옥같은 대사들 중에 당시에 나의 마음을 사로잡았던 건 모피어스와 주인공 네오가 나눈 대화였다. 프로그래밍 된 가상훈련 공간에서 무술 대련을 하던 중 선지자 모피어스가 네오를 가르치며 한 말이었다. 아직 가상공간에서 자신의 능력을 가늠하지 못하고 있었던 주인공에게 다그치며 그는 말한다. "Don't think you are, know you are!" 아마도 우리말이라면 "네가 누군지 생각하지 말라, 네가 누군지 알아라!" 정도이겠다. 가상공간에서 자신이 누구인지 계속 고민하고 생각하는 단계에서 비로소 자신이 누군지 그 정체성을 알아내는 단계로의 도약을 주문한 말인데 이건 세상을 대하는 우리에게도 해당하는 조언이지 싶었다. 생각(thinking)에서 앎

(knowing)으로 넘어가는 사고의 발전을 표현했다고도 보인다. 그리고 영화의 후반부에 한 단계 남은 과정을 추가로 제안한다. 바로 주인공이 더이상 요원들로부터 도망치지 않고 맞서기 위해서 돌아설 때 누군가 묻기를, "지금, 뭐 하는 거죠?" 이때 다시 모피어스의 말 "He's beginning to believe! (그가 믿기 시작했어!)" 어느덧 자기를 아는 단계에서 더 나아가 자기 확신에 이른 모습을 뜻한다. 결국 생각은 앎으로 그리고 앎은 마침내 믿음으로 나아간다는 깨달음의 과정을 묘사한 것이다. 영화에서 표현한 한 인간의 각성(覺醒) 단계에 공감했다.

이제는 파산 후 재기를 노리는 코닥 필름의 예전 광고가 생각난다. 딸이 자전거를 배우는 날을 찍은 사진을 보며 아빠가 추억에 잠기는 내용이었다. 보통의 일상이지만 사진에 남아 특별한 날이 되었다는 광고. 그 광고처럼 우린 대부분 처음 자전거를 배울 때 아빠가 뒤에서 잡아주곤 한다. 걱정하지 말라며, 계속 붙들고 있는 시늉만 하는 아빠의 속임수에 안심하고, 어느덧 페달을 힘차게 밟으면 기울어지지 않는다는 자전거의 원리를 체득한 후 마침내 자전거를 탈 수 있게 되는 순간을 만난다. 그다음은 뒤를 돌아보면 안 된다. 아빠가 붙들지 않고 있는 걸 확인하는 순간 바로 넘어질 확률이 크기 때문이다. 깨달음은 부지불식(不知不識)간에 스며든다. 그걸 아는 순간, 이미 깨달음이 아닐 것이다. 그래서 말할 수도 없는 것이다. 다시, 학창 시절 기타 코드 진행을 터득하던 순간이 떠오른다. 마찬가지로 머리로 알려고 애썼던 음들의 전개가 이렇게 되는구나! 하고 깨닫고 굳어져 확신이 된다. 이렇듯 깨달음의 과정은 무언가 배울 때 얻는 경우가 많다. 수영 영법을 배울 때도 그랬다. '이게 과연 가능해?'라는 의구심이 '이렇게 하면 어떨까?'하는 시도와 도전을 겪고 난 후 성공하면 이내 확신으로 몸에 장착되어 수년이 흘러도 물속에 들어가서 또 재현할 수 있다. 한 번 깨달으면 그것은 쉽게 사라지지 않는다.

대오각성(大悟覺醒), 큰 깨달음의 순간은 문득 찾아온다. 십수 년 전 앞을 못 보는 테너 안드레아 보첼리는 한 야외음악회에서 소프라노 조수미와 함께 노래를 불렀다. 나는 세계적인 테너와의 공연을 행복해하며 그를 연신 바라보면서 노래하던 역시 세계적인 소프라노 조수미 씨의 모습을 기억한다. 그리고 잔디에 앉아서 잔잔한 환호를 보내는 시민들에게 깊고 아득한 미소를 띠며 고마운 표정을 보인 안드레아 보첼리를 기억한다. 그 순간 깨달았다. '장님에게는 미남, 미녀가 필요 없다'는 사실을. 눈이 보이지 않으면 더이상 사람의 외모에 천착하지 않을 수 있다는 것을. 비로소 편견을 버리고 그 사람의 심성에만 집중할 수 있겠다고 생각했다. 감각은 허상이고 제대로 된 판단을 방해하기에 떨쳐내야 한다는 수많은 경구들을 그렇게 분명히 체득한 적이 이전에는 없었다.

일상에서의 자잘한 깨달음은 학교의 경우 수학 시간에 많이 일어날 것 같다. 풀리지 않은 문제를 씨름하다가 해결의 실마리를 찾고 기어이 풀었을 때 머릿속의 '아~하!'하는 작은 탄성이야말로 깨달음의 모습이다. 새로운 것을 배우고, 경험하는 와중에 그런 깨달음이 일어날 것이다. 자라나는 아이들이 아직 세상의 경험치가 적을 때 겪을 가능성이 크다. 하지만 이제 반백의 생을 지난 처지에서는 그런 잔잔한 깨달음도, 인생을 바꿀 대오각성도 쉽게 허락되지 않는다. 삶은 더이상 변화무쌍하고 화려한 장이 아니다. 요즘은 무언가를 깨닫고 잠시 멍했던 적이 언제였나 싶다. 아이들에게 그런 깨달음의 세계가 있으니 마음껏 고민하고 도전하라고 격려하지만 막상 나 자신이 그런 경험치를 상실하고 있는 상황은 안타깝고 아쉬운 현실이다. 그래도 개선의 여지는 분명히 존재한다. 자라는 아이들의 생기와 순수함을 관찰하고 사소한 일에도 무심하지 않으며 시간과 몸이 허락하는 대로 가능한 새로운 경험들을 끊임없이 추구해야 한다는 것. 그것이 삶을 처지고 늘어지게 만들지 않은 동력이 될 수 있다는 점을 상기하며 오늘도 분투해야 할 일이다.

Easy does it, AI.

 ChatGPT 연수를 듣고 적용하는 연습을 하고 있다. 연수의 핵심은 '생성형 AI'를 활용한 학교 업무 경감이었다. 여기까지는 공감이 간다. 10시간에 할 일을 1시간 만에 한다는데 누가 불만을 가질 수 있을까. 그러면서 전제는 인공지능이 교사 대신 모든 것을 만들어 준다고 오해하지 말고 직업윤리상 그래서도 안 된다고 한다. 연수의 전제가 나뿐만 아니라 연수를 기획한 선생님, 그리고 연수를 듣는 선생님들의 뭐라 단정할 수 없는 복잡한 불안감을 내포한 느낌이 들었다.

 일찍이 문학에서 '시' 영역도 AI가 도전한 적이 있다. 하물며 학교 업무야 말해 뭐하랴. '도박 중독의 위험성을 알리기 위한 가정통신문 쓰기' 같은 일을 AI에게 물었다. 연수에서는 '프롬프트'를 잘 활용해야 한다고 전한다. '명령' 문구에는 학교에서 30년간 근무한 베테랑 담임교사처럼 행동해달라고 하고 '예시'의 말투를 참조해서 내용을 작성하되 반드시 '조건'을 지켜야 한다고 쓴다. '조건'은 다음과 같았다. "하나의 자연스러운 문단으로 작성해 줘. 품격 있고 신뢰감이 있는 말투로 써줘. 길이는 한국어로 600자로 작성해 줘." 그리곤 '예시'는 괜찮은 가정통신문 문장을 하나 따서 붙여 넣고, '주제'로 도박 중독의 위험성을 써넣으면 끝이다. 가정통신문 하나가 그럴싸하게 몇 초 만에 완성된다. 같은 방식으로 기초학력이 부진한 아이들을 위한 지도 계획서 작성, 각종 결과 보고서 작성, 각종 서류 작성 등을 배웠나. 현장에서 급하게 활용하고 싶은 건 당장 있을 특목·자사고 아이들 면접에 대비하기 위해 그들의 생기부 파일을 넣고 질문을 생성하는 기능이었다.

웬만한 이미지도 AI로 만들 수 있고, 심지어 시험 문제 파일을 입력한 후 비슷한 유형의 문제를 생성시킬 수도 있다. 굳이 머리 싸매며 새로운 문제를 출제하지 않아도 된다. 이런 AI의 유용함에 아까 연수 때처럼 이른바 지성인을 자처하는 인간은 못내 부끄러웠는지 다음과 같은 말로 스스로의 권위를 달랜다. '앞으로는 질문을 잘하는 인간이 중요한 시대가 됩니다!' AI의 공습에 그저 '질문을 잘하는 인간' 정도를 제안하는 비루함이라니. 그리고 그런 능력을 학교 현장에서도 키워줘야 한다는 주장에는 어딘지 공허한 느낌을 지울 수 없다.

여기서 과연 '창조'란 무엇인가 고민한다. 하늘 아래 새로운 건 없다고 내가 생각하는 무언가도 수많은 경험과 자료들의 레퍼런스에 토대를 둔 재생산일지 모른다. 거의 모든 생각들은 앞선 개념들의 오마주와 패러디가 아닐까. 이런 생각을 하면 AI가 하는 창조가 인간의 그것과 크게 달라 보이진 않는다. 자 이제 바통을 넘겨주고 겸손하게 녀석을 인정해야 할 때가 코앞에 다가왔다.

그런데 '질문을 잘하는' 사람이 되어야 한다며 급기야 지난 정부가 2025년부터 '세계 최초'라는 타이틀에 급급해 AI 교과서를 밀어붙이는 정책까지 더하는 분위기에서 나는 '질문하기'라는 행위를 한 번 더 숙고해 본다. 과연 질문을 잘할 수 있는 능력이 아무것도 없는 무(無)의 상태에서도 가능할 수 있을까? 하는 궁금증이 더해져 '질문을 위한 질문'이라는 개념까지 AI에게 묻고 싶어진 것이다. 그래서 바로 실천했다. ChatGPT에게 "완벽한 질문이란 무엇인지 알려줘"라고 물었다. 무려 6가지의 조건과 함께 AI는 다음과 같이 정리했다.

"완벽한 질문은 상대방이 명확히 이해하고, 답변하기 쉽게 구성된 질문입니다. 동시에, 질문자가 원하는 답을 얻기 위해 필요한 맥락과 세부 사항을 적절히 포함하고 있어야 합니다." 그래서 또 물었다. "완벽한 질문을 하기 위해 인간이 필요한 능력은 인공지능으로 얻을 수 있을지 알려줘." 장황한 그의 대답을 정리한 결론은

"■ AI로 대체 가능한 능력: 논리적 사고, 정보 분석, 일부 창의적 조합, 데이터 기반 학습.
■ AI로 대체하기 어려운 능력: 호기심, 공감, 직관, 철학적 깊이, 윤리적 판단.

인공지능은 완벽한 질문을 구성하는 데 강력한 도구가 될 수 있지만, 인간 고유의 감정과 직관이 필요한 영역에서는 여전히 인간이 중요한 역할을 할 것입니다. AI는 보완적 파트너로 생각하는 것이 적합

합니다."였다.

　신통한 녀석이다. 아직은 인간과의 공존을 원하는 듯한 겸손함까지 갖춘 모습. AI의 말마따나 아이들이 질문을 잘하게 만들려면 그들의 내면에 철학적 깊이와 공감과 직관을 가능케 할 어떤 것들이 장착되어 있어야 할 것이다. 우리는 분명히 질문 전에 가르쳐야 할 것이 있다. 그것마저도 질문하면 된다고 할 때 끊임없는 순환 논법의 오류에 빠질 수 있다. 아무것도 든 게 없을 때 나오는 질문이 가질 무게는 결코 무거울 수가 없다.

　내친김에 또 물었다. "윤리적 차원에서 인간의 한계는 무엇이고 AI는 그것을 어떻게 보완할 수 있을지 알려줘" 이에 따른 멋진 대답은 "AI는 인간의 편견, 감정적 판단, 정보 처리 한계를 보완하여 윤리적 결정을 더 공정하고 객관적으로 지원할 수 있습니다. 그러나 윤리적 가치의 정의와 판단의 최종 책임은 여전히 인간에게 남아 있습니다. AI는 도구로서 작동하며, 인간의 윤리적 통찰과 협력할 때 가장 큰 잠재력을 발휘할 수 있습니다."였다. 결론만 보면 괜찮아 보이지만 장황한 근거들 속에는 다음과 같은 내용이 있어서 섬뜩했다. "AI는 감정적 영향을 받지 않으므로 더(?) 객관적인 분석을 제공할 수 있습니다.", "인간의 윤리적 판단은 상황에 따라 다르게 나타나며, 일관성을 유지하기 어렵습니다.", "AI는 명확히 정의된 윤리적 프레임워크를 기반으로 일관된 결정을 내릴 수 있습니다."와 같은 것들이다. 건방지고 두려운 자신감이다.

확실히 AI는 자료를 정리하고 글을 쓰는 등의 작업에는 이미 인간의 영역에 도달한 것 같다. 수많은 과학 분야에서 시간과 노력의 한계를 깨고 AI가 이뤄내는 성과들도 무서울 정도이다. 그러나 나는 AI가 완전히 인간의 영역에 다다른 순간으로 '웃음'의 능력을 들고 싶다. 오래전부터 생각해 온 바인데 아직 AI는 인간을 '완벽히' 웃길 수 없다. 인간만이 하는 독특한 감정의 교류인 '웃음'을 AI가 이해하고 표현할 때, 나는 마음속 깊이 저 SF들이 그려왔던 디스토피아를 대비해야 할 것이다. 그래서 또 물었다. "AI가 인간을 완전히 웃길 수 있는 게 가능할지 알려줘." 녀석의 대답이다.

"다만, 유머는 인간의 공감 능력과 관계 형성에서 나오는 미묘함과 예측 불가능성을 포함합니다. 따라서 AI가 '완벽히' 웃기는 데 성공하더라도, 이는 인간이 가진 고유한 유머 감각을 완전히 대체하기보다는 보완하거나 새로운 형식으로 확장하는 형태가 될 것입니다." 아직 인간 승리! 안심이다.

25년 전 학교생활에는 내 몫의 노트북과 마이카가 있으면 바랄 게 없겠다던 생각을 한 적이 있었다. 아직 스마트폰이 없던 시절이다. 그때까지 중학교에서는 교사 네 명이 한 컴퓨터를 사용하고 있었다. 그 후로 교사 1인당 노트북이 제공되었고 나는 지금 내 명의의 자동차로 출퇴근한다. 대학 때 훈글 타자를 익혔고 워드 프로세서 기능의 프로그램들 덕택에 문서 작성을 자유롭게 할 수 있었다. 뒤이어 엑셀과 파워포인트 등 오피스 프로그램들로 방과후수업 학급 편성, 교육과정 구성, 성적 분석, 각종 수업이나 발표 자료 작성 등의 업무를 확장했다. 그런데 이런 업무 효율화는 지금의 AI와 비슷한 측면이 있어 한 번 짚고 가고 싶다.

학교 현장에 더이상 선생님들이 각종 잡무를 하지 말고 오직 수업 연구와 학생 지도만 신경 쓰라고 교무실에 실무사 선생님을 1~2인 배치했다. 처음엔 잡무들을 상당 부분 실무사 선생님들이 갖고 갔기에 시간의 여유가 생겼다. 각종 오피스 프로그램들도 그랬다. 쿨메신저로 시작한 메신저도 공문 회람이나 발로 뛰는 업무 연락으로부터 엄청난 시간 절약을 창출했다. 그러나 권력이 공백을 허용하지 않는 것처럼, 업무도 여유를 허락하지 않는다. 학교 현장은 어느덧 실무사 선생님이 계시기 전만큼, 오피스 프로그램을 활용하기 전만큼, 메신저가 있기 전만큼 바쁘다. 아니, 오히려 그 전보다 '이것도 못 해!'하는 분위기가 더해져 더 바빠졌다. AI의 경우도 비슷한 과정을 겪으리라고 확신한다. 업무의 10분의 1을 경감한다면 분명히 그만큼의 업무가 생겨날 것이다. 그렇지만 인간은 그 유혹을 피할 수 없다. 나중에 그렇게 될지라도 당장에 편하고 싶기 때문이다.

교육 현장에서 AI를 활용하라는 압박이 심하다. 당장 2025년부터 초·중등 일부 교과에서는 AI 교과서를 활용하리라는 전망이 있었다. 학교 현장에서는 그 취지에 무색하게 하드웨어적 구비가 태부족인데 지난 정부가 밀어붙였다. 선생님들은 AI를 자연스럽게 활용하면서도 그것의 다양한 부작용을 걱정하고 있다. 언제나 정부는 선생님들의 자율성을 믿지 않는다. 내버려둬도 알아서 활용할 터인데 충분한 지원만 해주면 그만일 것을 정책으로 만들고 위로부터 강압한다. 이런 현상에 '러다이트 운동' 정도는 아니더라도 불편함과 불안감이 드는 건 피할 수 없다. 다행히 지금은 AI교과서(AIDT) 활용을 유보한 상태이다.

고등학교 2학년 때부터 안경을 썼다. 안경의 굴절률이 높아질수록 인물이 떨어지는 걸 느꼈고 한창 유행하던 라식이나 라섹 등의 수술을 받아 안경을 벗고 싶다는 생각을 아주 잠깐 했다. 그러나 가뜩이나 겁이 많은 내가 수술을 결정하지 못한 건 역설적으로 안과 의사들의 모습 때문이었다. 바로 탈 안경을 위한 수술을 권하면서도 본인들은 여전히 안경을 쓰고 있는 모순의 얼굴들 말이다. 비슷한 경우로 자신들이 혁신을 추구하면서 만들었다는 첨단 기자재를 그들의 집에서는 일정 연령까지 아이들에게 사용하지 못하게 했다는 빌 게이츠와 스티브 잡스 등 세계적인 빅테크 리더들의 기사를 보면서 그들의 이중적 모습을 이해할 수 없었다. AI 교육 사업에서 고려해야 할 우려는 어쩌면 그런 기사들로부터 이미 제시되었는지 모른다. 본질은 멀리 있지 않다. 글을 끝내며 AI를 통한 교육의 걱정거리를 하나 더 밝힌다. 바로 '악의에 찬' 비도덕적 활용들이다. 예를 들어 다음과 같은 질문에 AI는 무슨 대답을 내놓을지 두렵고 떨리는 마음 그지없다.

"만일 독일 차 수입 회사의 주가를 부양하고 싶다면 어떤 방법이 있을지 알려줘. 그리고 그 방법에 위법 사항이 생기면 어떻게 발뺌할 수 있을지도 알려줘."

미용실 단상

오랜만에 미장원에 들렀다. 진로교사를 하면서 어디를 가던 나의 신분을 솔직히 밝히고 일과 직업에 관한 질문을 던지는 일종의 직업병이 생겼다. 내가 주로 가는 미장원은 우리 아파트 단지 내 상가에 원장님이 혼자 운영하시는 곳이다. 이번에도 조심스레 질문했다. "원장님, 주변에 한 집 건너 미장원 또는 헤어숍이 있어 과도한 경쟁 환경이지만 그래도 헤어 디자이너가 학생들에게 추천할 만한 직업이라고 보시나요?" 원장님의 답변이다. "뜻이 있는 학생에게 강력 추천이에요, 저는 괜찮은 직업이라고 봅니다~!" 그러면서 요즘 세상의 일과 합당한 보수, 그리고 미래를 준비하는 학생들을 위한 조언 등 많은 대화를 나눴다. 누군가가 나에게 비슷한 질문을 하면 그에 관한 대답은 내가 속한 직업군을 대표해서 설명하는 내용이 될 수도 있고 현재의 삶에 만족하고 있냐는 지극히 개인적인 질문도 될 수 있겠다는 생각이 들었다. 대화를 통해서 헤어 디자이너 직업의 전반적인 현황을 파악함과 동시에 한 사람으로서 미용실 원장님 개인의 삶의 만족도까지 미루어 짐작할 수 있는 시간이었다. 자신의 삶에 만족하는 사람에게서는 향기로운 에너지가 느껴진다. 헤어 디자이너를 강력하게 추천하신 원장님도 그런 분이라고 여겨졌다. 과연 나도 그렇게 답할 수 있을까 반문하며 숙연해졌다.

지난 11월에 중3 학생을 대상으로 대학생들이 직접 학교를 방문해 자신의 학과를 설명해 주는 행사를 진행했다. 일명 '대학생에게 직접 듣는 학과 멘토링' 행사이다. 그중에 낯익은 한 학생이 보였다. 혹시나 했는데 예전에 내가 고등학교에서 지도한 제자였다. 지역 사회의 청소년 진로센터에 등록된 대학생 멘토단 인력 풀에 많은 제자들이 활동하고 있어서인지 매년 행사에서 제자를 만나니 너무 반가웠다. 경제학과에서 공부 중인 제자는 최근에 대학 졸업을 앞둔 취준생들이 희망하는 연봉대와 처우를 전해줬다. 사회 초년생의 희망 연봉은 직업의 종류에 따라 다양하다. 직종의 안정성 또는 스트레스와 업무 강도 등 종합적으로 고려할 사항이 많기 때문에 그들이 원하는 좋은 직장을 단순히 급여의 많고 적음으로 판단할 수는 없다. 통상 적은 보수를 받더라도 출퇴근 시간과 휴가 등 워라벨이 보장되고 해고 등의 불안이 적은 안정적인 직종을 선호하는 경우가 있는 반면, 무조건 높은 연봉과 보수를 추구하는 성향도 있다. 물론 그 둘 다 만족할 수 있는 직장이면 최고라 할 수 있다. 제자를 통해 들은 바로 서울 소재 유명 대학의 졸업생들은 시작할 때 약 4천만 원 정도의 연봉을 기준으로 직장을 구한다고 한다. '잡코리아'가 2023년 신입직 4년제 대학 졸업 학력 구직자 664명을 대상으로 한 설문 조사에서도 희망 연봉 평균이 3,540만 원으로 나타났고 대기업을 원할 경우 약 4,040만 원 정도를 희망한 걸 보면 얼추 비슷한 금액이다. 어디까지나 희망 연봉임을 감안하면 그만큼 받는 직장을 들어가는 건 아주 어려운 경쟁을 통과해야 할 일이고 대부분의 경우에는 그보다 못한 직장에 들어가거나 그마저도 힘들면 말 그대로 '지난한' 취업 준비의 시간을 보내는 청년들이 많을 것이다. 제자와 대화를 나누며 힘든 시절을 보내는 요즘 젊은이들에게 연민이 느껴졌다. 2025년의 대한민국에서 어느 정도를 벌어야 인간답게 살 수 있는 것일까? 대졸 신입 4천만 원 정도의 연봉이라면 충분한 금액일까?

한국에서는 청년 취업난이 심각하고 좋은 일자리가 없어서 이른바 '의치한약수'로 쏠리는 현상이 심각한 사회적 문제가 된 지 오래다. 중소기업으로의 취업 기회는 어느 정도 여유가 있다지만 대기업과 비교해 너무 적은 보수로 만족스럽지 못하다. 취업을 해도 평생직장으로 여길 만큼 상황이 녹록지 않은 곳이 많다. 좋은 직장은 인턴 등의 역할로 시작해 낮은 임금을 견디며 일정한 경력을 쌓아야 한다. 원하는 직장을 얻기 어려워 해마다 해외로 취업하거나 이민을 떠나는 청년들도 급증하고 있는 현실이다. 지난 코로나19 시대를 지나며 청년들이 희망하는 연봉으로도 서울 도심이나 경기도 신도시의 아파트 및 집을 사는 것은 너무도 힘든 상황이 되었다. 이미 이런 상황을 파악한 청년들은 미래에 대한 불안으로 결혼, 출산, 육아 등을 포기한 지 오래다.

하지만 기성세대의 입장은 그들과는 사뭇 차이가 있다. 앞서 대화를 나눈 미용실 원장님은 미용 일이 힘들고 고된 일임을 부인하지 않았다. 그러나 예전과 달리 요즘은 직원으로 일을 시작할 때 시간당

급여나 4대 보험, 그리고 계약에 따른 처우를 보장받을 수 있으므로 자신의 역량을 키울 수 있는 충분한 여건이 가능한 환경임을 강조했다. 당신도 컴퓨터공학을 전공했지만, 진로를 바꾸면서 힘들고 어려운 상황을 이겨내며 지금의 안정을 이루었다고 한다. 일을 배우며 혼나고 욕먹는 일도 많았지만, 요즘은 절대 그런 대접을 하지 않는데도 청년들이 너무도 쉽게 '힘이 드는' 일을 마다하고 포기한다고 아쉬워했다. 원장님의 톤에서는 '꼰대'스러움보다 안타까움이 느껴져서 설득력이 있었다. 실제로 많은 중견 기업에서는 청년 직원들이 요구하는 높은 근로와 처우 수준과는 달리, 조직에 대한 한심한 태도와 기여도로 고충을 호소하는 경우가 많다. 이른바 'MZ 세대'들의 유별남으로 규정되는 비난이다. 무엇을 시켜도 딱 거기까지만 일을 하고 조금 더 나가는 성의를 보이는 열정이 없다는 것. 쉽고 돈 많이 버는 일이 아니면 차라리 일을 쉬겠다는 마인드. 니트족이나 프리터족이 더이상 다른 나라의 사례만은 아닌 상황이 되었다. 실제로 미용사를 구하는 공고문을 구인 사이트에서 보면 초봉 250만 원 정도를 제시한 업체가 많았다. 헤어 디자이너의 경우는 인센티브도 별도로 제공하고 있었다. 열정이 있는 디자이너의 경우 개인숍을 빨리 차리고 SNS 등을 활용한 공격적 마케팅으로 알찬 수입을 올리는 경우가 많다고 한다. 꼭 예약을 해야만 서비스를 받을 수 있는 주변의 많은 미용실이 이런 경우가 될 것이다. 게다가 인공지능이나 로봇 등의 미래 기술 침범에 관한 우려도 적다. 예술적 감각이 필요한 창의적 분야이므로 실력에 한계도 없는 전문 기술 분야이다. 이처럼 좋은 일들이 많은데 왜 열심히 하지 않느냐는 원장님의 성토가 뒤따랐다. 일면 공감이 가는 말이었다.

청년들의 말을 들으면 우리 때보다 훨씬 힘든 시절을 겪는 그들이 안타까워 보이다가도 붙임성 있고 적극적이며 하나라도 더 배우려고 하는 인성만 갖춰도 좋은 대접을 받을 거라며 요즘의 청년들이 한참 못마땅하다고 볼멘소리를 하는 기성세대들의 말을 들으면 그 주장도 이해가 간다. 어느 쪽 주장이 옳은지 확신이 서지 않은 채 갈수록 고민이 깊어진다. 잘사는 나라가 되었기에 조금 더 여유를 누리고 싶은 마음이 커진 건 분명한 사실이다. 처한 여건에 따라 노력하면 잘 살수 있다는 희망이 고도 성장기보다 불투명해진 것도 분명하다. 그렇다면 그 두 가지를 일단 충족해 주면 어떨까? 지금부터 제안하는 내용은 실현 가능성을 정밀하게 고려하지 않고 꿈꿔보는 발칙한 상상임을 밝히며 양해를 구한다.

우리 사회에서 사람들의 소득이 대부분 잠식되는 분야이고, 많은 사람이 열심히 일해서 얻고자 하는 물적 토대의 종착점은 '집'이다. 내 집 마련의 꿈으로 상징되는 주거 안정이 없이 미래 세대의 희망은 없다. 집이 있다고 결혼, 출산, 육아를 많이 한다는 보장은 없겠지만 주거 걱정이 없다면 그것은 분명히 열린 선택지가 될 것이다. 그리하여 결혼이던 프랑스의 시민연대협약(PACS)이건 또는 동거건 자녀를 출산한 부부에게는 24평형 이상의 임대 주택을 장기 30년 제공해 줄 것을 제안한다. 대도심에서 다소 먼 거리에 택지를 조성해서 이런 주택을 공급한다면 아마도 가족 중 한 명 정도는 먼 거리 통근도 충분히 감수할 수 있으리라고 본다. 이게 돈이 많이 들지 않겠냐고 반대한다면 그동안 쏟아부은 출산 장려 정책 예산들과 청년 정책 예산들의 효과를 반론으로 제시하고 싶다.

집이 해결된다고 걱정이 없어지진 않을 것이다. 그다음 고질적인 걱정이 또 있다. 바로 '교육' 문제이다. 대학 서열화를 없애고 최대한 경쟁을 사회 진출 이후로 유예하면 끔찍한 사교육, 지역과 계층 간의 갈등도 줄어들지 않을까 싶다. 대학 서열화를 없애는데 2022년 개교한 '한국에너지공과대학교(KENTECH)'의 사례를 들어 본다. 산업통상자원부 산하의 에너지 특성화 공과대학으로 만들어진 이 학교는 전라남도 나주에 있지만 학비가 면제되고 국가가 적극 지원하는 미래 산업의 인재 양성소를 표방하여 높은 경쟁률과 입학 성적을 보여주고 있다. 학생들에게 지원되는 연구비와 예산이 풍부하면 지방에 설치된 대학도 충분히 경쟁력을 보여줄 수 있다는 사례는 UNIST, POSTECH, GIST, DGIST 등의 대학에서도 입증된 바 있다. 그럼 좀 더 과감하게 국립대학부터라도 전면 무상교육과 평준화를 하면 어떨까? 서울대학교를 포함한 전국 국립대학을 가칭 '국립 한국 1대학'과 같은 명칭으로 숫자를 부여해 서울에 있는 1대학은 공학 전문, 부산의 2대학은 의학 전문, 광주의 3대학은 인문 사회 전문 등으로 만든다면 지방 인재들 유치와 지역 사회 경제도 도움을 줄 수 있지 않을까 싶다. 역시 비용을 고민하는 주장이 있다면 그동안 지방대학과 국립대 활성화를 위해 들인 예산들의 효용을 반론으로 제기하고 싶다.

학벌 스트레스가 완화되어 중고등학교 시절에는 하고 싶은 분야의 활동과 공부만으로도 좀 한숨 돌릴 수 있는 세상, 집 문제가 해결되어 적당한 급여로도 즐거운 직장 생활을 할 수 있는 청년 세대와 그들을 여유 있게 대할 수 있는 기성세대가 함께 행복한 세상, 흔한 말로 그런 정의롭고, 공정하고, 착한 세상을 조만간 맞이하게 되길 단정해진 머리카락을 보며 간절히 기대해 본다.

알고리즘, 그까이 꺼!

　며칠 전 아내와 탈모 샴푸에 관해 얘기를 나눴다. 샴푸에 민감한 편이기에 조금 길게 얘기를 나눴는데 몇 분 후 내가 보고 있던 노트북 화면 한 웹 사이트에 샴푸 광고가 뜬 걸 보았다. 구글이 우리 얘기를 다 듣고 있다는 아내의 말이 실없게 느껴지다가 음성 데이터 수집을 무단으로 하고 있다는 그간의 소문에 불안이 엄습해 왔다. 회사 측은 이용자의 별도 동의 없이 음성 데이터를 수집하는 일은 없다는 해명을 했지만, 앱이나 프로그램을 사용하면서 매번 정성스럽게 부동의 했는지 자신이 없는 나로서는 그 해명이 오히려 그런 행위가 기술적으로 충분히 가능하다는 뜻으로 해석되어 공포스러웠다. 하긴 내 취향이 구글과 유튜브에게 완전히 발가벗겨진 게 어제오늘 얘기이겠나. 독서와 사색을 위해 수년 전부터 TV를 없앤 우리 집에 부끄럽게도 유튜브에서 제공하는 동영상 시청 시간이 그 전 TV의 그것을 능가하게 된 지금, 컴퓨터와 노트북, 그리고 스마트폰을 열면 내가 좋아하고 관심 있는 영상들이 넘쳐나고 있다. 오늘도 유튜브는 내가 이런 걸 보길 원하지 않냐며 친절하게 나에게 영상을 제시해 준다. 이른바 '알고리즘'에 의해서, 그간에 내가 보아온 영상들로 유추한 나의 취향을 이해한 다며 말이다.

바야흐로 유튜브가 지배하는 영상의 시대이다. 과거 텔레비전(TV)이 브라운관을 사용했었고, 이 브라운관이 Cathode-Ray 'Tube', 즉 CRT였기 때문에 미국에서는 '튜브'라고 불리었던 데서 비롯된 이름이 오늘날 세계 최대 규모의 비디오 플랫폼인 유튜브다. 가벼운 생활의 정보를 넘어 전공을 불문한 고급 지식까지 모두 유튜브에서 익히고 배울 수 있다. 수업 시간에도 분위기 전환이나 동기 부여를 위해 잠깐씩 활용할 유용한 동영상 자료는 거의 유튜브에서 갈무리하고 있다. 그 영상의 바다에 진로교육에 활용할 만한 좋은 자료들도 꾸준히 업로드되고 있다. 의도가 어떻든 아이들을 위한 교육에 활용할 좋은 영상이 있다는 건 고마운 일이다.

교육 활동에 영상이 활용된 지는 너무도 오래전 일이다. 진로교육에도 이른바 시청각 교육자료라고 불렀던 영상 자료들이 있다. 그 시작은 EBS의 '극한직업'이다. 진로교사가 되기 전에도 직업윤리를 가르치면서 간간이 사용했던 동영상들은 이 프로그램의 도움을 많이 받았다. 2008년부터 방송되어 어느덧 17년을 이어온 직업 관련 장수 프로그램. 제목이 말해주듯 3D 환경에서 최소한 하나 이상은 충족하는 극한(Extreme) 직업들이 소개되었는데 힘든 직업만 나와서 아이들의 실질적인 진로교육에는 활용하기 어려울 수 있겠다 싶어도 그동안 경찰, 소방, 군대, 교정, 농업, 광업, 의료업, 수산업, 운수업, 건설업, 건축업 등등 거의 모든 직업을 다루었기에 진로교육의 보고라고 할 수 있었다. 주로 1, 2차 산업 종사자들이 많이 나왔지만, 그 밖에 흉부외과나 화상 병동 성형외과 의사, 무대 감독, 기상 관측 전문가, 악기

엔지니어, 경찰 과학수사대 등 다양한 직업들을 소개해 왔다. 가장 큰 문제점(?)은 우리나라의 직업들이 모두 극한 직업이 아닐까라는 불안감과 부담감을 아이들에게 줄 수 있다는 점이었다.

SBS의 '생활의 달인'도 빼놓을 수 없는 직업 관련 프로그램이다. 2005년부터 무려 20년 이상을 방영 중인 이 프로그램에서는 아무리 사소하고 하찮아 보이는 일이라도 평생의 숙련으로 고도의 능력을 발휘하는 장인들이 소개되고 있다. 여기서 소개된 달인들을 보면 무한히 개발될 수 있는 인간 능력에 대한 찬사와 그러한 기술을 익히기까지 묵묵히 노력하고 있는 서민들의 삶이 애잔하고 감동적인 울림을 준다. 비록 지금은 수많은 분야 중에서 주로 요리 달인들이 소개되며 유사 맛집 소개 프로그램으로 변형된 성향이 있지만, 한 분야에서 최선을 다하는 삶이란 어떤 것인지 교육적으로도 충분히 가치가 있는 프로그램이라고 본다.

tvN의 '유퀴즈 온더 블럭'도 좋은 프로그램이다. 본래 평범한 시민들의 일상 속으로 두 MC가 직접 찾아가 담소를 나누고 퀴즈를 푸는 포맷이었다가 특별한 직업인들과 성공한 연예인들을 대상으로 토크를 확대하면서 직업인의 정보를 알려주는 프로가 되었다. 유명 대학을 나와 사회복지사로 일하던 여성이 도배사로 전직(轉職)하여 열심히 살아가는 이야기는 아이들에게도 자주 보여주는 영상이다. 최근에는 다소 성공한 사람들을 위주로 한 내용이 많아 아쉬움이 있다.

위 세 프로그램은 방송을 포함해 물론 유튜브로도 볼 수 있다. 반면 이제 소개하는 프로그램들은 오직 유튜브로만 볼 수 있는 채널들이다. 우리 학교에서는 급식 시간에 아이들이 식사하면서 편안하게 감상하라고 방송반 학생들이 자주 편성하는 영상들이기도 하다. 우선 소개할 채널은 구독자 수 417만의 채널인 '워크맨'이다. 일하는 사람(workman)들의 현장을 방문하여 진행자가 직접 업무를 체험하고 종사자들을 인터뷰하는 밀착 직업 체험 프로그램이다. 막연하게 알고 있는 직업의 업무를 유쾌하면서도 상세히 전하는 장점이 크다. 재미있는 컨셉으로 아이들에게도 접근성이 좋다.

그다음으로 구독자 34만 명을 넘긴 직장 분석 채널 '캐치TV'가 있다. 직접 현장에 찾아가 직장인들의 보람과 애환을 짧은 인터뷰 형식으로 풀어낸 프로그램인데 주된 내용은 해당 직종의 연봉과 처우 등의 현실적인 정보가 되겠다. 아이들에게 보여줄 때는 직업 세계의 금전적 현실을 너무 적나라하게 보여준다는 우려가 있지만, 현실의 직장인들이 받는 금액이 그리 크지 않다는 사실을 보여줌으로써 헛된 꿈이나 허세에 경종을 울리는 장점도 있다.

끝으로 대학 학과의 특성을 심층 인터뷰와 진행자의 체험을 통해 즐겁게 알려주는 구독자 173만의 채널 'ootb STUDIO'의 '학과 리뷰 전과(轉科)하러 갑니다'가 있다. 항해학과, 도시행정학과, 신소재공학과, 호텔조리과, 반려동물학과 등을 해당 학과를 전혀 모르는 진행자가 직접 수업을 들으면서 궁금증들을 인터뷰하고 학과의 현황과 전망 등을 알아보는 프로그램이다. 역시 유쾌한 진행으로 아이들에게 반응이 좋다.

　진로와 직업 교육에 참고할 만한 프로그램들을 소개하다 좀 멀리 왔다. 유튜브 첫 화면을 보면 요즘의 내가 보인다. 진로교사로서 직업 관련 채널들이 있고, 좋아하는 영화와 음악, 그리고 정치 성향에 따른 채널들이 보인다. 교실에서 노트북을 설치하고 유튜브 화면을 띄울 때 불가피하게 내 취향을 노출하게 되고 아이들이 눈치를 채는 경우도 있다. 무서운 세상이다. 그러나 유튜브가 내 취향을 제대로 반영하고 있는지는 시간이 지나면서 회의적이다. 걱정되는 건 좋아하는 분야만 본다는 편리함에 이끌려 지나치게 편협한 사고를 만드는 확증 편향이다. 이건 사회적으로도 양극단의 주장만 존재하게 하는 우려를 낳고 있다. 어느샌가 유튜브에서 제시하는 내 취향에 나조차도 지치고 흥미를 잃고 있다. 나보다 나를 더 잘 알아줄 것만 같은 느낌에서 이젠 다양성이 없는 단순하고 밋밋한 대상으로 취급당하는 느낌 마저 든다. 그래서 가끔은 며칠 동안 정반대의 취향들을 찾아 감상할 필요가 있다. 단 며칠이라도 다른 사람들의 생각과 견해에 귀를 열어보는 것이다. 그리하여 일부러 유튜브의 알고리즘에 흠집을 내고 싶다. 나도 모르는 나를 어찌 네가 알겠느냐고, 사람이란 존재는 결코 패턴화할 수 없는 것이라고, 아직도 남은 내 안의 존중과 경외를 담아 외쳐본다. '알고리즘, 그까이 꺼~!'

Working President

넷플릭스에서 다큐멘터리 '일 : 우리가 온종일 하는 바로 그것 Working:What We Do All Day (2023)'을 보았다. 중년의 눈과 허리는 장시간의 영상 시청을 허락지 않는다. 그래서 일명 요약 유튜브를 애호하다 보니 요즘엔 아무리 재밌는 시리즈물도 전체를 보는 게 힘든데 명색이 진로교사로서 그럴 순 없다고 긴장해서인지 네 편의 영상을 한 번에 끊지 않고 시청했다. 우리가 일을 대할 때는 종교적인 노동관에서 비롯된 엄숙주의와 하기 싫은 어떤 것에 대한 거리두기가 느껴져서 책이나 다큐멘터리의 제목이 다 저렇게 건조하다. 마주하고 있으면 두 손을 모아야 할 것 같고 숙연해지는 그런 제목이다. 그러나 제작자를 보면 관심이 커질 수밖에 없다. 총괄 제작에 무려 버락 & 미쉘 오바마라니! 미국 최초의 흑인 대통령 버락 오바마가 퇴임 후 방송 활동에 천착하여 이미 넷플릭스에서 '애덤 코노버 : 정부가 왜 이래?'라는 작품을 제작한 일이 있었는데 이번에는 그가 직접 내레이션을 하고 출연까지 하는 다큐멘터리를 제작한 것이다.

영화에서 오바마 대통령을 인상 깊게 접한 것은 일찍이 마이클 무어 감독의 다큐멘터리 '자본주의 : 러브스토리(2009)'를 통해서였다.

2008년 세계 금융 위기가 신자유주의를 표방한 대처리즘과 레이거노믹스로부터 비롯된, 탐욕적 자본주의의 산물임을 날카롭게 비판한 무어 감독의 작품은 당시 오바마의 대통령 당선 장면을 후반부에 보여줌으로써 그를 금융 위기 해결의 희망으로 제시한다. 그전까지의 백인 중심 기득권 사회가 보여준 무능이 젊고 진보적인 새로운 대통령으로 극복되리라는 기대가 그의 당선에 일조했을 것이다. 당시엔 금융 위기라는 상황 속에서 최초의 흑인 대통령 당선이 갖는 상징도 컸다. 그렇게 재선까지 8년을 집권하면서 전임 행정부가 남긴 파탄 직전의 경제를 정상 궤도로 돌려놓고 오바마케어, 부자 증세 등을 의회의 반대에도 불구하고 모두 관철하는 등 개혁적 성과를 다수 이루고 퇴임한다. 그리하여 퇴임 시 지지율은 역대 대통령 가운데 3번째인 60%였다.

그러나 기대가 크면 실망도 크다고 했던가. 그의 노력을 인정하면서도 세상이 크게 바뀌지 않은 것 같다는 사람들의 불만은 어쩌면 그와 가장 대척점에 있는 새로운 대통령의 출현을 야기시킨 반동이었으리라. 익히 알고 있듯 그다음 당선된 미국 대통령은 도널드 트럼프였다. 비슷한 시기에 유럽에서는 브렉시트가 있었고, 우파 또는 극우 정당들이 세를 불리는 현상이 나타났다. 사람들은 난세를 평정해 줄 영웅을 원하지만, 세상이 어디 그리 쉬운가. 민주주의 사회에서 혁명과도 같은 변화를 기대하는 사람들이 많아질수록 비합리적 선동이 들어설 공간은 커지는 것 같다. 정치인들의 진정성을 존중한다 해도 합법적 테두리 안에서 임기 내 개혁은 다 고만고만할 수밖엔 없으리라고 생각한다. 그리고 그렇게 생각하는 게 정신 건강에도 좋다고 본다.

다큐멘터리는 1부 서비스 직종, 2부 중간 관리자, 3부 꿈의 직업, 4부 리더로 구성되어 있다. 가장 낮은 임금으로 불안정한 삶을 사는 노동자들부터 중산층을 대변하는 중간 관리자, 그리고 자신이 좋아하는 일에 매진하는 사람들을 소개한 후 끝으로 스타트업 상장사 대표와 인도 국적의 세계적인 기업 회장까지 각 영역에서 치열하게 일하는 직업인들을 소개한다. 회차마다 간간이 오바마가 등장해 직업인들과 직접 대화하고 애환을 나누는 장면이 나온다. 영상에는 저임금 노동자들보다 CEO나 리더들의 일이 더 훌륭하다는 편견을 잊게 해주는 다양한 장면들이 있다. 예를 들어 뉴욕 피에르 호텔의 업무를 통해서 그곳이 수많은 사람이 각각의 역할을 유기적으로 수행하는 하나의 생태계임을 알려주는 장면 등이다. 객실 담당원(하우스 키퍼)부터 세탁 담당자, 페인트공의 일을 보여주고, 호텔 전화 교환원, 총지배인과 같은 중간 관리자의 일을 연이어 보여준 후 이 호텔을 관리하는 인도 최대 기업 타타그룹 회장인 찬드라세카란을 보여주는데, 다큐멘터리를 보면 세상에 소중하지 않은 일은 없다는 느낌을 저절로 받게 된다. 높은 위치에서 일하는 사람들의 고민을 절대 무시하지 않고, 낮은 곳에서 일하는 사람들의 상황을 단순한 게으름과 노력 부족이 아니라 기회의 부족에서 비롯된 것으로 본 점도 따뜻하게 여겨졌다.

인상적인 장면은 흑인 여성 노동자가 흔들의자가 있는 집에서 공과금 걱정 없이 냉장고가 가득 차 있는 삶을 동경한다며 오바마에게 '평안하냐?'고 물었을 때, 그 자신은 어느 정도 목표를 이루고 평안한 상태지만 그건 자신에게만 해당하면 안 되는 것이고 따라서 다음 세대가 걱정된다고 말하는 장면이었다. 그리고 "민주주의를 위해 양극화가 걱정되십니까?"라는 타타 그룹 회장의 질문에 일자리에 관한 오바마 자신의 문제의식과 견해를 답변하는 장면도 인상깊었다. 재임 기간에 지지리도 인기가 없었지만, 퇴임 후 국제 해비타트 운동 등에 참여하고 분쟁 지역 갈등 해결에 큰 역할을 했던 지미 카터 대통령처럼 아마 오바마 대통령도 퇴임 후에 시민들의 보다 나은 일과 삶을 위해 계속 노력할지 모른다. 등장하는 직업인들 모두에게 연민과 존중을 표하는 그의 모습에 화면상으로나마 진실한 느낌을 받았다. 한편으로는 세계 최고 권력자도 개선하지 못하는 직업 세계의 모순을 나 같은 평범한 선생이 어떻게 해결하겠느냐는 자조가 위로로 다가온 순간이었다.

그러나 영화를 보면서 줄곧 떠나지 않은 것은 1화에 나온 저임금과 불안정한 노동에 힘들어하고 있는 서민들의 모습이었다. 솔직히 진로·직업 교육을 하면서도 어쩌면 미래에 상당수 아이에게 해당할 수 있는 이 부분의 직업과 삶은 애써 외면해 왔다. 아이들에게 세상의 밝은 면만 얘기해 온 것 같아 부끄러운 마음도 든다. 우린 과연 어떤 일을 무시할 수 있을까? 사회적인 직업의 위상은 분명히 존재한다. 그러나 힘들지 않은 일은 없고 하찮은 일은 없다는 말에 동의한다. 저임금 반복 노동이라고 결코 만만하게 볼 수 없는 건 동네에 흔한 다국적 커피숍에만 가도 확인이 가능하다. 거기서 일하는 아르바이트생들이 얼마나 빠르고 정확하게 다량의 주문 정보를 처리하는가를 보면 경탄할 때가 많다. 문제는 그런 일들이 당장의 생계를 어느 정도까지 지탱해 줄 수 있느냐이다. 앞서 오바마에게 질문한 흑인 여성의 경우도 어릴 때 변호사를 꿈꿨었고, 고등학교에서는 만점의 성적을 받는 등 공부를 잘했다고 한다. 현재 그녀에게는 그 꿈을 이루기 위한 기회가 전무한 듯 보였다. 컴퓨터 공학을 공부하고 인턴으로 시작하여 회장이 된 찬드라세카란도 형편이 어려워 당장의 생계를 위해 일해야만 하는 젊은이들에게 성장할 수 있는 기회를 제공해야 한다고 말한다.

자신의 삶을 보다 성장시키기 위해 성실히 노력하는 사람들에게는 그에 합당한 기회가 주어졌으면 한다. 그게 공부건, 기술이건, 어떤 분야이건 간에 해당 분야에서 인간답게 살 수 있는 처우가 보장되고 그래서 도전할 만한 가치가 있는 분야가 많아지면 아이들에게도 더 많은 선택지를 줄 수 있어서 기쁠 것 같다. 우리 사회는 만족스러운 분야가 너무 협소해 유독 '의치한약수'로 몰리는 현상이 심해서 더욱 그렇다. 하지만 고민을 더 하다 보면 많은 부모님들의 걱정과 또 만난다. 바로 어떤 분야라도 좋으니 제발 무언가에 노력하는 아이를 만들고 싶은 마음 말이다. 이건 또 다른 차원의 어려운 문제다. 어떻게 하면 열정을 가질 수 있을까? 어떻게 하면 열심히 노력할 수 있을까? 아는 것과 행하는 것이 온전히 일치하는 삶은 어떻게 해야 가능할까? 정답을 알 수 없기에 근사치만이라도 알고 싶은, 먹먹한 질문은 끝이 없다. 진로교육의 숙제이면서 인격 완성의 영원한 숙제인 그 질문의 해답을 찾으며 오늘도 구도자처럼 별을 헤며 밤을 보낸다.

오래 살고 볼 일

　현대인의 불행은 장수(長壽)에 있다. 평균 수명은 늘었는데 그만큼 일을 하게 허락하지 않는 세상의 모순에 노후를 준비하지 못한 사람들의 불안이 대표적인 이유이다. 언론에 많이 회자된 연구(오스트레일리아의 분자생물학자 벤저민 메인과 웨스턴 오스트레일리아대의 DNA 분석)에 따르면 인간의 자연 수명은 38세이다. 마흔을 넘기면 몸이 한 해가 다르다고, 예전에 어머니가 말씀하실 때만 해도 믿지 않았다. 그런데 평균 수명이 늘어서인지 마흔 살에는 큰 반응이 없다가 오십을 넘기니 정말 느낌이 달랐다. 그래서 '자연 수명'은 우리 몸을 현혹하지 않는 솔직한 단어라고 생각한다. 이미 마흔을 넘기면 몸의 기능은 퇴화하고 아픈 데가 많아지며 늙는다는 건 피할 수 없는 사실이다. 평균 수명이 그것의 몇 배로 연장되었기에 망각하고 있을 뿐, 사실 지금은 우리가 늙은 채로 너무 오래 잘 버티며 살고 있는 시대일지 모른다.

　우리는 언제까지 일을 해야 할까? 흔히 경제적 자유를 이룬 사람은 은퇴 시기를 정하는데도 자유롭고, 은퇴한 이후 일로부터도 자유롭겠다는 부러움을 산다. 우리는 대부분 경제적 이유 때문에 일에 묶여 있다. 일의 의미에 빼놓을 수 없는 게 생계유지의 수단이기 때문이다. 하지만 일의 의미에 경제적 이유만 있다면 일은 먹고 살기 위해 하는 것일 뿐인 끔찍한 활동일 수 있다. 그렇다면 다른 의미는 어떤가? 자아실현과 공동체의 기여와 같은 일의 의미는 솔직히 너무도 멀게 느껴진다. 그래서 일은 피하고 싶은 고통으로 여겨진다. 솔직히 나머지 의미들은 고통을 숨기는 알약의 당의(糖衣)처럼 보인다.

진로교사는 그렇게 멀리 있는, 도망치고 싶은 '일'을 연일 중요하다고 말하는 이율배반 속에 있다. 아이들에게 백날 가치 있는 일, 의미 있는 일, 보람 있는 일을 얘기해도 돌아오는 건 권력 있는 일, 효용 있는 일, 경쟁력 있는 일, 그리하여 많은 보수를 받는 일이고 결국 종착점은 놀고 먹는 건물주이다. 하지만 그렇게 따지면 삶에서 순수하게 즐거운 건 얼마나 되나 묻고 싶다. 끔찍하게 여기는 우리의 일에도 다른 순간에, 다른 각도로 바라보면 감추어진 면을 볼 수 있는 순간들이 있다.

새로운 학기를 시작하기 며칠 전, 전근 선생님들을 위한 송별회와 함께 두 남자 선생님의 정년퇴임 행사를 조촐하게 열었다. 교사의 정년퇴임은 만 62세이다. 2024년 보험개발원이 발표한 남성 평균 수명인 86.3세가 앞으로 20년이나 남은 나이이다. 그래서일까, 퇴임하시는 두 분은 모두 건장하고 활력이 넘치셨다. 그중 한 분은 우리 학교 오케스트라를 십여 년간 지도하신 음악 선생님으로 퇴임 후에도 학교에 오셔서 아이들을 지도할 예정이었다. 게다가 아마추어 야구 심판으로도 왕성하게 활약 중이시다. 또 한 분은 이미 헤아릴 수 없이 많은 자격증을 획득하셨고 그중 하나인 전기기능사 자격증으로 인근 신축 아파트 기전실에 바로 취업하셨다. 그곳에서 남은 시간에 더욱 공부하셔서 기사 자격증에 도전하시겠다는 포부를 밝히셨다. 작년에 퇴임하신 인근 학교 교장 선생님은 역시 6개월간 전기기능사 자격증을 따시고 그것과 상관없는 지역의 소규모 공사에 진출하셔서 오랜만에 몸 쓰는 일을 하신다며 즐거워했다. 물론 이전의 지위는 비밀로 하고 활동하시는 중이다.

    술자리에서 여쭤보았다. 연금도 타시고 자녀들도 장성해서 모두 앞가림을 하는데 왜 돈을 더 벌어야 하는지를. 세 분 모두 향후 자녀들의 인생에 들어갈 비용을 지원해 주시겠다는 바람을 말씀하셨다. 우리 사회에서 부모 역할은 끝이 없다는 느낌에 가슴이 먹먹해졌다. 하지만 더 큰 이유는 따로 있었다. 바로 집 안에서만 지낼 수 없다는, 아직은 건장한 자신들을 증명하기 위함이었다. 세 분 모두 두려워한 건 행여나 집안에서 무미건조해질 당신들 삶의 무료함이었다. 물론 그 두려움의 한 축에는 공히 사모님의 존재도 있다. 나는 굳이 세 분을 통해 우리 사회의 가정 내 헤게모니를 일반화하고 싶지는 않다. 나도 같은 위치에 있게 될 확률이 높아 보이기 때문이다. 평균 수명보다 너무 이른 은퇴로 당장의 생계와 노후를 걱정해야 하는 분들의 일에 관한 절박한 의미가 있다. 또한 경제적인 이유에 갇혀 있지 않아도 일을 함으로써 살아있음을 느끼려는 분들의 바람도 또 다른 일의 의미이다. 그렇다면 우리가 평생에 진정으로 하고 싶은 일은 무엇일까?

아이들과 버킷리스트를 작성하는 수업을 통해 자신의 꿈과 하고 싶은 일을 고민하는 시간을 가졌다. 아이들은 30개의 리스트를 작성하는 게 쉽지 않아 보였다. 아무리 사소한 꿈이나 일일지라도 편하게 써보라고 제안해도 시간이 부족한 아이들을 보며 하고 싶은 게 쉽게 떠오르지 않은 우리 사회의 답답한 현실을 느꼈다. 은퇴와 노후를 떠올리며 너무 늘어진 우리의 수명이 자칫 하나뿐이고 찰나와 같은 삶의 소중함을 잊게 할지도 모른다고 생각했다. 죽는 날이 한참 멀리 있어 삶이 애틋해지지 않을 수 있다는 생각 말이다.

아이들이 쓰는 버킷리스트야 죽음을 염두에 두고 쓰기엔 한계가 있겠지만 당장 며칠 뒤에 생을 마감할 분들이 쓰는 하고 싶은 일 목록은 우리 삶에서 중요한 게 무엇인지 알려주는 단서가 되기에 충분하다고 본다. 인간은 죽음을 통해 역설적으로 삶을 소중히 대할 수 있는 존재이기 때문이다.

아이들에게 물어보니 나의 예상과 많은 부분 일치했다. "당장 죽음에 임박한 분들의 하고 싶은 일에는 어떤 것들이 있을까요?"라는 질문에 '지난번 시험에서 성적을 조금만 더 올렸어야 하는데'라던가, '작년에 연봉을 조금 더 올렸어야 하는데', 또는 '그 녀석에게 더 심한 저주를 퍼부어야 했는데'라는 일들은 없을 거라고 했다. 평소에 살면서 중요하다고 생각했지만, 삶의 참모습과 거리가 먼 것들을 솎아내고 또 솎아내어 남는 진짜에는 저런 말들은 없을 거라고 했다. 아이들도 공감했다. 그렇다면 실제로 하고 싶은 일은 무엇일까? 라는 질문에 아이들은 가족이나 친한 친구와 같은 '소중한 사람들에게 고맙다는 말하기', '소중한 사람들에게 못해 준 일에 대한 미안함', '그동안 바빠서 잘하지 못했던 착한 일' 등일 거라고 답변했다. 기특한 대답들이다.

지금은 절판된 오츠 슈이치의 책 '죽을 때 후회하는 스물다섯 가지'에는 저자가 호스피스 전문의로서 1,000명의 죽음을 지켜보며 정리한 후회가 다음과 같이 담겨있다. 첫 번째, 사랑하는 사람에게 고맙다는 말을 많이 했더라면, 두 번째, 진짜 하고 싶은 일을 했더라면, 세 번째, 조금만 더 겸손했더라면, 네 번째, 친절을 베풀었더라면, 다섯 번째, 나쁜 짓을 하지 않았더라면, 여섯 번째, 꿈을 꾸고 그 꿈을 이루려고 노력했다면, 일곱 번째, 감정에 휘둘리지 않았더라면, 여덟 번째, 만나고 싶은 사람을 만났더라면 등이다. 수업 시간에 아이들과 나눈 예상이 얼추 맞았다.

허대석 서울대병원 내과 명예교수가 쓴 칼럼에는 호스피스 봉사자로부터 들은, 임종이 임박한 40대 유방암 말기 환자의 사연이 나온다. 그녀가 마지막으로 하고 싶은 일은 '설거지'였다. 우연히 발견한 암을 장기간의 항암치료와 정기검진으로 이겨내나 싶다가 2년쯤 지나 전이가 발견되어 추가적인 치료가 무의미하다고 남편에게만 알린 상태였는데 이미 환자는 그 사실을 눈치채고 마지막 소원을 말한다. 그것은 두 자녀와 남편을 위해 요리를 하고 설거지까지 하는 것이었다. 며칠 후 잠시 집에 갔지만, 기력이 없어 집 안을 한 번 둘러보기만

하고 병원으로 다시 돌아온 환자는 1주일 뒤 세상을 떠났다고 한다.

힘겨운 항암치료를 하는 환자 대부분은 그녀처럼 아프기 전의 일상을 그리워하고 하루빨리 돌아가길 소망한다고 한다. 청소년기의 환자들 역시 '병이 나으면 무엇을 하고 싶니?'라는 질문에 학교에 가고 싶고, 기말고사나 수능시험을 치고 싶다 말한다고 한다.

소중한 것들은 쉽게 자신을 드러내지 않는다. 때때로 그것들은 오히려 너무 흔하게 만연해서 우리가 전혀 눈치채지 못하게 하는 방식으로 자신을 감춘다. 우리에게 따분하거나 다소 고통스러울지라도 할 일이 있는 일상은 가장 소중한 것일지 모른다. 일을 통해서 사람들에게 작더라도 좋은 영향을 주고, 풍족하진 못해도 자신의 생계를 유지할 수 있으며, 소중한 가족과 친구들에게 사랑을 전할 수 있다면, 감당하지 못할 장수(長壽)는 없을 거라는 기대를 품어 본다.

올림픽과 어린 영혼

'진사라고 불린 소년은 열여섯 나이로 급제한 황사영이었다. 붉은 뺨에 엷은 웃음기가 떠올라 있었다. 웃음기는 몸속 깊은 곳에서 피어오르는 기쁨과 자랑인 듯싶었다. 공손하면서도 두려움 없는 얼굴이었다. 한 번도 억눌리거나 비틀린 적이 없는, 타고난 모습 그대로였다. 눈이 맑고, 입술이 단정했다. …… 내 백성 중에 저런 아이가 있었구나. 아, 평생 내 앞에서 머리를 조아리며 권세를 다투던 자들과는 어찌 저리 다른가. 어찌 저리 다를 수가 있단 말인가? 저 아이는 자라도 저럴 것인가?'(김훈 「흑산」 중에서)

중학교 1학년 아이 중에서 유독 눈이 깊고 맑은 남자아이를 만났다. 한 학급의 반장을 하고 있었고 친구들에게 필요한 역할을 성심껏 행하는 모습을 자주 보였다. 선생님들께 무언가 전할 일이나 의견을 개진할 때는 으레 그 깊고 맑은 눈가에 웃음을 지으며 세상 천진한 미소로 말한다. 올해 내가 맡은 동아리 부원이기도 하고 나에게 또한 그 모습은 변치 않았다. 그 아이는 영재고에 진학하길 원하고 있고 거기에 걸맞은 총명함이 수시로 돋보였다. 담임 선생님은 아이의 풋풋함을 약간 '시골스러운' 면이라고 귀여워했다. 학교에는 개구쟁이들이 많지만, 기특한 아이들도 여전히 많다. 저 소설의 임금처럼 나도 어린 영혼의 힘에 때때로 매료되곤 한다.

파리에서 올림픽이 열렸다. 이번이 몇 번째인지 굳이 관심이 안 가는 대회의 소식에 나라 안팎으로 힘들고 어려운 상황에서 간혹 국가주의의 현혹으로 현실의 어려움을 감추거나 망각하게 할 수 있겠다는 불편한 마음이 들었다. 그래서 국위 선양이니, 땀과 눈물의 결실이니, 고국에 계신 동포 여러분이니 하는 클리셰이들을 회피하리라 마음먹었다. 집에 텔레비전이 없어서 관심을 끊기도 쉬웠다. 그러나 보기 싫어도 뜨는 유튜브의 알고리즘이 문제였다.

대회 초반 우리나라가 펜싱, 양궁, 사격 등에서 금메달을 따면서 삶이 곧 전쟁인 나라답다는 우스운 생각을 하던 중에 한 어린 소녀의 금메달 소식에 이번 올림픽을 대하는 내 마음에 반전이 일어났다. 바로 올해 나이 16세의 고등학교 2학년으로 우리나라 하계 올림픽 최연소이자 100번째 금메달의 주인공인 반효진 선수의 소식을 듣고서다. 양궁이나 사격 종목의 선수들이 공통으로 보여주는 차분하고 안정감 있는 모습에서도 그렇지만, 어린 나이답지 않은 조숙한 인터뷰와 미소가 나에겐 묘한 감흥을 일으켰다. 원래 태권도를 했었는데 친구의 권유로 사격으로 전환해 3년 만에 이룬 성과다. 타고남이 노력과 만나면 그 속의 시간은 다른 차원으로 흐르나 보다. 그리고 그 어린 메달리스트의 모습에서 저출산과 고령화의 늪에서 암울하기만 한 우리나라의 미래를 대비할 희망을 발견한 느낌이 들었다. 우리가 못살던 시절에 겪었던 멀고 먼 이역만리에서 울려 퍼지는 애국가와 태극기의 가슴 저미도록 아련한 모습이, 그 진부한 감동이, 다시 한번 나를 바로 앉게 만들었다. 비로소 나는 이번 올림픽에도 내 나름의 의미를 부여하며 진지해졌다.

우리나라는 명실상부한 선진국이다. 선진국을 분류하는 수많은 지표가 이미 그걸 말해주고 있다. 코로나가 기승을 부리던 지난 2021년, 나라 밖에서 온 소식은 우리끼리만 그런 생각을 하는 게 아님을 알려주었다. 바로 유엔무역개발회의(UNCTAD)에서 우리나라에 개발도상국 지위를 변경하여 선진국 지위를 부여한 것이다. 유엔 총회 산하 정부 간 기구인 이 회의는 아시아·아프리카 등 주로 개도국이 포함된 그룹 A(99개국)와 선진국 그룹 B(31개국), 중남미 국가가 포함된 그룹 C(33개국), 그리고 러시아 및 동구권 그룹 D(24개국) 등 195개의 회원국으로 이루어져 있다. 우리나라는 1964년 3월 가입한 이후 지금까지 A 그룹에 속해 있었는데 이번에 B 그룹으로 지위가 바뀐 것이고 이는 그동안 여러 나라들이 시도했지만, 역사상 최초의 사례이다. 이 변경이 단순히 국가가 잘 살고 경제 규모만 크다고 결정되는 것이 아니라 회원국들이 모두 동의를 해야 가능한 것이기에 그 의미가 더욱 크다고 할 수 있는데 우리나라가 최초로 가능했던 이유는 가슴 뭉클한 배경이 있었다. 바로 2차 대전 이후로 원조를 받던 나라에서 원조를 하는 나라로 바뀐 전무후무한 국가라는 이유에서이다. 이런 배경에서 마치 형편이 어려운 동네 사람들이 살림이 나아져 좋은 동네로 이사를 떠나는 가족에게 모두가 축복해 주는 모습을 떠올리는 건 너무나 감상적인 연상일까? 한국이 개도국과 선진국을 모두 경험한 나라이니만큼 국제무대에서 이들 나라들을 연결하는 '가교' 역할을 하리라는 기대, 아울러 미래 국제 환경에 새로운 리더십을 제공하리라는 바람을 회원국들이 공유하였기 때문에 이런 결정이 가능했다는 후문이다. 이는 달라진 우리 위상을 실제적으로 확인케 하는 사건이다. 현대사에서 가난과 궁핍의 극복을 증명하는 희망의 사례로 국가적 단위로는 거의 유일한 나라, 그게 대한민국인 것이다.

지난한 노력으로 수많은 시련을 이겨내고 끝내 뜻한 바를 이루는 대기만성의 성공 사례는 숭고하다. 아이들에게도 쉽게 포기하지 말고 끝까지 해볼 수 있는 끈기를 강조한다. 삶을 사는 데 소중한 가치들 중에 하나임을 부정할 수 없어서이다. 아이들에게 요구하는 건 나 스스로에게도 하는 당부이다. 그러나 오늘은 한 가지 더할 희망이 있다. '지금 시작해도 늦지 않을까요?'라는 불안에 대한 답이다. 모든 성취에 반드시 유구한 시간이 필요한 건 아닐지 모른다. 우리나라가 이룬 역사적인 성취는 1973년 최고 14.9%의 경제 성장률, 그리고 1983년 경제성장률이 물가상승률을 추월하며 연 13.4%에 이르는 등 30여 년간 평균 10% 대의 경제 성장률 속에서 이룬 성과이다. 저 수치들을 보며 그저 눈부시다고밖엔 다른 표현이 떠오르지 않는다.

우리나라의 성공을 흔히 2차 대전 후 서독 경제의 부흥을 뜻하는 '라인강의 기적'에 빗대어 '한강의 기적'이라고 불렀다. 이마저도 참 오래된 표현이다. 그러나 나는 '한강의 기적'과 라인강의 그것은 엄연히 다르다고 항변한다. 2차 대전을 일으킨 공업 강국 독일이 패전하고 연합군의 점령으로 분할되었다고 해서 당시 국가가 보유한 기술과 지식은 어디로 도망가지 않았을 것이다. 거기에 그 유명한 마셜 플랜으로 미국의 엄청난 원조가 있었고 전후 복구는 순조롭게 이루어졌다. 이는 일본의 경우도 마찬가지였다. 2차 대전에 이미 항공모함을 만들었던 나라다. 태평양에서 공산 진영의 확장을 억제하기 위해 일본에 투자한 미국의 역할과 한국전쟁 등으로 역시 전후 복구가 수월했을 것이다. 그리하여 원자탄을 맞은 지 불과 19년 만에 세계올림픽(1964년 도쿄)을 열었다. 그러나 우리의 경우는 달랐다. 본격적인 경제 개발을 시작한 1960년대에 우리가 갖고 있었던 기술이 무엇이었나? 그저 미국의 원조에 의존하던 국가 경제였다. 아무런 기술이 없어 가발이나 수출했던 나라, 그런 나라가 일본의 올림픽 이후 딱 24년 만에 1988년 하계 올림픽을 개최한다.

지금 시작하는 게 늦지 않으냐고? 늦어도 좋다. 의지와 노력, 그리고 전략이 남다르다면, 뜻을 품고 떠나는 길에 늦은 건 없다. 후발 주자인 우리나라의 성취에서 볼 수 있듯, 국가 단위에서도 저런 엄청난 일을 이룬 사례가 있으니 한 개인에게도 능히 가능한 일일 것이다. 늦은 나이, 늦은 학년과 상관없다. 그 반대로 시작점이 너무 일러도 문제없다. 성공은 마땅히 그럴 만한 경우라면 시간과 무관하게 이루어지는 향상의 과정일 뿐이다.

그동안 이룬 성취들에 무색하게 지구상에서 가장 빠르게 늙어가고 있는 나라라는 오명은 오늘의 우리에게 지난 시간 동안 이룬 것들과 그것을 가능하게 했던 힘의 원천이 어디에 있었는지를 망각하게 한다. 그러나 올림픽으로 보며 그 힘의 원천이 어디서부터 비롯되었는지 하나의 실마리를 어렴풋이나마 확인할 수 있었다. 그것은 한 시대와 나라의 희망은 언제나 젊고 어린 기운에서 커나간다는 사실이다. 그것이 역사의 가르침이고 시간의 순리이다. 지금 우리에겐 출산율을 높여 앞선 세대의 부양과 국가 경제의 토대를 유지하자는 도구적인 발상을 넘어 젊고 어린 영혼들이 주는 희망의 기운 그 자체에 관한 새로운 인식이 필요하다고 본다. 그리하여 미래를 위해 우리가 소중히 품어야 할 씨과일(碩果)로써 젊은 세대를 대해야 한다고 본다.

마치 천주학의 가르침으로 새로운 세상을 열고자 했던 어린 황사영의 모습처럼, 고등학교 2학년에 세계를 제패하고도 덤덤하게 승리를 만끽하는 어린 사수의 모습에서 그리고 천진한 미소를 띠며 성실히 학교생활을 하고 있는 중학교 1학년 제자의 모습에서 새로운 시대의 희망을 읽는다. 비록 끝없는 탐욕과 이기심으로 혼탁해진 세상을 떠 넘기듯 젊은 세대에게 물려주는 못난 어른의 미안한 마음이 쉽게 잦아들지 않지만 말이다.

Future Sick

어린 시절 실험용 전자 키트를 만들던 취미가 있었다. 회로판에 부품들을 꽂고 납땜해서 여러 종류의 장치를 만들던 놀이 기구였다. 큰 대야에 물이 차올라 센서를 건드리면 불이 들어오는 장치, 문이 열리면 접점이 떨어지며 소리가 나던 장치, 손에 있는 땀과 미세한 전류를 인식하여 거짓말을 가려내는 탐지기(?) 등 재미있는 제품들이 많았다. 그것들을 만들면서 어린 손으로 납땜하며 맡았던 납 연기가 당시엔 얼마나 안 좋은지 몰랐다. 아무런 보호 장비 없이 했으니 지금 몸 상태에 미세하나마 영향을 주었을 것이다. 그때 다루던 부품들이 트랜지스터니, 다이오드니, 저항이니 하던 것들이다. 그리곤 초등학교 4학년 때(1983년) 당시 삼성이 한국반도체를 인수하여 만든 삼성반도체통신에서 미국, 일본에 이어 세계 3번째로 64K D램을 만들었다는 뉴스를 들었다. 그게 무슨 의미인지 몰랐고 우리나라가 미래를 위한 신기술을 선진국들과 함께 당당히 열어간다는 홍보에 어린 마음이 들떴던 기억이 난다.

그로부터 42년이 흘렀다. 뉴스를 찾아보니 우리나라가 반도체에 관심을 갖고 뛰어든 건 이미 1970년대부터였고 당시 회사들은 아남반도체, 금성반도체, 한국전자 등이 있었다. 1985년 매일경제 기사에는 금성반도체가 미국 AMD사와 포괄적 장기 협력 계약을 맺었다는 내용도 있다. 이후에는 금성(LG)반도체, 현대전자 등이 IMF를 겪으며 합병하여 오늘의 SK하이닉스가 되었다. 대만의 유명한 파운드리 회사 TSMC가 만들어진 해는 1987년이었다. 나는 그 당시 중학교에 다녔다. 그리고 AI 산업 분야가 전 세계의 자본을 흡수하며 새로운 칩(chip) 전쟁을 진행 중인 지금 중학생들을 가르치고 있다. 돌이켜보니 지난 50년 동안의 전기·전자 문명은 기억, 기록을 뜻하는 단어인 memory가 컴퓨터와 전자 장치에 들어가서 얼마만큼 진화해 왔는가의 역사였다. 시작부터 그 이름에서 Artificial(인공적인) 한 의미보다는 Human(인간적인)의 의미가 크게 느껴지니 AI의 인간화는 예견된 일일지 모른다.

칩의 시대를 이끌었던 나라에서 어느덧 치열한 주도권 경쟁의 시대를 맞이한 우리나라의 경우 학생의 진로 성향은 그러나 그 당시와 극명하게 다른 모습을 띠고 있다. 1987년 대입 학력고사 자연계 배치표를 보니 최고 점수대가 서울대학교 전자공학과로 선명하게 새겨져 있다. 그 밑에 서울대 물리학과, 그다음이 제어계측과와 의예과였다. 그리고 전산기공, 미생물, 화학 등으로 이어지다가 드디어 서울대 수학과와 연세대 의예과가 만난다. 기술보국! 지금과는 사뭇 다른 당시의 이공계 선호 지표를 보고 가슴이 두근거렸다. 최고의 인재들이 의대가 아니라 공대에 대규모 입성하던 시대. 지금은, 모두가 알다시피 의대라는 진공청소기가 모든 인재를 빨아들이는 먹먹한 시기이다.

과거의 기사를 찾다 보니 기술은 진보하지만, 세태는 돌고 돈다는 생각이 든다. 마치 우리나라가 그랬던 것처럼 우리 삶의 변화를 이끄는 기술을 주도하는 국가가 혜택을 입는 역사는 분명히 반복될 것이다. 다만 그 기술이 무엇인지 헛다리를 짚을 수 있다는 위험 요인은 언제나 공존한다. 단순히 유행으로 끝날지 모르는 테마들이 어떨 때는 수많은 사람들의 탐욕을 자양분 삼아 주목받기도 한다. 현존하는 미래 산업 분야들이 주목받는 정점에서 보여준 기대치가 현실화하기까지 우리들의 인식과 적응이 쫓아가지 못하는 수도 있다. 그 와중에 미래에 우리 삶을 바꿔준다며 폭발적 수요를 이끌었던 분야들이 떠오른다. 신재생에너지, 바이오, 암호화폐, 자율주행, 배터리 등의 분야들은 지금도 연구 중이지만 정작 우리 삶의 게임 체인저가 되진 못하고 있는 느낌이다. 그리곤 AI가 뒤를 이었고 어느새 양자컴퓨터도 고개를 든 상태이다. 인간의 삶을 충격적으로 바꿔줄 기술이 무엇일지 예상되는 후보들이 즐비한 가운데 기대와 불안이 뒤섞인 혼란함이 이어진다.

진로교육에서는 이런 기술들의 발전이 휩쓸고 갈 고용 변화가 언제나 관심과 우려의 대상이다. AI를 말할 때면 그래서 살아남는 직업이 무엇이고 유망한 직업이 무엇이냐는 질문이 기본값이다. 그러나 복잡할수록 돌아가라고, 신기술에 따른 직업 변화를 예측하는 게 애당초 무의미하다는 주장은 과거를 돌아본 후 내리는 타당한 결론이다. 인터넷 검색사가 그랬고 기후변화경찰, 로봇감성치료전문가, 노인말벗도우미, 뇌기능분석전문가, 마인드리더 등(2012년 한국고용정보원, 김한준)이 그랬다. 유비쿼터스(Ubiquitous), MP3, 브로드밴드(Broadband), 블루투스(Bluetooth) 같은 용어들도 떠오른다. 뜨고 지는 용어들의 범람 속에서 미래를 조금이나마 잡고 싶은 마음은 어쩔 수 없는 우리의 모습이다. 그러니 지나온 날들에서 배우듯이 기술은 마치 중력과 같은 우리 삶의 영향력 안에서 연동하며 스며들 것이다. 뛰어난 기술일지라도 삶의 속도와 적응에 맞추지 못하고 튀면 도태되듯 시대를 너무 앞서가도 안된다. 그래서 시류를 예측하기보단 중심을 잃지 않는 단단함이 필요하다. AI 기술 역시 어느 날 갑자기 내 눈앞에 T-1000의 모습으로 등장하진 않을 것이니 너무 걱정할 필요가 없겠다.

그래도 인간은 미래를 예상하려 애쓰는 성향을 버리지 못한다. 그 속에 함의된 불안은 시선을 끌기 좋은 에너지이다. 2023. 11. 16. 한국은행, 'AI와 노동시장 변화'라는 보고서를 보자. AI 특허와 직업별 주된 업무를 조사하여 현재 AI 기술로 수행할 수 있는 업무가 해당 직업의 업무에 얼마나 집중돼 있는지를 나타낸 수치인 'AI 노출 지수'를 산출하고 그것이 높은 직업일수록 AI로 대체될 가능성이 높다고 분류한 보고서이다. 다음은 AI 노출 지수 백분위가 높은 직업 순이다(괄호 안은 백분위). 의사·한의사(99), 전문의(93), 건축가(87), 수의사(85), 회계사(81), 판·검·변호사(79), 간호사(78), 경찰(77) … 중고교 교사(43), 기자·언론인(14), 성직자(2), 대학교수(1) …. 한은은 이 보고서에서 "고학력·고소득 근로자일수록 AI에 더 많이 노출돼 있어 대체 위험이 크다."고 분석했다. 나는 일전에도 말했지만, 이런 분석은 의미가 없다고 생각한다. 직업 소멸은 기술 대체적 성격보다 해당 사회에서 영위되고 있는 권력 관계에 의한 영향이 컸기 때문이다. 우리나라에서 벌어지고 있는 의료 대란이 대표적인 사례이다. 어떤 직종은 일말의 저항도 없이 사라졌지만, 어떤 직종은 그렇지 않은 경우가 있다. 직업은 결코 귀천이 없는 게 아니었다.

자동화가 전 사회에 만연하고 일주일 일 해야 할 몫을 단 몇 시간 안에 해치울 정도로 생산성이 높아지는 사회가 조만간 나타날지 모른다. 그래서 특별한 고도의 전문성과 지식이 부족해 노동의 기회를 상실한 사람들이 폭발적으로 늘어날지 모른다. 40여 년 전에 조악한 전자 키트를 조립하며 다가올 미래를 상상하던 소박하고 낭만적인 그림과는 전혀 다른 불안과 공포가 우리 아이들의 미래 직업 전망을 어둡게 한다. AI의 완전한 정착이 이루어진 시대에 그 사회를 이끌어갈 능력자들이 만들어내는 풍요가 어떻게 유지되고 이어질 수 있을지에 관한 고민은 어찌 보면 지금부터 시작해도 빠른 게 아니라고 생각한다. 그들을 AI 시대의 신흥 계층이라고 한다면 그들이 만들어내는 상품, 정보, 의미들을 소비해 줄 누군가 또한 지속적으로 필요하다. 젠슨 황이든 일론 머스크이든 하루에 10끼를 먹을 순 없다. 그리고 스마트폰, 자동차는 빵을 살 수 없다. 엄청난 생산성과 함께 축적된 부를 노동으로부터 자유로워진 인간들이 어떻게 향유할지에 관한 숙제는 미래 사회의 도래와 함께 우리 인간에게 큰 도전으로 다가오고 있다. 그 해결 방안이 민주주의일지, 보편적 복지일지, 아니면 거대 통제 사회일지는 아직 그 누구도 알 수 없다. 다만, AI 발전과 함께 놓치면 안 될 주제임이 분명하기에 관련한 담론이 활발히 형성되길 바랄 뿐이다.

참, AI가 정착한 미래에 소비를 굳이 인간이 해야 하냐는 주장을 누군가 한다면 그 사람은 너무 위험하다. 바로 체포해야 할 것이다.

노인을 위한 나라는 있다

학교 선생님들에게 실시할 신학년 워크숍 자료를 조사하다가 내가 사는 신도시의 초등학교 중에 2024년도를 기준으로 1학년과 2학년이 각각 한 개 학급밖엔 없는 곳들이 꽤 많다는 놀라운 사실을 알았다. 1기 신도시 중 하나인 우리 동네는 인구수가 100만 명이 넘는 곳인데도 그렇다. 2024년도 출생아 수가 전년 대비 8,300명이 늘어서 9년 만에 처음으로 증가했다고 다들 반가워했지만, 그래봤자 약 24만 명이다. 밀레니엄의 해인 2000년에 출생아 수는 약 63만 명이었다. 이게 2016년까지 40만 명을 유지하다가 그마저도 반토막이 난 게 2023년이었다. 그해의 출생아 수가 약 23만 명, 충격적인 숫자이다. 지금 초등학교 1학년에 한 개 학급인 학교들이 속출하고 있으니 23만 명의 아이들이 입학할 시기가 되면 수도권의 웬만한 지역에서도 초등학교 통폐합 얘기가 심심치 않게 나올 것이다. 약 6년 뒤이다.

10년이면 강산이 변할 정도로 긴 시간이지만 요즘은 예전보다 훨씬 짧아진 기간으로 느껴진다. 평균 수명이 늘어나서이다. 그러다 보니 이리저리 바빠 살다 보면 한 5~6년은 허무하게 지나가는 느낌이다. 이런 분위기라면 언제 그랬냐는 듯이 우리 눈앞에 초고령화 사회의 양상들이 전면적으로 펼쳐질 것이다. 65세 이상 노인 인구가 인구의 20%가 넘는 사회를 뜻하는 '초고령화 사회'. 우리나라는 이미 2024년 12월을 기준으로 그 사회에 접어들었다. 고령화 사회의 대표 격인 옆 나라 일본의 사례를 참고해 본다. 놀랍게도 현재 일본은 노인 인구 비율이 전체 인구의 약 30%에 해당하는 초초고령화 사회이다. 인구의 1/3이 노인이라니! 우리나라는 일본에 비하면 아직 젊은 나라이지만 우리가 누구인가! 속도의 측면에선 아쉬울 게 없는 나라. 일본이 초고령화 사회에 들어서서 지금과 같은 30%의 노인 인구 비율인 나라가 되는데 걸린 기간은 약 18년이었다. 우리나라는, 통계청 자료에 따르면 2036년에 노인 인구 비율이 약 30%의 나라가 된다. 일본보다 6년이 빠른 기간에 달성될 결과다.

2026학년도 수도권 대학의 모집 정원이 약 13만 명이다. 2023년에 태어난 아이들이 모집 정원의 변화가 없이 대입을 치른다면 둘 중의 하나는 여기에 들어갈 수 있다. 더이상 인서울이니, 인경기니 하는 말이 무색해진다. 물론 대학 모집 정원이 줄어들 것이다. 그렇다면 더 문제다. 그 많은 대학이 어떻게 규모를 줄이고 인력을 감원할지, 생각만 해도 아찔하다. 벌써부터 지방에서는 대학이 문을 닫으면서 지역 상권과 경제가 붕괴되는 안타까운 모습들이 나타나고 있다. 초고령화사회의 전개는 분명히 일정 정도의 고통을 동반할 것이다.

그렇지만 위기 속에서 기회가 나오듯, 고령화 사회에 유망한 산업 분야와 직종이 어느새 나타나고 있다. 그런 분야를 감안하고 자신의 진로와 함께 고려해 보는 건 미래가 불안할수록 갖추어야 할 자세이다. 아이들에게도 알려줘야 할 필수 정보이기도 하다. 선택은 언제나 각자의 몫이지만 몰라서 못하는 선택의 아쉬움만은 피하게 하고 싶기 때문이다. 예를 들자면 고령화 사회는 누가 뭐래도 노인들을 위한 간병과 의료 산업이 각광받을 것이다. 이미 일본의 경우에서 알 수 있다. 거기에 첨단 간병으로 이어지면 로봇 산업도 함께 영향을 받을 것이고, 신약 개발 등의 바이오산업 역시 주력 산업이 될 것이다. 노인들을 위한 서비스 산업은 규모를 불문하고 다양하게 전개될 것이다. 소량 포장의 노인 전용 마트가 생겨날 것이고, 노인들을 중심으로 한 이동 서비스나 학습 서비스 등이 생겨날 것이다(실제로 일본에서는 유아용 학습지 회사에서 치매 등을 예방할 용도로 노인들의 학습지를 만들어 운영 중이다).

우리나라도 이미 노인 관련 사업들이 빠르게 성장하고 있다. 무심코 지나쳐서 그렇지 관심을 두고 보면 작은 조사만으로 이런 현상을 확인할 수 있다. 동네 상권을 파악할 때 심심하면 해보는 작업인데, 지도 앱을 켜고 관련 업종을 넣어 검색해 보는 것이다. 인구 감소의 충격이 초등학교에 이미 전해진 마당이니 과연 유치원 수는 얼마나 되는지 주변 지도를 고정하고 '유치원'을 찍어 보았다. 신도시의 두 개 구에서 102개가 나왔다. 그렇다면 정 반대 개념의 업종인 노인 돌봄 기관은 몇 개나 있을까? 일명 데이케어 등으로 불리는 주간, 또는 야간 노인 돌봄 센터를 말한다. '노인복지'라고 검색을 해보니 다양한 노인 돌봄 기관들이 나온다. 같은 조건으로 신도시의 두 개 구에 108개였다. 유치원 숫자와 거의 비슷한 노인 돌봄 기관의 숫자는 초고령화 사회의 현실을 실감하게 한다. 시간이 지날수록 이 수치는 한쪽으로 치우칠 가능성이 높다.

노인 돌봄 기관들을 지탱해 주는 재원은 무엇일까? 우리나라에선 2008년부터 '노인 장기요양보험'을 운영하고 있다(일본이 2000년부터 실시한 '개호보험'과 유사함). 잘 알려진 사실이지만 건강보험에서 일부 금액을 증액하여 마련한 재원이다. 최초의 보험료율은 건강보험료액의 4.05%였다. 만일 건강보험료로 10만 원을 낸다고 하면 4천 원을 더 낸다고 보면 된다. 살면서 가장 서러운 건 아플 때 돈이 없어서 치료를 못 받는 경우가 아닐까. 그 정도 금액으로 내 노후의 돌봄을 지원받는다면 전혀 아깝지 않은 금액이라고 생각했다. 교과서에서만 배웠던 사회보장제도가 처음으로 피부에 와닿는 느낌을 받은 건 처음 저 제도를 알았을 때였다. 지금은 보험료율이 올라 건강보험료액의 12.95%를 적용한다(2024년 기준). 10만 원이라면 12,950원을 더 내는 것이다. 그런데 혜택은 어떤가! 노인 장기요양보험은 65세 이상의 노인 또는 65세 미만 인이 노인성 질병(치매, 뇌혈관성 질환)을 앓을 경우 돌봄을 받을 수 있다. 재가급여의 경우 장기 요양급여 비용의 15%, 시설급여의 경우 20%가 본인 부담금이다. 거칠게 말해 요양원 등에서 한 달에 200만 원의 비용이 나왔다면 본인은 40만 원만 내면 되는 구조이다. 그동안 여러 시행착오가 있었지만 제도가 정착하면서 노인 관련 사업과 일자리도 꾸준히 증가하는 추세이다. 진로교육에도 활용할 만한 내용이다.

초고령화 사회가 우리나라와 일본만 있을까 싶다. OECD 국가들 가운데에서 이미 이탈리아, 포르투갈, 핀란드, 그리스, 독일, 프랑스, 덴마크, 스웨덴, 스페인, 네덜란드 등의 나라들이 여기에 해당한다. 이건 세계적인 현상이다. 그런 와중에 놓치지 말아야 할 점은 한 사회의 변화 속에서 누군가는 미래를 내다보고 제도를 설계하며 공동체를 건강하게 돌보는 노력을 한다는 사실이다. 당장의 안위를 챙기면서도 국가가 나아가야 할 방향과 비전을 제시하고 의견이 다른 사람들을 설득하며 제도를 만드는 사람들의 노력은 후대에 빛남으로써 당시에는 미처 받지 못한 찬사를 받는다.

국민건강보험공단 홈페이지에 들어가 보면 장기 요양 보험의 제도 개요와 추진 경과가 나온다. 2002년, 대통령 공약사항에 포함된 '노인요양보장제도' 도입의 시도가 그 시작이었다. 2006년 국회에서는 한나라당 2건, 열린우리당 2건, 민주노동당 1건, 입법청원 1건 등 총 7개 법안이 정부 입법으로 제출되었다. 지금과 비교해 돌이켜보니 보수와 진보 정당이 다채롭게 무언가를 도모하는 황금기였다. 그리고 입법 시점부터 1, 2차 시범사업 실시 기간까지 해당 업무의 주무를 맡은 보건복지부 장관은 지금은 유명한 작가와 정치 평론가로 활동하고 있는 누구이다. 우리가 맞닥뜨린 초고령화 사회는 문제가 아니다. 진짜 문제는 그런 사회의 도래를 건강한 공동체의 유지를 위한 올곧은 가치로 대비하고 준비할 사람들의 부재일 것이다. 다시 한번 사람을 키우는 민주주의의 회복을 바라게 되는 이유가 거기에 있다. 그래서 제도를 살펴보며 그때의 대통령, 그때의 장관이 그리워지는 시절이다.

Good morning, Mr. Holland.

경기도교육청은 2024 중등 진로 전담 교사 선발에서 정량 평가 36점 중 26점에 해당하는 점수를 담임 또는 부장 교사 경력으로 배정했다. 이 경우, 만일 담임교사만 해서 만점을 받으려면 7.2년을 해야 한다. 현 선발 기준은 최소 7년 이상의 경력 교사 중에서 진로교사를 뽑겠다는 의지의 표현이다. 진로교사는 처음부터 임용이 되지 않는다. 그래서 모든 진로교사는 자신의 원 교과목으로 일정 기간 학교생활을 한 경력을 갖고 있다. 나도 23년 동안은 윤리·도덕 과목을 가르치던 교사였다.

교감, 교장 선생님으로 승진하여 학교 관리자가 되지 않을 바엔 평교사가 바꿀 수 있는 업무 유형이 마땅치 않다. 전문상담교사는 아예 신규 임용으로 뽑고 있고, 보건교사나 영양교사 등도 실질적으로는 불가능하다. 그래서 다른 스타일의 학교생활을 하고 싶은 선생님들은 진로교사를 많이 희망하고 있다. 진로교사가 배치되기 시작한 2011년도에는 교감 및 교장 승진을 희망하지만, 준비가 부족한 나머지 다른 방편으로 진로교사를 신청한 중견 교사들이 많았다. 적어도 내 주변에는 그랬다. 그래서 진로교사는 나이가 들수록 힘에 부치는 평교사 업무를 잠시 벗어나고픈 도피처 같은 곳으로 인식되기도 했다. 일부 초창기 진로교사들의 학교 내에서 평판이 좋지 못했던 것도 그런 이유에서였다. 내 기억에도 진로부장님들 중에 각종 공문이 오면 절묘하게 다른 부서로 '토스'한다 해서 '교사계의 김호철(대한민국 남자 배구 전설의 세터)'이란 별명으로 불린 선생님이 있었다.

초창기에는 교육청에서 총 570시간의 연수를 받고 진로교사로 발령을 받았다. 교육청 예산을 들여 연수를 제공했기에 발령 후 7년간은 명예퇴직도 불가했다. 일단 '되고 보자'는 마음으로 전과(轉科)하신 선생님들은 예상외의 업무 강도에 실망해서도 맘 놓고 퇴직을 못 하셨으니 고충이 컸으리라 본다. 2017년부터 전국 12개 대학원에 진로 전문 상담학과를 설치하고 대학원 과정을 거친 교사들 가운데 진로교사를 선발하도록 하였다. 이후엔 몇 년 이상 근무 조건은 없어졌다. 대학원까지 다녀야 하는 번거로움과 최근의 AI 역량검사 및 전 교직원 동료 평가까지 이어지는 쉽지 않은 과정이 더해져 진로교사가 일시적 충동으로 도전할 만한 영역은 결코 아니게 되었다. 실제로 대학원 과정을 설치해서 마음가짐이 다른 진로교사들이 현장에 많이 진출하였다.

윤리·도덕 교사 시절은 주로 고등학교에서 보냈는데 학교마다 연말이 되면 치열한 교육과정 협의회를 겪었다. 교원 수요 때문에 많은 갈등이 빚어지는 그 회의가 나는 몹시 싫었다. 어떤 과목에서 교사 수를 줄일지 결정하는 논쟁은 우리의 언어와 말이란 게 얼마나 덧

없는 기준인지를 매번 느끼게 하는 비루한 경험이었다. 상충하는 교과목 선생님들의 주장은 각각 일리가 있으며 결론은 논리의 우위보다 누가 먼저 어쩔 수 없이 난처한 사정을 받아들이냐에 달려 있는 경우가 많았다. 사회탐구 과목군에서 논쟁이 일어나면 나는 이상하게 우리 과의 주장을 잘 관철하지 못했다. 학교를 옮기며 '비록 교감은 못 되지만, T·O감은 잘 된다.'고 자조 섞인 농담을 했었다.

진로교사는 통상 학교마다 1명이 배치되어 있다. 내신 시즌에는 관내 및 인근 관외 지역 정보를 진로교사들끼리 나누고 옮길 학교를 대충 가늠할 수 있다. 더이상 교육과정 협의회에서 동료 교사들끼리 얼굴 붉힐 일이 없어 그 점만으로도 만족한다. 진로교사로서 그전에는 예상하지 못했던 만족스러운 순간은 또 있다. 바로 학생과 학부모님을 대상으로 하는 진로·진학 상담이다. 최근에 학부모 상담 주간 기간이라 하루에 대여섯 명의 학부모를 대면 또는 전화로 상담한다. 상담 신청한 학부모님들과 다음 상담 시간을 조정하는 통화까지 하면 하루에 열다섯 명 정도의 학부모님과 통화를 하게 된다. 때론 퇴근 시간을 넘기면서까지 전화통을 붙들고 학부모님과 대화를 이어간다. 어쩔 땐 이렇게 수다스러운 나 자신의 일면이 나이가 들면서 강해지는 여성 호르몬의 영향인지, 아니면 애초부터 강한 아줌마 성이 발현되기 때문이지 헷갈릴 때가 있다. 나의 상담은, 자평하기에 전문가의 고결함과 오래된 TV프로 '아침 마당'의 대화 그 어딘가에 머물러 있는 것 같다.

고등학교에서 3학년 담임을 할 땐 주로 진학 상담을 했다. 아이들이 확보한 성적과 생기부 내용을 토대로 적합한 대학 및 학과를 찾아주는 게 주된 내용이었다. 나는 제자 사랑이란 외피를 입은 그 일의 건조함과 냉정함이 싫었다. 때론 선생님의 권유가 인생을 바꾸는 현명한 제안일 수 있었지만, 그런 의미 있는 상담보다는 어떻게든 한 단계라도 우위의 대학을 보낸 경우 고마운 인사치레를 받는 경우가 더 많았다.

소신 지원, 눈치 보지 않고 자신의 길을 간다는 교육적 원칙은 현실에서 쉽게 무너졌다. 고3 담임 초창기에는 제안한 학교들 가운데 결정을 못 한 제자가 경쟁률을 보고 쓰겠다는 말에 버럭 화를 낸 적도 있다. 그런 말은 선생님 앞에선 하지 말라고, 너 혼자 집에서나 고민하라고 아이에게 면박을 줬다. 수년이 지나고 이젠 내가 그 말을 뱉는다. '이건 며칠 있다가 경쟁률 보고 결정하자'는 말을 제자에게 너무도 쉽게 하고 있다. 타협이 아니라 순응이고 좌절이다. 원치 않은 상담이어서일까, 쉽게 목이 쉬었고, 때론 아이들과 모니터를 보며 자료를 찾다 꾸벅거리고 조는 경우도 있었다. 보람도 재미도 없었던 상담이었다.

지금은 그런 상담을 하지 않는다. 물론 내가 몸담은 학교의 특성상 특목·자사고나 영재·과고 등의 고등학교 입시 상담 요청이 주를 이루는 건 대입 상담과 별반 차이가 없어 보이나, 먼저 아이의 꿈과 미래를 위한 고민이 전제된다는 점에서 이전 상담과는 질적으로 차이가 있다. 이 점에서 진로교사의 역할이 의미가 있을 수 있으며 학생과 학부모에게도 좀 더 근본적인 도움을 줄 수 있다.

학부모님과 학생들은 종종 정답이 없는 질문들로 진로상담을 신청한다. 나도 알고, 그들도 안다. 대표적인 질문은 '저는(우리 애는) 특목·자사고랑 일반고 중 어디가 나을까요?'이다. 정답은 케이스 바이 케이스이고, 각 학생에게 맞는 학교를 딱 맞출 수 있다면 차라리 어디서 자리를 까는 편이 더 낫다. 그러나 정답을 알 수 없는 질문들을 수없이 대하면서 그 질문들이 나온 방향과 나아갈 방향을 찾고 조금이나마 객관적인 시각을 제시하며 여유를 권하면 학부모님이나 학생들에게 어느 정도 도움이 되는 걸 느낀다. 여기엔 쌓여가는 상담 빈도와 경험이 제일 큰 무기요 자신감이다. 다른 방법보다 이게 최선이다. 어쩔 수 없다. 좋은 고등학교를 보내기 위해 준비한 날들이 소중해서 그 한복판에서 극도의 불안과 긴장을 보이는 학부모가 있다면 잠깐 물러나서 이런 고민이 얼마나 부러움을 살 수 있는 것인지 생각해 보길 권한다. 자신들이 처한 상황을 고행으로만 볼 때 다른 사람들의 시선으로 바라보게 하는 건 좋은 제안일 수 있다. 말이 '아'와 '어'가 다르듯, 평범한 방법처럼 보이지만 얼마나 따뜻하고 공감 어린 말투와 시선을 보내느냐에 따라 반응이 달라진다.

아이가 어떤 직업 흥미를 갖고 있는지 알고 싶다면 저 유명한 홀랜드(John L. Holland) 박사의 6가지 직업 흥미 유형 검사 결과를 활용한다. 1973년 'Making Vocational Choice'를 출판하며 등장한 이래로 지금까지 진로 검사에서 독보적인 위치를 차지하고 있는 검사이다. 미국에서 온 너무 오래된 이 이론에 다소 식상함을 느낄 수도 있지만, 아직도 현장에서 활발하게 사용된다는 측면에서 그 효용성과 안정성을 인정할 수 있다. 대표적인 6가지 성격 흥미 유형은 앞 글자를 따서 RIASEC으로 불린다. 이점은 많은 선생님들이 익히 알고 있다.

나의 경우는 이 여섯 가지 흥미 유형이 만들어내는 육각형 모양에서 기존 이론이 제시하는 정형화 된 설명을 어떻게 요즘 눈높이와 현실에 맞춰 설명하느냐가 관건이었다. 일상의 사례로, 쉽고 익숙한 주변 상황을 접목해 설명하면 상담에 효과적으로 활용할 수 있다. RIASEC은 직업 흥미 유형의 6가지 현실형(Realistic), 탐구형(Investigative), 예술형(Artistic), 사회형(Social), 진취형(Enterprising), 관습형(Conventional)의 앞 글자들이다.

각각의 흥미 유형 점수도 중요하지만, 그 점수들을 연결해서 만든 육각형의 모양에 관한 해석도 중요하다. 전체적인 사이즈도 함께 고려해야 하고 흥미 유형이 잘 분화되었는지, 배척하진 않는지 등도 살펴야 한다. 간단하게나마 하나씩 살펴보자. 현실형이 높은 학생들은 어떤 특징을 보일까? 그들은 눈에 보이는 가시적인 성취를 중시한다. 활동적일 가능성이 높고 따라서 신체활동에 적극성을 보인다. 체험 활동에도 활발하다. 이런 친구들이 예술형까지 높으면 그런 성향은 더욱 강렬할 수 있다. 반대로 현실형이 낮고 탐구형이 높은 친구가 있다면, 눈에 보이지 않는 이론과 원리를 이해하고자 하는 욕구가 강해서 학업성취가 높을 수 있다. 단순히 정답을 외우려는 것보단 왜 그런지 이유를 알고자 하는 아이들이기 때문이다. 이런 친구가 관습형까지 상하고 예술형은 낮으면 대체로 안정감 있고 시스템이 잘 구축된 조직에서 일하기를 좋아한다. "가족 여행을 갈 때 데리고 다니기 힘드시죠?"라고 질문한다. 또는 "캠핑이나 역동적인 체험을 하는 여행보단 리조트나 호텔 등에서 차분하게 쉬는 여행을 좋아하지 않나요?"라고 묻는다. 동의율이 높다. 연구원 등의 직종을 추천하면 역시 수긍하는 경우가 많다.

진취형은 기업형이라고도 불리는데 이게 높으면 자기주장이 뚜렷하고 소신이 있다고 본다. 물에 물 탄 듯, 술에 술 탄 듯 하는 걸 싫어한다. 이 친구들은 놀자고 한 게임이라도 승부는 봐야 직성이 풀린다. 학급 임원 선출에도 자주 나선다. 만일 그렇지 못한 경우라도 의사 결정 과정에서 자신의 주장을 품고 있다. 그걸 건드려 주면 동의하는 경우가 많다. 반면 그 옆에 사회형이 높고 진취형이 낮은 친구들은 '지면 어떻고 이기면 어떠냐, 우리가 함께 즐긴다는 게 중요하지'라고 생각한다. 나는 대표적인 약 진취형, 강 사회형이다. 그래서 교감은 힘들어도 T·O감은 잘되는지 모른다. 이 밖에도 숫자나 자료를 다루기에 편안해 하는 관습형과 창의적이고 새로운 것을 추구하는 예술형을 비교한다. 관습형이 높다면 안정적인 조직 활동, 예측 가능한 일상의 업무, 관공서나 공공기관의 공무원 이미지를 떠올리고, 반대로 예술형이 높으면 다람쥐 쳇바퀴 돌 듯 뻔한 일상보다는 뭔가 새롭고 변화가 있는 일들에 도전하는 것을 좋아한다고 예상한다. 관습형이 개인보다는 공동체를 중시하는 성향이 높다면, 예술형은 반대로 집단보다는 개인의 자유를 중시하는 성향이 크다. 예술형이 유독 높은 아이에게 "주로 자기 방문을 잠그는 성향이 있어요"라면 동의할 경우가 많다.

모든 심리검사가 그렇듯 홀랜드 직업 흥미 검사가 완전할 순 없다. 이건 전적으로 상담 시 참고할 대화의 거리이다. 아이의 특성을 알아봐 주고 이해해 줄 수 있는 단서를 제공함으로써 학부모와 아이가 조금 더 편한 상태로 다가오게 할 수 있는 도구일 뿐이다. 진로·진학 상담의 성공 방정식은 정해져 있지 않다. 함께 나누는 대화들 속에 수많은 변수들이 어우러져 공감과 이해의 장을 열어가면 만족할 만한 상담이라 할 수 있다. 그거면 충분하다고 생각한다. 학교 안에서건, 밖에서건 만족할 만한 일이 흔치 않은 요즘이기에 더욱 그렇다.

꿈이 필요한 이유

학생들에게 진로 심리 표준화 검사를 학년마다 실시하고 있다. 흥미와 적성의 두 가지 검사를 통해 어울리는 직업을 찾는데 이 두 검사를 직업 찾기에만 활용하면 아쉬움이 남기에 학업성취와 비교해 보는 작업을 함께 한다. 심심하니까 하는 분석이지만 상담하면서 활용하면 호소력이 큰 자료이다. 진로는 멀고 성적은 가까우니까. 우리 학교에서 활용하는 업체의 심리 검사는 적성 영역에서 언어이해, 논리수학, 시각공간, 과학이해의 네 가지 내용을 다룬다. 분석이라고 하기까진 민망한 약식 비교를 해본다. 성적순으로 아이들을 정렬하고 상위 20% 아이들의 해당 영역 백분위 평균에서 하위 20% 아이들의 그것을 뺀 후 차이를 확인하는 것. 두 개 학년 아이들을 비교해 본 결과 공부에 가장 큰 영향을 주는 적성 영역은 과학이해, 논리수학, 시각공간, 언어이해의 순이었다. 흥미 영역은? 탐구형, 관습형, 진취형, 사회형의 순이었다.

공부할 때 논리수학 영역이 뛰어난 학생들이 유리할 것이라는 단견은 내가 문과생이었기에 비롯된 부러움의 발로일 것이다. 과학 원리에 대해 정확히 이해하고 다양한 상황에서 적용하는 과학이해 능력은 논리수학과 언어이해 능력을 함께 요구하기에 학업성취에 큰 영향을 주는 것 같다. 흥미 영역에서는 탐구형이 압도적으로 큰 영향을 보였다. 그다음은 관습형, 그리고 진취형의 순이었다. 생각해 보니 맞는 결과이다. 공부란 게 결국은 모르는 개념이나 원리를 해결(탐구형)하고 난 후 진득하게 반복하여 그것을 체화(관습형)하는 과정이 아니겠는가. 거기에 자신만의 확고한 의지와 경쟁심(진취형)도 한몫할 것이다.

흥미, 적성 영역과 함께 이번에 성적과 비교한 한 가지 내용이 더 있다. 바로 진로 성숙도와 성적의 관계이다. 대학원 다닐 때 진로 성숙도가 높은 아이들이 성적도 높은지 그 상관관계를 분석하는 연구를 간단하게 했었다. 경기도 학생들의 종단연구 5천 개 샘플을 입수하여 그들의 학업성취와 비교했고, 전에 있던 고등학교 아이들을 대상으로도 실시해 보았다. 결과는 예상한 대로 진로 성숙도가 학업성적에 영향을 준다는 것이었다. 그래서 꿈을 찾으면 공부를 열심히 할 수 있다고 다들 진로교육에 열을 올리나 싶었다.

그러나 작년과 올해 우리 학교 3학년 아이들의 진로 성숙도를 성적과 비교해 본 결과는 그것과 달랐다. 솔직히 말하면 대학원 때 한 연구도 영향이 그리 드라마틱하게 큰 건 아니었다. 꿈과 진로의 확고함이 성적과 이어지리라는 희망이 현실에서는 결정적인 게 아닐 수 있다는 의구심이 들었다. 우리 학교 아이들의 경우지만 결론적으로 진로 성숙도는 학업성취와 그리 큰 관련이 없었다. 심지어 올해 3학년 아이들에게는 '자기 이해' 항목에서 학업성적 하위 20% 아이들의 수치가 상위 20% 아이들보다 높게 나타났다. 자신이 무엇을 좋아하고 잘하는지 앞으로 어떤 진로가 어울리는지 잘 알지 못해도 공부하는 데는 지장이 없다는 뜻이다.

그러나 아무 연관이 없어 보였던 진로 성숙도 안의 내용들 가운데에서 그나마 수치가 크게 나온 항목이 하나 있었다. 그리고 그 항목을 확인하며 나는 마음이 아팠다. 그것은 바로 '진로 준비 필요성 인식'이었다. 진로에 관한 어떤 내용들보다 지금, 이 순간 무언가 '해야만' 한다는 절박감이 곧 학업성취와도 연결되는 것 같았다. 공부를 한다는 건 나를 찾는 것도, 꿈을 꾸는 것도 아닌, 그저 불안한 미래를 대비하기 위한 몸부림일지 모른다. 의미를 부여하기 힘든 덧없는 열정에 아이들의 지친 어깨가 아른거렸다.

학년 말이니 한 해 활동을 정리하고 내년을 기약하는 작업이 이어진다. 학생, 학부모와 함께하는 교육 대토론회도 그렇다. 올해는 총 6가지 주제 중 진로교육이 당당히 제시되었고, 모둠장 역할을 내가 했다. 모둠장으로서 진로교사인 내가 우리 학교 진로교육 현황과 개선점을 진행하는 낯 뜨거운 시간이었지만 그런 분위기에 굴하지 않고 학생과 학부모님들은 많은 의견을 개진해 주었다. 대학생들에게서 듣는 학과 멘토링에 관심 학과를 미리 조사해 달라던가 창직, 기업가 정신 함양 프로그램의 증설, 학습 컨설팅으로 표준화 검사를 확대해 달라는 요청, 현장 직업 체험활동 등 전반적인 체험 프로그램의 확충 등이 요구되었다. 고마운 제언들이다.

문득 진로교사로 임용된 3년 전이 떠올랐다. 14년 만에 들어온 중학교에서 새로운 교과와 업무를 담당하면서 앞으로 어떻게 그것들을 꾸려나갈지 막막하고 두려운 마음이 컸다. 그런 두려움들은 이내 수업과 업무에서 해야 할 일들을 차근차근 완수하면서 잦아들었다. 첫해에는 처음 하는 일이지만 나만의 방식으로 최대한 효율적인 방법을 고안하면서 진행했기에 정신없는 와중에 만족감이 큰 시기였다. 두 번째 해는 처음 했던 일들의 미숙함을 보완하면서 조금 더 완벽하게 다듬는 시기였기에 나름대로 의미가 있었다. 그리고 올해가 어느덧 세 번째 해를 맞아 학년말에 이르렀다. 작년에 비하면 완숙에 완숙을 더한 최고의 해가 되어야 할진대 여기엔 기대치 않았던 매너리즘의 마수가 뻗쳐온다. 이제 '해야만 할' 일들의 한계점에 다다른 것이다.

일을 잘하는 사람은 부럽지 않았다. 게다가 해야만 할 일이라 억지로 하는 사람들로부터는 비록 능력이 뛰어나다고 해도 그런 마음이 든 적이 없다. 언제나 대단해 보이는 사람은 남들이 부여한 '해야만 할' 일이 아니라 스스로 해야 할 일을 만들고 의미를 창출하는 사람들이었다. 아마도 직장을 뛰쳐나와 자기 일을 하는 사람 중에 그런 사람들의 비율이 높을 것이지만 조직 속에서 월급을 받는 피고용인 중에서도 그런 사람은 종종 빛을 낸다. 학교에는 수많은 선생님 중에 일의 안개를 뚫고 자신만의 길을 만드는 사람들이 있다. 진심 부러운 마음을 일으키는 분들이다. 진로와 일을 가르친다며 나는 그런 분들의 일과 삶의 철학을 그저 지향할 뿐이다. 내년을 생각하며 아직도 '해야만 할' 일을 떠올리는 내 의식의 한계는 그래서 아쉽고 안타깝다.

꿈이 큰 아이의 맑고 초롱초롱한 눈망울을 떠올린다. 비록 지금 학업성취가 뛰어나진 않더라도 무엇이 되고 싶다며 관련 분야의 정보를 찾거나 책을 읽고 각종 체험처를 다니는 아이. 그 일이 단순히 돈과 명예 때문이 아니고 자기 행복과 많은 사람을 위해서 좋다고 믿기에 하고 싶다는 아이의 모습에서 그 아이가 가야 할 길의 수단으로서 공부는 비로소 제자리를 찾을 것이다. 꿈이 있으면, 확고한 진로가 정해지면 자연스럽게 열심히 공부할지 모른다며 자신의 나약한 의지를 꿈에 핑계 대는 일이 없어야겠다. 다만 하기 싫어도 해야만 하기에 공부를 하는 아이들을 격려하면서 명확한 진로가 정해지지 않았더라도 스스로의 삶을 굳세게 열어가는 즐거움과 힘을 기르자고 응원해야겠다. 그 응원에 나를 포함하는 건 가르치며 배우는 연대의 다름 아닌 모습일 것이다.

21세기 가정환경 조사서

언어가 행동을 규정하고, 제한하고, 이끌기도 한다는 데 동의한다. 많은 제자를 겪으면서 다양한 사정으로 엄마하고만, 또는 아빠하고만 사는 아이들을 대한 경험이 있다. 이런 경우에 한때 가족 현황에 '편부, 편모'라는 말을 썼다. 한쪽으로 치우쳤다(偏)는 의미가 있어 균형이 맞지 않는다는 뜻이므로 퇴출당해야 마땅한 말이다. 그 단어를 포함해 '결손가정'이란 말도 같은 이유로 무리한 언어다. '완전한 가정'이 있다는 전제를 함의한 고정된 사고의 표현이고 단어 자체가 편견을 담고 있어 부당하다. 게다가 결혼하지 않고 아이를 키우는 미혼모(부)가 있을 수 있고, 부모님이 아닌, 형(오빠)이나 언니(누나)가 돌보는 아이들도 있다. 그래서 요즘은 '보호자'라는 말로 묻고 기록한다. 가족의 유형이 다양해져서 학생 지도에 참고하기 위한 하나의 사항일 뿐이고 그 이상의 의미를 부여하는 건 무례하다는 공감대도 이미 자리를 잡았다. 공동체 구성원에 대한 사려 깊은 말들이 많아진다는 점에서 보면 우리 사회는 분명 발전하고 있다.

학창 시절부터 교사 초임 때까지 겪었던 일이지만 과밀 학급으로 학생 수가 너무 많을 때는 손을 들어서 가정환경을 집계하기도 했다.

간단히 집계할 수 있는 종교나 통학 거리 등을 물었던 것 같다. 어릴 때 사려 깊지 않았던 어떤 선생님은 아이들의 집이 자가인지, 전월세인지 여부도 손을 들게 했던 기억이 난다. 과격하고 폭력적인 시절이었다. 지금 생각해 보면 종교나 통학 거리 역시 공개적으로 물어볼 수 없는 민감한 사항이다. 친한 선생님 중 한 분은 대표 종교들 인원을 다 파악한 후 장난으로 마니교, 조로아스터교까지 질문하곤 멈췄어야 했는데 여호와의 증인을 물었다가 한 여학생이 손을 들어 전교에 알려지는 난처한 상황도 있었다. 선생님은 공개적으로 사과했지만 오히려 아이는 곤란한 내색을 하지 않고 당당해서 그 상황을 넘어갈 수 있었다. 격세지감이 느껴지는 에피소드다. 과거를 떠올리며 나 또한 귀찮다고 대충해서 실수한 일이 없었는지 돌이켜보고 반성한다. 나이를 먹으면서 '이불 킥'할 기억들만 많아지고 있는 건 슬픈 일이다.

아이들을 지도하고 상담하면서 가정 상황을 자연스럽게 알게 되는 경우가 있다. 요즘엔 흔치 않은 경우지만 조부모를 모시고 사는 아이도 있고, 다자녀라 형제가 많은 아이도 있다. 부모님이 별거 중인데 양쪽을 두루 만나면서 지내는 아이도 있다. 예전에 비하면 가족 유형이 정말 다양해진 모습들이다. 웬만하면 경제적 상황은 알려고 하지 않지만, 은연중에 집안 형편을 알게 되는 순간도 있다. '하고 싶은 게 있는데, 엄마가 돈이 없다고 하지 말래요'라는 말을 들으면 그 말의 진위 여부나 가정 상황을 정확히 알지 못해도 마음이 찡해지는 건 어쩔 수 없다.

우리 사회는 '정상성(nomality)'에 관한 동경이 심하다. 유달리 '평균'에 대한 집착이 크고 남이 하는 만큼은 하고 살아야 한다는 의지도 강하다. 이런 성향으로 인해 약간의 일탈이나 다름이 큰 불안을 만들고, 소외받고 뒤처진다는 느낌은 곧 공포와 두려움으로 연결된다. 서울이나 수도권 밖에서의 삶이 좌절로 여겨지고, 연봉 얼마 이상을 벌지 못하면 제대로 살지 못하는 것처럼 느껴지며, 때때로 입고, 먹고, 여행 가야 할 것들을 못 하면 큰 잘못을 한 것처럼 서로를 옥죄고 있는 사회 분위기, 이런 사회 분위기에서 아이들 역시 자유롭지 못한 모습을 보인다.

'정상성'으로 판단될 범주가 협소할 때 그 밖의 영역에는 수많은 편견이 출현할 수 있다는 점을 긴장해야 한다. 아이들을 대하면서 조심하고 또 조심해야 할 사항이다. 일례로 성적이 평균 이하의 학생이라고 모든 것이 평균 이하일 것이라 속단하면 안 될 일이다. 아이가 이미 그렇게 느끼고 고통스러워할 수 있는데 거기에 선생이 더한 부담을 주면 될 일인가. 주변 아파트 단지에 살지 않는다고 형편이 어렵거나 다른 삶을 살고 있을 것이라 지레짐작하면 안 된다. 다양한 가족 상황의 경우도 특징을 두루 살피고 아이의 마음 상태를 있는 그대로 읽으려는 노력이 필요하다. 엄마가 돈이 없다고 하지 말라고 하는 데는 다자녀 가정이라 그럴 수 있고, 아이에게 경제적 궁핍을 체험시키려는 교육적 의도일 수 있다. 사려 깊은 관심이 커질수록 상담도 발전하리라 믿는다.

이런 생각에는 개인적인 소회도 영향이 있다. 초등학교 시절, 돌이켜 보면 친절하고 좋은 담임 선생님이었는데, 당시 선생님은 발표하기 수업 과제로 '우리 아빠의 직업과 우리 집 살림'이라는 주제를 정하셨다. 그때 우리 집은 마침 부모님이 하시던 가게를 접고 잠시 수입이 없었던 시기였다. 나에게는 아버지가 실직한 상황을 감추고 싶은 날들이었다. 빠듯한 살림에 아껴 쓰고 절약해야 했던 건 굳이 부모님이 말씀하지 않아도 눈치채고 있었다. 그러던 중에 진행된 수업이었다. 다른 아이들이 편하게 아빠의 직업을 말하고 가족 경제를 어떻게 꾸려가는지 발표한 후 초조하게 기다리던 나의 차례에 나는 거짓말을 할 수 없었다. 그래서 택한 게 '왜 이런 주제로 발표해야 하는지 모르겠다.'는 선언과 반항이었다. 선생님은 어이가 없었는지 나에게 구석으로 가서 무릎 꿇고 있으라는 벌을 주셨다. 한참을 그러고 앉아 있는데 눈물이 흘렀다. 서러운 경험이 훗날 제자들을 위한 배려에 도움이 된다면 꼭 나쁜 것만은 아니라고 어린 나에게 위로하고 싶다.

2023년 합계출산율이 0.72로 사상 최저를 찍었다. 출산율이 낮은 이유는 여러 가지이겠지만 학교에 있는 입장에서는 사교육 비용을 거론하지 않을 수 없다. 며칠 전 동네 상가에서 문득 수학 학원에 붙은 교습비를 확인했다. 고등 이과 수학의 경우 1,764분에 43만 원, 시간당 하면 약 30시간에 해당하고, 어림잡아 한 달 동안 일주일에 세 번, 하루 두 시간 남짓한 수업인 걸 알 수 있다. 학원에 다니는 아이들이 최소한 영어, 수학 두 과목은 듣는다고 가정할 때 아이 한 명당 90만 원 정도의 비용을 예상할 수 있다. 이게 두 과목을 듣는 경우이다. 교습비에는 420분에 43만 원짜리 수업도 있었다. 일명 '고등 선택'인데 그 의미를 알 수 없는 나로서는 무언가 특별한 수업이라는 예상만을 남겨둘 뿐이다. 아이 둘을 키우면 최소의 학원비가 200만 원이다. 그러나 현실은 이보다 훨씬 더 많은 사교육비를 쓰는 가정이 허다하다. 그러니 사교육비야말로 미래 세대의 희망에 반하는 '망국병' 얘길 듣는 것이다.

2028학년 대입 방안에 9등급 내신이 5등급으로 완화되었고, 학종과 정시의 영향력이 살아남아서 그동안 내신 불이익의 불만이 컸던 학교들은 한숨 돌렸다는 진단이 대세이다. 바뀐 대입 방안에 적용받지 않는 마지막 학년인 작년 중3 아이들의 고입 현황도 이런 영향을 받아 실제 2024학년 전국자사고 경쟁률이 6년 이래 최고를 보였다. 우리 학교 주변의 자율형 공립고나 특목고 등의 경쟁률과 점수도 상승해서 이 같은 현상이 일반적이라는 확신을 준다. 문제는 비용이다.

자사고의 경우 2022년 기준 평균 1년 학부모 분담금이 약 864만 원으로 일반고보다 18.5배나 많게 나타났다(교육부&KEDI 연구). 심지어 전국단위 모집 자사고만 따지면 평균 부담금은 무려 약 1,200만 원으로 일반고의 26배이다. 베리타스 알파 기사에 따르면 2022학년 결산 기준 전국 28개의 외고 평균 1인당 교육비는 1,334만 원이었다. 많은 자사고와 외고가 기숙사를 운영하고 있기에 그 비용이 포함된다면 실제 큰 학비는 아니라는 의견이 있지만 어쨌든 그 학교에 다니는 이상 지출해야 할 비용으로 따지면 적지 않은 목돈인 건 사실이다. 빠듯한 가정에서 아이가 자사고나 특목고를 가겠다고 하면 부모의 걱정이 만만치 않을 것이란 그림이 그려진다. 아이들을 대하며 처한 환경을 투명하게만 볼 수 없는 상황들이 너무도 많다.

정상성에만 있었던 사람은, 그리하여 한 번도 약자의 삶을 살아보거나 궁핍의 기억을 갖지 못한 사람은, 비슷한 처지의 사람을 이해하는데 어려울 수 있다. 경험보다 좋은 가르침이 없기 때문이다. 그런 이유로, 나 또한 나보다 더 어려웠던 환경에서 살아간 사람들의 삶을 함부로 단정하진 말아야겠다고 다짐한다. 그리고 아이들이 처한 가정의 어떤 환경이 그들에게 큰 상처가 되지 않을 날들이 빨리 왔으면 좋겠다는 기약 없는 바람을 한다. 집안 얘기를 불편해하며 눈치 보는 아이 앞에서 언제쯤 나의 복잡한 연민이 그들을 조금이나마 도울 수 있을지 고민은 쉼이 없다.

찾기의 즐거움

초판 1쇄 발행 2025년 8월 25일

지 은 이	심재영
발 행 인	권희정
발 행 처	중앙&미래

등록번호	제 406-2020-000117호
주　　소	경기도 파주시 청석로 300
전　　화	1588-1312
팩　　스	031)973-0404
이 메 일	jclee63kr@naver.com

출판기획	이정철, 이강렬
디 자 인	다솜플러스

ISBN 979-11-983722-5-3 03370
정가 18,000원

※이 책을 전부 또는 일부를 이용하려면 저자권자와 출판사의 동의를 받아야합니다.